KB070517

스트레스관리를 위한 전문가 지침서

심리과학에 기초한 실무 향상

Wolfgang Linden 저 | 박형인 · 이지연 공역

STRESS MANAGEMENT

From Basic Science to Better Practice

학지사

Stress Management: From Basic Science to Better Practice
by Wolfgang Linden

Copyright © 2005 by SAGE Publications, Inc.

역자 서문

　이 책의 번역 작업은 몇 년 전 지도교수님의 특별한 관심 아래 진행된 스터디 모임에서부터 시작되었다. 퇴임을 앞둔 시점에서도 심리학의 사회 공헌을 확대하고자 고민하고 계셨던 교수님께서는 임상심리를 전공하였으나 병원 등의 임상현장이 아닌 기업 장면에서 활동하고 있던 제자들을 모으셨다. 혼자서 어려운 길을 가기보다 소집단을 형성하여 서로 정보와 자원을 지원해 주며 조직적인 심리서비스를 제공할 수 있는 체계를 구축하기를 원하셨던 것이다. 제법 규칙적으로 진행되던 스터디 모임에는 임상심리학자뿐만 아니라 산업 및 조직심리학자까지 포함되었으며, 구성원들의 다양한 관심은 직장 내 스트레스관리라는 공통 주제로 수렴되었다. 조직 내 스트레스 개입에 대한 스터디를 활발히 진행하던 어느 날, 교수님께서는 우리의 모임이 공부로 끝나지 않고 보다 영향력 있는 결실로 이어질 수 있는 몇 가지 방안을 제안해 주셨고, 그 중 하나가 책의 공동 번역이었다.

　『스트레스관리를 위한 전문가 지침서: 심리과학에 기초한 실무 향상』은 스트레스관리를 위해 필요한 기초적인 지식뿐만 아니라 여러 응용 방법과 결과까지 아우르는 내용을 담고 있다. 저자도 임상심리학자여서 역자들의 배경과 잘 맞았을 뿐만 아니라, 책 곳곳에 산업 및 조직심리학의 주요 이론모형 및 연구결과를 소개하고 있어 기업에의 적용이 자연스럽게 녹아 있었다. 여러 가지로 의미가 있다고 판단되어 스트레스 분야의 많은 양서 중에서 첫 번째 역서로 선택되었다.

각 장의 핵심 내용은 저자 서문에 이미 잘 소개되어 있다. 따라서 여기에서는 한국 독자들에게 특별히 전달하고 싶은 내용 위주로 간략하게 설명하고자 한다.

이 책의 제1장과 제2장은 스트레스관리를 공부하는 학부생 및 대학원생들에게 기초 지식을 전달하는 지침서가 될 수 있다. 제1장에서는 스트레스와 관련된 간략한 역사와 주요 개념, 그리고 기초 연구에 대해 이해할 수 있을 것이며, 제2장에서는 스트레스의 경로에서 각 구성요소의 역할을 습득하고 개입 방안을 위한 연구 모형 및 이론을 알 수 있다. 스트레스관리를 실제로 시행하는 실무자들에게는 제3장의 내용이 특히 유용하리라 생각한다. 여기에서는 구체적인 기법을 소개하고 각 기법의 근거와 효과에 대해 정리하고 있다. 따라서 스트레스관리 프로그램을 설계할 때 프로그램 구성을 위한 의사결정에 도움이 될 수 있다. 마지막으로, 제4장은 지금까지의 내용을 정리하는 한편, 유관 분야와의 구체적인 비교를 제공하고, 저자가 고안한 스트레스관리 프로그램에 대한 대략적인 내용을 소개하며 앞으로 나아갈 바를 제시하고 있다.

이 책에는 여러 좋은 정보가 포함되어 있지만, 아쉬움도 존재한다. 우선, 조절변수와 매개변수의 개념정의가 다소 모호하게 구분되어 있다. 조절변수는 두 변수 간 관계를 변화시키는 요인이며, 매개변수는 두 변수 사이에서 관계를 이어 주는 역할을 하는 요인이다. 책에서 조절변수나 매개변수를 설명하는 내용에 두드러진 오류는 없음에도 불구하고, 이러한 개념적 구분이 명확하게 드러나지 않은 점은 아쉽다. 특히 79쪽의 [그림 2-1]에서 조절변수를 나타내는 화살표가 전형적 조절변수 도식과 비교하면 모호한 부분이 있다. 보통의 연구모형에서는 조절변수를 나타낼 때 두 변수 간 관계를 나타내는 화살표 중간에 조절변수로부터의 화살표가 위치하도록 한다. 또한 같은 그림에서 개인적 소인의 역할 역시 모호하게 개념화되어 있다. 이 책에서도 기질과 같은 소인의 역할을 기존 관계를 악화시키거나 약화시키는 조절변수로 많이 다루고 있으나, [그림 2-1]에서는 스트레스원 등에 직접적인 효과를 미치는 요인으로도 상정하는 듯 보인다. 특정 성격이 스트레스원에 대한 지각이나 반응에 영향을 줄 가능성은 크지만, 아예 존재하지 않는 스트레스원을 생기게 할 수는 없다는 점에서 개인의 소인을 스트레스원의 예측변수로 보는 관점에 대해서는 각별한 주의가 필요하다.

나아가, 이 책이 2005년도에 출판되었다는 점을 강조하고 싶다. 출간된 후 지금에 이르기까지 직업건강심리학 등 스트레스를 연구하는 관련 분야는 괄목할 만한 성장을 보였다. 따라서 이 책에서 소개하고 있는 일부 이론이나 기법에 대해서는 그동안 더 많은 경험 자료가 축적되었으며, 그 당시에는 시작 단계에 있거나 없던 개념들이 현재는 활발히 연구되고 있기도 하다. 그러므로 이 책에서 기술하고 있는 스트레스관리의 상황이 현재의 실황과는 다를 수 있음을 강조한다. 마지막으로, 이 책에서 소개하고 있는 대부분의 연구가 서양에서 수행되었다는 점을 잊지 말아야 한다. 스트레스에도 역시 문화의 차이가 존재한다. 따라서 이 책의 지식을 바탕으로 하되 한국적 요소를 반영하여 새롭게 적용하는 것은 이 땅에서 스

트레스를 연구하고 스트레스에 대해 개입하는 모든 이의 숙제가
되어야 할 것이다.

　그렇다고 해서 역자들이 이 책이 전달하는 정보와 내용을 폄하
하는 것은 절대 아니다. 오히려 책 출간 후부터 지금까지도 유용한
내용이라고 판단하여 이 책의 번역을 시작하였다. 책을 읽으면 읽
을수록, 방대한 지식을 압축하여 기술한 원저자의 노고에 경외를
표하게 된다. 역자들에게 이 책이 도움이 되었던 것과 같이, 국내
독자들에게도 이 책이 조금이나마 도움이 되기를 바라며 역자 서
문을 마친다.

역자 일동

저자 서문

　책은 사실적 내용에 의해서 예측적으로 판단되지만, 그 영향력은 저자가 이야기를 얼마나 잘 풀어내는지에 따라 크게 좌우된다. 과학의 세계에서는 그 이야기가 종종 비인칭의 냉철한 어조로 전달된다. 그럼에도 불구하고 주요 저술활동은 건조할 수 있는 자료로부터 살아 있는 이야기를 만들어 내는 자료에 대한 열정이 없다면 마무리될 수 없다. 책, 특히 과학책의 서문은 작가가 해당 저술활동을 하게 된 개인적인 경험이 더 드러난다. 스트레스관리에 관한 이 책의 경우, 이야기는 아마도(이런 종류의 일들은 결코 확신할 수 없다) 거의 20년 전 한 익명의 연구비 심사자가 내가 "모든 환자는 류머티즘성 관절염으로 인한 통증에 대처하는 데 도움이 되는 스트레스관리 개입을 받을 것이다."라는 진술로 의미하고자 하는 바를 실제로는 설명한 적 없다고 적었을 때부터 시작되었다. 나는 이 심사자가 스트레스관리가 무엇인지 몰랐다는 점에 대해 내가 느꼈던 즉각적이고도 깊은 분개감을 생생하게 기억하고 있다. 운이 좋게도, 이 초기의 감정적 자동반사는 반성과 비판적 독서로 이어졌다. 나는 스트레스관리에 대한 일치되고 공유된 정의나 '확고한 기준'이 없다는 것을 발견하였다. 이 심사자가 상세한 설명을 듣고 정교한 치료 프로토콜을 보고 싶어 했던 것은 놀라운 일이 아니다!

그 후에 나는 스트레스관리를 제공하는 데 있어, 특히 집단으로 제공하는 것에 대한 나의 생각, 검정된 개입, 그리고 축적된 임상 경험을 점진적으로 가다듬었다. 그러는 내내, 나는 다양한 임상집단에 사용될 수 있고 어느 정도 채택된, 그리하여 다양한 적용에 대한 상대적 효과가 평가될 수 있는, 스트레스관리에 대한 종합적이고 매뉴얼화된 접근을 제공하는 문서 자료를 계속해서 검색하였다. 이 문헌 검색으로 몇 가지 정보가 있는 실용적인 책들이 나타났다. 그 책들은 종종 유용한 기법을 기술하였고, 환자들이 집에서 할 수 있는 실전 과제를 제공했으며, 실무자들을 위한 조언들을 제시하였다. 그러나 모두 단편적이었다. 누구도 그 모든 것을 실제로 함께 묶지 않았다. 인지할 수 있는, 공유된 기저의 모형이 존재하는 것처럼 보이지 않았다. 어떤 연구자들도 이 분야의 리더로 자연스럽게 떠오르지 않았다. 그리고 연구자들과 실무자들이 어떤 특정 접근을 지지하거나 옹호하지 않았다.

흥미롭게도, 이 책의 제안서를 위한 심사자들 중 한 명이 내가 쓰고자 하는 내용의 대부분이 지난 30년 동안 이미 어떤 (파편화된) 유형으로든 나와 있다고 언급하였다. 누군가는 이런 이유로 이 책의 프로젝트를 시도조차 하지 않을 정도로 낙담할 수 있다. (스트레스를 감소시키는 인지재구조화를 약간 사용하여) 이런 많은 사상과 기법·기술이 합리적이고 종합적인 양식으로 비판적으로 검토되거나 집합되지 않았다는 것도 내포하기 때문에, 나는 특히 그것을 동기를 부여하는 의견으로 보았다. 명백하게, 그런 비판적이고 통합적인 담론이 몹시 필요했고, 이 심사자에 따르면 적어도 30년이나 기한이 지났다. 그리하여 '심리과학에 기초한 실무 향상'이라는 부제가 탄생하였다.

이 책의 프로젝트를 위한 동기를 구축하는 마지막 조각은 나의 두 학생(Lephuong Ong과 Sandra Young)에게 하라고 북돋았던 한 문헌 검색으로부터 나왔다. 나는 함께 스트레스관리의 효과에 대한 자료들을 모아서 통계적 메타분석을 시행하기를 바라고 있었다. '스트레스관리' 개입이라고 명명된 많은 양의 통제화된 평가를 찾는 데는 문제가 없었지만, 명칭, 기법, 기법의 조합, 적용 범위, 결과 측정, 실무자들의 훈련, 그리고 전달 형식의 다양성에도 우리는 압도되었다. 대규모 메타분석을 시도하는 대신, 우리는 첫 번째로 스트레스관리 분야의 '흐릿한' 형태를 단순히 기술하는 간략한 문헌 검토 논문을 쓰자고 결심하였다(Ong, Linden, & Young, 2004). 이러한 프로젝트의 범위는 전형적인 학술지 논문 분량의 제약으로 인해 수용될 수 없었기 때문에, 이 논문은 이 분야의 연구 및 실무에서의 개념적 문제를 해결하려는 시도에 훨씬 못 미쳤다. 또한 이 논문의 결론에서 우리는 결과변수들의 종합적 문헌 검토를 고려하는 것이 시기상조라고 하였다. 이유인즉, 평가를 위해 의미 있는 범주화를 허락할 정도로 개입들이 충분히 유사한지를 안전하게 확신할 수 없었기 때문이다. 많은 검토와 논의 후, 우리는 여전히 관련 연구가 전달하는 실체가 무엇인지, 혹은 그 경계가 어디에 있는지 알지 못한 상태로 '남아 있는 것처럼' 느꼈다. 자, 스트레스관리 결과 연구의 상태에 대해서 우리처럼 (냉소적이지는 않더라도) 비판적이라면, 과연 이 책의 목적은 무엇일까?

이 책의 부제인 '심리과학에 기초한 실무 향상'은 문헌에서 전형적으로 사용되는 스트레스관리라는 용어가 너무 모호하고 또한 너무 균등하지 않게 잘못 정의되고 있으므로 그 용어의 포기 가능성이나 설명 및 재정의에 관한 주요 시도에 대해 열린 마음으로 비판적 검토를 할 필요가 있다는 나의 확신을 전달한다. 이 책은 그런 검토와 담론에 참여하기 위한 것이다. 독자는 믿기 어렵다고 생각할지 모르겠으나, 내가 문헌들을 면밀히 조사하기 시작했을 때 나는 내 결론이 어떻게 될지 알지 못하였다. 이 분야가 회복할 수 없을 정도로 길을 잃고 헤매고 있음을 경멸적으로 보여 주는 것으로 끝나는 비판적 검토가 될 것인가, 아니면 더 건설적인 개념에 대한 제안이 나올 것인가? 결국 이 책은 비판적일 뿐만 아니라 건설적일 운명을 갖고 있다.

이런 맥락에서 나는 먼저 스트레스관리 분야의 뿌리를 파악하고, 스트레스와 건강의 연결 경로를 기술하면서 관련 기초 연구를 자세히 들여다보았으며(제1장), 스트레스과정의 요소들을 비판적으로 분석하고 스트레스관리의 근거를 지지하는 연구들을 추출하였으며(제2장), 마지막으로 다양한 스트레스관리 기법 및 그 효과를 기술하였다(제3장).

스트레스 자체 및 스트레스관리를 이해하는 문헌은 너무 광범위해서 전체를 다루는 것은 방대한 양의 책 시리즈가 필요할 것이다. 생물학, 사회학, 역학, 조직행동, 의학, 그리고 심리학적 문헌의 일부 검토(제1장)가 이 책의 토대를 마련하는 데 요구되었으나, 이렇게 광범위한 검색 전략으로는 모든 관련 연구를 제대로 다루었다고 할 수 없다. 그렇지만 최소한 이들 각 학문에서 제기된 주요 주제들이 책 초반에 식별되어 제3장과 제4장에 정확하게 반영되었기를 바란다. 구성은 종합적 스트레스과정 모형에 대한 서술로 가볍게 시작하는데, 이는 제2장을 위한 구조가 되기도 한다. 그 효용성은 스트레스관리가 무엇으로 구성되어야만 하는지에 대한 결론을 도출하는 제2장의 끝에서 확인된다. 제4장에서는 비판적 요약 및 수많은 권고사항으로 책이 끝난다.

책의 결점과 약점은 오롯이 나의 몫이지만, 이 책의 강점을 구축하는 데 많은 도움을 받았다. 개입 연구에 대한 집중적인 문헌검색으로 Lephuong Ong과 Sandra Young의 진전을 더디게 한 데 부채감을 가지고 있으며, 포함할 또 다른 논문을 찾기 위해 인터넷 검색 엔진을 사용하고 도서관으로 달려가는 데 몇 시간씩 보낸 Jocelyn Leclerc, Yvonne Erskine, Larissa Jackson, Farnaz Barza에게 감사를 전하고 싶다. 특히 처음부터 프로젝트의 잠재력을 믿고 전심으로 지원해 준 SAGE 출판사의 편집자 Jim Brace-Thompson에게 감사한다. 출판사의 심리학 분야 연락책 역할을 했던 나의 친애하는 친구이자 동료인 Bill Gerin에게도 감사하다. 또한 글쓰기 작업을 완료하는 데 요구되는 많은 노력과 고난을 똑바로 헤쳐 나갈 수 있게 해 준 제안서의 심사자들에게도 감사한다. 그들의 피드백은 매우 귀중하였다(물론 앞으로 다가올 시련에 대해서도 그들이 옳았다). 완성된 책 초안에 대한 추가 평가 또한 매우 사려 깊고 성실했으며, 내 작업량을 상당히 많이 증가시켰다! 그럼에도 불구하고 그들의 의견은 더 명확하고 설득적인 방식으로 내 이야기를 하는 데 크게 도움이 되었기 때문에 이 심사자들에게 감사를 표한다. 그들은 Wayne State University의 Mark A. Lumley, Columbia College of Physicians & Surgeons의 Karina W. Davidson,

University of Houston-Victoria의 Rick Harrington, Oklahoma 시 VA Medical Centers의 Behavioral Sciences Laboratory의 책임자이자 University of Oklahoma Health Sciences Center의 William R. Lovallo, UMDNJ-Robert W. Johnson Medical School의 Paul Lehrer, Rutgers University의 Richard J. Contrada, Indiana University-Purdue University Fort Wayne의 David M. Young, Kent State University의 David Fresco이다.

내가 합리적으로 기대할 수 있는 최고의 결과는 이 한 번의 노력으로 혼자서 분야를 정의하고 범위를 한정할 수 있다는 것이 아니다. 그런 종류의 성공은 매우 가능성이 낮다. 그보다 나는 독자들이 내가 보는 양상에 동의하고, 여기에 제시된 모형에서 어떤 매력을 발견하기 바란다. 만약 독자들이 내 작업에 도전하고 그것을 향상시키기 위한 노력을 할 만큼 충분히 흥분할 수 있다면, 그 투자는 가치가 있을 것이다.

전반적으로, 이 책이 어느 정도 거리를 두고 중립적으로 제시되도록 하였지만, 다양한 결론과 제안은 대체로 주관적이고, 어쩌면 편향적일 수도 있다. 한 주장을 실증하기 위해 주어진 예시 및 사례들은 종종 나의 임상 작업에서 기원하거나 혹은 단순히 나의 고유한 세계관을 반영한다. 불가피하게, 그 내용들은 많은 다른 연구자에 의해 개발되고 전파된 지식과 나 자신의 임상, 연구, 그리고 생활 경험이 혼합된 것이다. 결과적으로, 이 책의 일부는 명백하게 개인적 견해 및 경험에 의해 작성되었고, 이것은 책을 독특하게 만들며 생명을 부여하기 위한 것이었다. 결과적으로 다른 영역들은 한 주제에 대해 보다 객관적이고 거리가 있는 관점이 되도록 하였다.

보다 객관적인 관점이 적용된 특정 영역은 개입 결과에 대한 기술과 평가이다. 이들 주관적 및 객관적 요소 각각이 얼마나 마지막 형태에 독특하게 기여하는지는 말하기 어렵지만, 나는 둘 다 필요하다고 굳게 믿는다. 또한 내가 임상심리학자로서 훈련받고 경험하였으며, 분명 의도치는 않았지만, 내 일상적 업무 환경과 가깝지 않은 스트레스 연구 분야에 대해서는 무지를 드러낼 수 있다는 것을 독자들에게 명시적으로 알리는 것이 공평할 것이다.

차례

스트레스:
개념정의와 질병으로의 경로

STRESS MANAGEMENT

스트레스는 본질적으로 삶에 의한 모든 마모의 비율을 반영한다.
—Hans Selye(1956)

과학적인, 그리고 대중적인 개념정의

관리되어야 하는 현상이 명확하지 않다면 스트레스관리(stress management, 이하 SM)에 대해 글을 쓰는 것은 별 의미가 없다. 그렇기 때문에 스트레스(stress)라는 용어의 광범위하고 대략적인 개관과 건강에 있어서 스트레스의 중요성을 처음에 제시하고자 한다. 이 장에서는 스트레스와 관리라는 용어의 의미를 탐색하고, 이 둘이 어떻게 연결될 수 있는지를 드러내는 연구들을 기술할 것이다.

'스트레스'는 도처에 존재하고 일상 언어의 한 부분이 되어 버려서, 얼핏 개념정의(definition)가 필요 없어 보인다. 스트레스 연구의 선구자인 Selye(1976)는 "스트레스가 너무 잘 알려졌으면서도 제대로 이해되지 않는 애매한 축복으로 고생하는 과학적 개념이다."라고 지적했다. Selye의 관점과 일치하게, 이 책에서도 기초과학으로부터의 개념이 대중화되면 그 용어가 과도하게 단순화되거나 변형되어 궁극적으로는 그 근원을 착각하게 만들고 혼란을 가중시킬 가능성이 있다고 주장한다.

개념정의를 추구할 때, 일반적인 대중은 과학적 학술지를 읽지 않는다. 사람들은 웹스터 사전과 같은 다른 '황금 표준'의 정의를 참조할 확률이 훨씬 더 높다. 이상적으로, 사전에 포함된 개념정의들은 과학자들의 개념정의와 완전히 일치하면시도 더 단순하거나 광범위한 언어로 나타나야 한다. 그러면 사전을 참고하여 무엇을 배울 수 있는가?

웹스터 사전(Webster's illustrated encyclopedic dictionary, 1990)은 스트레스에 대해 적용 분야에 따라서 포괄적인 정의부터 더 구체적인 정의까지 여섯 개의 개념정의를 제공한다. 첫 번째 가장 포괄적인 정의는 "어떤 것에 놓인 중요성, 의미성, 혹은 강조"이다. 두 번째 정의 "소리나 음절을 말할 때 힘의 정도", 세 번째 정의 "음율법에 따라 주어진 절에서의 음절이나 단어의 상대적 강조", 그리고 네 번째 정의 "음악에서의 강약"은 말과 소리의 특징으로서의 스트레스를 다룬다. 그다음 정의 "단위 면적당 작용하는 힘에 의해 측정되는, 동체에 압력을 가하거나 동체를 변형시키는 힘이나 힘의 체계"는 스트레스를 물리학에 연결시킨다. 마지막으로, "정신적으로 혹은 정서적으로 지장을 주거나 동요하게 하는 영향력, 혹은 그런 영향에 의해 야기된 긴장의 상태나 고통(distress)"이라는 본질적으로 더 심리학적인 정의가 있다. 이들 많은 정의에서의 차이는 쉽게 볼 수 있는데, 물리학과 심리학에 사용된 정의들만이 행동과 그 결과, 도전과 그 반응의 요소를 담고 있다. 스트레스 용어의 신기함은 다른 언어로 번역할 때도 상당한 도전이 된다. 예를 들어, 불어나 독어에는 동등한 용어가 없고, 결국 다른 많은 언어와 동일한 방식으로 스트레스라는 단어가 사용되어 왔다. Selye(1976, p. 51)는 스트레스를 과정의 결과로 보았기에, 과정의 시작을 결과와 구분하는 방식으로 명명할 필요성을 느꼈고, 이 과정의 원인적 중개인인 촉발제(trigger)를 일컫는 용어인 **스트레스원**(stressor)을 만들었다.[1]

'스트레스'의 두 단계 과정은 또한 심리학 교재에 나타난 개념정
의에서도 반영된다. Girdano, Everly와 Dusek(1993, p. 7)은 "스트
레스는 신체가 반응하는 것이다. 이것은 신체체계를 피로하게 하
여 역기능과 질병(disease)의 지점으로까지 갈 수 있는 정신생리학
적(마음-신체) 각성이다."라고 했다. 따라서 대중적이고 과학적인
개념정의들은 '스트레스'를 외부 및 내부 자극, 힘, 또는 체계가 상
호작용하고, 소진(exhaustion)과 취약성(vulnerability)으로 이어질
수 있는 반응체계를 촉발제가 활성화하는 과정으로 본다(Wheaton,
1996).

스트레스관리에 적용되는 스트레스에 대한 필자의 개념정의는
다음과 같다.

스트레스는 스트레스원(혹은 요구)이 적응이나 해결을 시도하도록
촉발하는 매개적(mediational) 과정으로, 유기체가 그 요구를 성공적으
로 충족시키지 못한다면 개인적 고통(distress)[2]이 된다. 스트레스 반응
은 생리적, 행동적, 그리고 인지적 수준에서 발생한다. 스트레스는 단순
한 급성 주관적 혹은 생리적 활성화 이상이고, 만성화되면 잠재적으로
건강에 가장 해로운 영향을 끼친다.

1) 역자 주: 현재 관련 국제 심리학계는 스트레스의 결과를 나타내는 용어를 스트레인
   (strain)으로 분리해서 사용하며, 스트레스는 원인에서 결과에 이르는 전반적인 과정
   을 일컫는 용어로 사용하고 있다.
2) 역자 주: Selye는 스트레스의 결과를 특징에 따라 다시 distress와 eustress로 구분하였
   고, 이후에는 이를 나타내고자 문맥에 따라서는 distress를 그대로 '디스트레스'로 번
   역한다.

스트레스의 개념에 대한 역사와 기초 연구를 더 심도 있게 살펴보기 전에, 스트레스에 대한 필자의 개념정의와 일치하게, 단 한 번의 외상적 스트레스 노출보다 만성 스트레스와 그 건강 결과에 더 중점을 둘 것이라는 점을 명백히 해야 한다. 폭력을 목격하거나 당하는 것과 같은 하나의 외상 사건(traumatic event)에 노출되는 것은 잠재적으로 심각하고 지속적인 심리적 후유증을 가져올 수 있는 엄청난 사건이다. 그런 사건의 가장 심각한 유형으로는 이런 후유증이 외상후 스트레스 장애에 부합하는 것이고, 이것은 심신을 쇠약하게 할 수 있다. 외상적 스트레스(후술될, 외상에 대한 초기 노출을 제외하고는)의 장기적인 신체 건강 결과는 거의 알려지지 않았고, 스트레스관리에 포함되는 치료기법들(Ong, Linden, & Young, 2004)은 외상후 스트레스 장애를 위한 치료로 선택되지 않는다 (Taylor, Lerner, Sherman, Sage, & McDowell, 2003).

　　'급성 스트레스 장애'라는 용어[American Psychiatric Association (APA), 1994]가 최근에 도입된 것도 역시 중요한데, 이것은 외상에 대한 초기 반응을 기술하며 결국 외상후 스트레스 장애를 예측한다. 매우 밀접하게 연결되어 있고 실질적으로 발현 기간(외상 후 최소 한 달인 것에 비해 이틀에서 4주)에서만 차이가 있는 두 장애를 구분함으로써 과학과 임상 실무에 도움이 될 수 있는지에 대한 상당한 논쟁이 있었다(Harvey & Bryant, 2002). 이러한 논쟁에도 불구하고, 이 책에서는 급성 스트레스 장애나 외상후 스트레스 장애 그 어떤 것도 크게 주목하지 않을 것이다.

스트레스는 어떻게 측정될 수 있는가

한 개념에 대해 명확히 개념정의를 하는 것은 측정을 위해 유용하고 필수적인 밑 작업이 된다. 다단계 과정으로 정의되는 스트레스의 경우에, 이 절의 제목에 제시된 질문에 대한 답은 결코 단순하지 않다. 스트레스의 측정에 대해서 작성되어 온 글의 대부분은 실제로 스트레스과정의 결과인 스트레스 반응의 측정을 다룬다. 스트레스 반응은 행동적, 인지적, 그리고 생리적 수준에서 발생할 수 있기 때문에, 각 수준에서의 스트레스 반응 측정은 이상적으로 서로 높은 상관을 보일 것이고, 이는 세 수준이 동시에 발생한다는 것을 뜻한다. 불행히도 이들은 종종 다른 시점에 일어나고, 필자의 실험실에서의 몇몇 관찰 및 간략한 일화가 다양한 스트레스 측정치 간 상대적 비동시성의 실례가 될 수 있다.

통제된 실험실 스트레스원에 개인을 노출시킬 때, 일차적으로 타당도 확인의 목적을 위해 참가자들에게 경험한 스트레스 정도를 평가해 달라고 통상 요청한다. 이 방법은 백색소음에 노출되는 것과 같은 경미한 스트레스원이 10점 척도에서 평균 3점 정도를 받는 데 비해, 괴롭히는(harassing) 피드백을 받으면서 산술 문제를 푸는 것은 10점 중 평균 7점을 받는다는 것을 매우 효과적으로 보여 줬고, 따라서 스트레스원의 심각도(severity)에 있어서 예측된 차이를 타당화(validating)하였다. 그렇지만 사용된 스트레스원의 유형과 관계없이, 대규모 표본이 조사되었을 때 어떤 참가자들은 10점 중 10점으로 평가하는 반면, 다른 참가자들은 똑같은 스트레스원을

10점 중 1점으로 평가하였다. 이렇게 엄청난 지각 차이를 무엇으로 설명할 수 있는가? 동일한 자극에 대해 이처럼 종종 매우 다른 평가는 ① 각 개인에게 의미 있는 정서적 정보를 억제하거나 또는 민감하게 반응하는 안정적이고 타고난 경향성, ② 스트레스원의 주관적이고 개별적인 의미, ③ 생리적 활성을 동시에 지각하는 능력에서의 가능한 차이, ④ 연구가 행해지는 날 참가 전에 일어났던 일상의 좋은 혹은 불쾌한 사건들을 통해 점화될 가능성이 있는 기분의 혼합을 반영한다고 한다.

똑같은 스트레스원에 대한 판단에서 그렇게 큰 차이를 알게 된 연구자는 개인 간 주관적 스트레스 평가의 비교가능성에 상당한 의심을 품게 되고, 외부인들은 쉽게 공유할 수 없는 신중을 기하게 된다. 이와 같은 선상에서 캐나다 대중의 스트레스 수준이 증가한다고 짐작하는 정보를 '전문가'와 일반인들로부터 수집해 온 TV 기자가 필자에게 연락을 해 왔다. 제작진은 대표 전화 설문을 실시하고 '실제 인구 스트레스'의 지표로 자기보고 스트레스 수준을 사용하여 '스트레스'의 절대적 수준을 측정하기를 원했다. 필자가 기자에게 이런 평가 방법은 '인구 스트레스'를 측정하는 적절한 방법이 아니라는 의견을 말하자, 그는 꽤 놀라면서 설명을 요구했다. 필자가 사용한 비유는 '스트레스'를 측정하는 것은 '겨울'을 측정하는 것과 흡사하다는 것이다. (특히 캐나다인으로서) 우리는 겨울이 무엇인지 알지만, '겨울'을 결정짓는 단 하나의 특성이 없다는 것 또한 명확히 알고 있다. 그럼에도 불구하고 사람들은 영하의 추운 날씨, 일조량의 감소, (기후대에 따라서 강우량의 증가 혹은) 강설량, 달력에서 12월부터 3월에 이르는 시간대 등 함께 조합되어 겨울을 나타내

는 여러 특징을 알고 심지어 동의한다. 이 기자에 대한 필자의 입장
은 우리가 이런 특징들을 측정하면 할수록 '겨울'의 전반적 현상을
더 잘 이해할 수 있을 것이고, '스트레스'의 측정도 이와 거의 같다
는 것이다.

이 기자의 투박한 개념정의를 현실세계의 문제에 적용하려는 시
도는 나아가 이 논점을 더 강화하는 역할을 할 수 있다. 만약 한 개
인의 자기보고 스트레스가 스트레스의 개념정의를 완벽히 충족시
킨다고 한다면, 근로보상위원회와 여러 보험회사는 지불해야 할 수
많은 '스트레스 장애' 주장의 결과로 파산할 것이다. 여러 재판에서
이미 근로보상위원회는 이런 문제들을 다루어 왔고, 주관적 자기보
고가 스트레스 관련 장애의 충분조건이 아니라고 범주화하였다.

원칙적으로, 스트레스에 대해 자기보고에 의존하는 것은 자기
보고 스트레스가 활성, 회복 실패, 그리고 소진의 과정에서 주요한
역할을 한다고 알려진 생체표식과 (매우 예민하고 구체적으로) 밀접
한 상관이 있을 때에만 이치에 맞다. 불행히도, 문헌들은 생물학
적 변화와 자기보고 스트레스가 실험실에서의 급성 생리적 반응
성(physiological reactivity)에 대한 연구가 보여 주는 것과 같이 상
대적으로 명백한 상황에서도 기껏해야 중간 정도의 상관이 있음
을 제시한다. 자극 복잡성을 줄인 잘 통제된 실험실 환경에서조차,
생리적인 변화와 병행하는 기분 변화는 $r = .30$을 넘는 상관을 거
의 보이지 않았다. 자기보고 디스트레스는 생리적인 변화에서의
변량을 10% 이상 설명하지 않았다(Linden, 1987). 실망스러우나,
이것은 ① 중추신경계 활동과 의식적 인지(awareness) 간 직접 경
로가 별로 없고, ② 연구자들이 생리적 변화를 감지하고 보고하는

능력과 의지에서의 확연한 개인차를 관찰해 왔으며(Pennebaker, 1982), ③ 사람들이 생리적 변화를 추론하기 위해 환경 사건들의 심적 표상으로부터의 맥락적 단서에 과도하게 의존("이것은 중요한 시험인데, 나는 별로 준비되지 않았다는 것을 안다. 따라서 내가 느끼는 것은 스트레스임에 틀림없고, 내 심장이 빨리 뛰는 것이 이를 증명한다.")하기 때문에 그리 놀랍지 않다. 감각 수준에서 생체표식은 본질적으로 의식에 한계가 있고, 이는 혈관에서의 지질 변화나 혈소판 응집과 같은 전혀 감지하지 못하는 것에서부터, 혈압이나 맥박 변화와 같은 다소 의식할 수 있는 것과, 호흡이나 혈중 알코올 농도의 상승과 같이 꽤 정확히 인지(비록 이 경우에도 거짓 피드백 연구는 큰 변화만이 정확하게 지각된다고 밝혔으나)할 수 있는 것까지 다양하다. 맥락의 사용과 정확한 생리적 감지 사이의 관계를 이해하기 위해서는 감각과 지각을 구분하는 기초 심리학 연구를 살펴봐야 한다.

사람들이 스트레스와 관련한 생체 변화를 정확하게 감지하는 데 상대적으로 무능하고 자기보고 스트레스에서 맥락변수의 영향을 피할 수 없다는 데서 오는 고질적인 문제들은 장기적인 영향을 가져오는 중요한 결정을 해야 함에도 객관적 지표들을 얻기 어려울 때 특히 더 우려된다(스트레스 관련 장애에 대한 청구를 처리하는 근로보상 체계에 대한 앞의 논의를 보라).

'스트레스가 측정될 수 있는가?'에 대한 답이 있는가? 절대적인 의미에서 그 답은 단호하게 '없다'가 되어야만 한다. 스트레스가 고정된 상태가 아니라 다단계로 이루어진, 인지적, 행동적, 그리고 생리적 과정들이 상호작용하는 절차라는 점에서 우리는 쉽게 스트레스를 지수화(index)할 수 없고, 그것이 주관적이거나 생리적이거나 관계없이 하나의 지수로부터 스트레스에 대한 추론을 도출하려고 시도조차 해서는 안 된다. 그렇지만 자기보고 디스트레스로부터 정보를 수집하고, 행동을 관찰하고, 스트레스 각성과 소진 절차와 관련이 있다고 알려진 생리적 활성을 알아낼 수는 있다. Grossi와 동료들(Grossi, Perski, Evengard, Blomkvist, & Orth-Gomer, 2003)은 예를 들어 자기보고 직무탈진을 높게 보고한 사람들과 낮게 보고한 사람들을 비교하여 자기보고 스트레스와 신경내분비 및 면역체계에서의 생리적 활성화 표식의 유사성이 높은 편이라는 것을 알아냈다. 자기보고 스트레스 수준은 6,920명의 동일(cohort), 혹은 동년배 집단에서 5년 후 더 높은 사망률을 유의하게 예측하는 데도 충분했다. 이 효과는 사회인구통계학적 요인과 알려진 심혈관 위험요인을 통제한 후에도 유지되었다(Rasul, Stansfield, Hart, Gillis, & Smith, 2004). (한 종류 내 단일 지수는 물론이고) 스트레스와 상관이 있는 측정 가능한 어떤 종류의 현상도 '스트레스'를 절대적으로 반영한다고 할 수 없다. 어떤 추론이건 문맥을 이해해야 하고, 다양한 스트레스 표식의 색인을 확립해야 한다. 스트레스 반응의 타당한 표식으로 널리 간주되는 코르티솔과 그 전구체인 부신피질 자극 호르몬(ACTH)을 예로 들 수 있다. 여러 스트레스 수준을 반영하는 데 더해, 이 두 물질은 자연적으로 발생하는 주행성(diurnal) 양상, 개인차, 그리고 임의변동에도 영향을 받아서, '스트레스'를 의미하는 코르티솔 활동의 절대적 추론이 힘들다.

그럼에도 불구하고 필자는 스트레스 보고에 있어서 개인차 변수가 시간에 따라 안정적이라고 가정되기 때문에, (일기 연구에서 행해

지는 것과 같이) 동일한 개인 내 시간에 따른 스트레스의 주관적 보
고를 연구한 다음 병렬로 발생한 객관적 사건과 연결시키는 것이
의미 있다고 믿는다. 하지만 이러한 주장은 (장애 수당 청구자가 보
고하는 스트레스와 통증과 같이) 반응적 상황이 주관적 스트레스 보
고의 신뢰성을 위협한다는 사실로 인해 완화될 필요가 있다.

스트레스와 건강 모형의 역사

한 장(chapter)을 스트레스의 역사로 시작하려는 결정이 철저한
검토와 논의를 하겠다는 의미로 여겨져서는 안 된다. 이 책에서의
의도는 이 책과 책의 목적을 형성하는 데 가장 현저히 공헌한 이전
의 이론화 특징들에 초점을 맞추는 것이다. 더 심도 있는 이론고찰
과 스트레스로부터 질병에 이르는 생체 경로 제안을 원하는 독자
들은 방대한 책과 고찰논문들을 찾아볼 수 있다. 건강심리학에 대
한 광범위한 개관을 제공하는 훌륭한 학부 교재가 많이 있고, 더 심
도 있는 지식과 논의를 위해서는 McEwen(1998), Ray(2004), 그리고
Kelly, Hertzman과 Daniel(1997)의 고찰논문과 함께 Lovallo(1997)
의 우수한 담론인 『스트레스와 건강(Stress and Health)』을 추천한다.
그럼에도 불구하고 주요 이론과 경험적 발견들에 대한 몇몇 배
경들은, 스트레스관리 개입에 대한 견고하면서도 경험적으로 근거
한 정신생리적 이론이 제공될 수 있도록, 또한 스트레스관리에 대
해 현존하는 사고와 글에 관한 필자의 비판이 확고하게 기반될 수
있도록 이 책의 초반에 제시될 필요가 있다.

겉보기에 스트레스를 이해하는 현대적 접근이 건강과 질병에 대한 고대 관점에 뿌리를 두고 있고, 이는 중용, 과잉회피, 그리고 균형과 조화의 개념을 지지하는 동양(기원전 2600년경)과 그리스 의사들의 신념과 실행으로 거슬러 올라갈 수 있다. 침술, 명상, 요가, 바이오피드백, 자기최면, 그리고 자율훈련이라는 현재의 실무는 건강을 좋은 균형의 상태로 보는 이러한 고대의 관점에 기원할 수 있다.

Cannon(1928)은, 의술을 건강한 균형이라는 역사적 관점으로 재연결하고 실제로 측정 가능하고 계량화할 수 있는 생리학에 대한 견고한 접근을 대표하는, 생리학적 균형의 시각을 설명한 것으로 유명하다. 그의 작업은 도전에 대한 자율신경계 반응이 자율신경계 내 교감과 부교감 활성화의 역동적 상호작용으로 이해될 필요가 있다는 것을 강조했다. 신경계의 이들 두 조절력은 반대되는 활동을 하고, 건강을 성취하거나 유지하기 위해서는 둘 다 강하고 반응적이어야 한다.

Selye(1956)의 일반적응증후군(general adaptation syndrome)은 그가 신경계 활동이 불균형이 되는 조건과 경로를 보여 줬다는 점에서 Cannon의 작업을 정교화한 것으로 이해될 수 있다. 일반적응증후군은 스트레스를 잠재적인 3단계의 연속 사건들로 기술하는데, 첫 번째 단계는 공격자의 등장과 같이 신체 본연의 대처 능력을 활성화하는 도전이고, 두 번째 단계는 투쟁, 도피, 혹은 다른 적응과 같은 대처이다. 도전과 반응의 전체 과정은, 도전이 효과적으로 충족되었고, 스트레스 저항을 동반하면서 능동적 반응을 가능하게 하는 건설적인 각성이 더 이상 필요하지 않고 생리적 휴식

(physiological resting) 상태로 돌아갈 수 있기 때문에 종종 바로 거기에서 끝난다. Cannon의 작업과 일관되게, 초기 교감 활성화 이후에 신체의 자연스런 억제체계가 역(counter)조절적이고 반(de)각성적인 부교감 활성화의 형태로 효과를 나타낸다는 것을 볼 수 있다. 그렇지만 모든 도전이 본질적으로 시간 제한적인 것은 아니고 그리고/또는 빠르고 결정적인 반응을 허용하는 것이 아니며, 신체는 어느 순간 필연적으로 소진될 때까지 계속해서 저항한다(세 번째 단계). 신체가 이제는 약하고 저항할 수 없기 때문에, 이런 생리적 소진은 질병 잠재력을 지닌다고 간주된다. 흥미롭게도, Selye의 연구에서 발견된 소진이라는 용어는 이후의 다른 연구자들의 연구로도 전해져 오고 있어서, 예를 들어 네덜란드의 연구진은 생체소진(vital exhaustion)이라는 용어를 만들어 내고, 이것이 심근경색의 주요 전조라는 것을 보여 줬다(Van Diest & Appels, 2002). 생체소진은 심리생리적인 정신적 마비 상태로 기술되는데, 이는 지각된 낮은 자기효능감(즉, 자기 자신의 효과성이 낮은 수준이라는 것을 인지), 대처 무능력, 그리고 피로와 낮은 에너지의 주관적 감지와 관련되고, 따라서 Selye의 소진 개념을 적절하게 대변하는 생물학적이고 정서적인 특징의 혼합으로 생생하게 묘사된다.

　Selye의 원 연구는 외부 도전들이 동일한 일련의 생리적 반응을 이끈다는 전신(whole-body) 반응을 주장한다. 한 도전에 반응하여 전형적으로 일어나는 생리적 변화는 잘 정립되어 있고, 수많은 교재에 기술되어 있다. [그림 1-1]은 Selye(1976)의 활성-소진 모형에 나타난 활동들의 경로와 순서를 나타낸다.

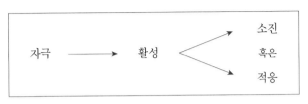

그림 1-1 Selye의 스트레스모형

　이것은 Selye의 활성−소진 모형의 대략적인 모형으로, 전체 절차가 이해되기 위해서는 답변이 필요한 일련의 질문으로 이어진다. ① 어떤 자극(혹은 자극 속성)이 이 절차를 활성화하는가? ② 활성 절차를 나타내는 생리적인 행동고리는 무엇인가? ③ 누가 어떤 조건에서 적응을 하며, 누가 어떤 조건에서 소진되는가? 이들 핵심 질문들에 대한 만족스런 답변은 스트레스관리 연구자들에게 개입을 위한 견고한 근거를 발전시키는 데 필요한 주요 지식을 제공할 것이다.

　자극의 스트레스 촉발 특성은 처음에 논의되지 않을 것이다(제2장의 서두에서 상세한 고찰 제시). 대신 생리적 활성 절차가 Selye 연구의 독창성의 중심이기 때문에 먼저 기술된다. Selye는 반응에서의 보편성을 믿었다. 즉, 지각 역치를 넘어서는 모든 자극은 종과 상황을 초월하여 비슷한 생리적 스트레스 반응을 촉발할 것이다. 보편적이라 믿어지는 이러한 일련의 사건은 다음과 같다(Sarafino, 2002).

1. 주관적으로 중요하다고 판단되는 환경자극은 대뇌 피질 활성화를 촉발하여 시상하부로 화학 전달물질들을 보낸다.
2. 시상하부에서 화학 전달물질은 부신피질방출인자(cortico-

tropin releasing factor: CRF)의 생산을 자극하고, 다른 화학 전달물질들은 다시 차례로 두 개의 구별되는 신체 반응 경로를 활성화한다.

3. (교감 부신수질 축으로도 알려진) 첫 번째 경로에서 이들 전달물질들은 정보를 뇌하수체로 보낸다.

4. 이것은 전달물질들의 화학 구조를 변화시켜 부신피질 자극 호르몬(adrenocorticotropic hormone: ACTH)을 혈류로 방출한다.

5. ACTH가 부신(adrenal glands)에 도착하면, 코르티솔(cortisol)의 생산이 시작되고, 차례로 대사율(metabolic rate)을 증가시킨다. 코르티솔은 면역체계에서 포식세포(phagocytes)와 임파세포(lymphocytes)의 기능을 억제한다(즉, 이것은 면역체계의 필수 적응을 위한 전달물질로 기능한다).

6. (시상하부-뇌하수체 축으로 알려진) 두 번째 경로에서는 화학 전달물질들이 시상하부를 떠나서 뇌간과 척수를 지나 부신으로 향하는 신호로 진행되는 전기화학적 변화를 촉발한다.

7. 부신 수준에서 이 활성화는 에피네프린(부신 호르몬)의 방출로 이어지고, 이것은 여분의 포도당을 근육계와 뇌에 공급한다. 에피네프린은 또한 억제 T세포(suppressor T-cell)를 증가시키고 보조 T세포(helper T-cell)를 감소시켜서 스트레스 반응성(reactivity)에서 면역 기능으로의 두 번째 연결경로를 드러낸다.

8. 부신에서는 또한 노르에피네프린을 방출하는데, 이것은 심박동수를 높이고 심박출량(cardiac output)과 혈압을 증가시킨다.

9. 궁극적으로 이들 활동과 그 결과들은 이 전체 절차의 '지휘 통제자' 역할을 하는 시상하부로 피드백된다.

도전에 대한 이러한 일련의 생리적 반응은 자율신경계, 내분비계, 그리고 면역체계 활동을 조절하는 생물화학적 · 전기생리적 절차들의 복잡한 상호작용과 피드백 회로를 수반한다. 자율신경계 내에서 (ACTH의 방출을 통하는) 교감 분과의 활성화는 동공과 기관지를 확장하고, 심장의 펌프활동 속도와 힘, 혈관의 수축, 에피네프린의 분비를 증가시키며, 장의 연동운동을 감소시킴으로써 장기들을 투쟁 혹은 도피 반응에 준비시킨다. 한 가지 중요한 생리적 통제기능이 이들 활동과 반대되는 자율신경계의 부교감 분과에 배정되고, 기능적으로 회복을 촉진하도록 설계된다. 부교감계의 유연성을 최대화하려는 기법을 가르치고 배우는 것은 생리적 스트레스관리에 매우 중요하다는 것을 쉽게 알 수 있다.

이러한 활성 절차, 즉 투쟁 혹은 도피 반응은, 그 개념정의 내에서는 본질적으로 부적응이라는 의미를 지니지 않는다. 만약 뭔가 있다면, 투쟁이나 도피가 생존에 정말로 필수적인 한 그 반대가 맞다. 종의 진화에서 투쟁 혹은 도피 반응은 근육 동력, 감각민감성, 그리고 상해로부터의 세포조직 보호의 가능성을 최대화한다는 점에서 생존을 위해 매우 유용한 도구이다. 그렇지만 활성 반응에 대한 Selye의 관점 중 중대하고 널리 수용된 특징은 우리의 생물학적 체계가 이러한 활성을 오랜 시간 동안 유지할 수는 없다는 것이다. 만약 투쟁 혹은 도피 반응이 도전의 해결책으로 이어지지 못하면 모든 생명체는 소진된다. 휴식과 비교하여 활성 기간 중 변화된 혈류는 활성 절차의 초기 적응이 어떻게 장기적 건강 위협으로 바뀔 수 있는지를 보여 주는 데 사용될 수 있다. 휴식 동안, 대부분의 신체 혈액량(blood volume)은 심장과 내장 사이를 순환하여 필요한 영양분과 산소가 장기 기능에 이용되도록 한다. 즉, 휴식 동안 혈류의 약 60%는 신장, 피부, 소화계, 그리고 뼈로 간다. 그러나 투쟁 혹은 도피 반응 동안에는 전체 혈액량의 대부분이 근육과 뇌에 이용되도록 만들어져서, 단지 일부만이 내장 기능을 지지하기 위해 이용된다(이 경우 혈액량의 약 20%만이 피부, 소화계, 신장, 그리고 뼈로 간다; Astrand & Rodahl, 1970). 온전한 생명체들이 확장된 시간 동안 영양분이나 산소 없이 살 수 없는 것과 같이, 개별 장기도 마찬가지로 살 수 없다. 장기 조직들이 영양분과 산소 부족으로부터 오는 손상으로 고생하지 않으려면 스트레스로 유발된 근육과 뇌로의 혈액 재분포로부터의 회복이 상대적으로 빠르게 발생해야 한다. 활성이 어떻게 소진으로 변하는지에 대한 상대적으로 단순한 이러한 묘사는 스트레스 관련 정신생리 장애를 겪고 있는 환자들에게 스트레스-소진 절차를 설명하기에 적합하다.

반응 보편성에 대한 Selye의 생각은 다음에 더 자세히 논의될 이후의 모형과 연구 결과들에 의해 도전을 받아 왔다. 초기에는 단순한 자극-반응 모형이었던 것이 행동적 · 인지적 활동을 통한 급성 반응 조정(acute response modulation)뿐만 아니라 반응도(responsivity)에서의 유전과 초기 학습 차이를 포함하도록 확대되었다.

공동체 수준에서의 거시적 효과가 어떻게 세포활동에 영향을 주고받을 수 있는지 이해하기 위해서 Brody는 17층의 체계를 기술했다. 그 체계 내에서 미시적 활동부터 거시적 활동까지, 원자부터 분자까지, 세포와 조직까지, 장기(organs), 체계(systems), 온전한 개인까지, 그리고 마지막으로 공동체와 사회까지의 연속선상에서 스트레스와 건강에 영향을 미치는 수준들이 조직화되어 있다(Brody, 1973). 그는 활동의 각 수준이 바로 위와 아래의 수준들에 영향을 미쳐, 분자적 변화와 사회적 변화 사이에서 궁극적으로 하나의 연합이 나타날 수 있다고 추정한다. 이러한 영향의 방향은 이 연속선상에서 위로 올라갈 수도 있고 아래로 내려갈 수도 있다.

스트레스와 건강에 대해 특히 영향력 있는 모형은 Levi(1972)의 상호작용모형(interactional model)이다([그림 1-2] 참조). 이 모형은 스트레스 반응의 강도는 한 개인의 소인(predisposition)의 맥락에서 스트레스원을 이해함으로써 더 잘 예측될 수 있다고 주장하고, 그럼으로써 스트레스 반응 강도에서의 개인차를 더 잘 이해하기 위한 문을 열어 주어 Selye의 연구를 확장한다.

향후 연구를 추진하고 조직화하는 데 유용하지만, 보다 인지 지향적인 연구자들에 의해 Selye와 Levi의 모형들은 이제 단순하다고 간주된다. 더 확장적인 모형들을 계속해서 논의하기 전에, 존재하는 모형들을 범주들로 조직하는 것이 유용할 것이다. 이 책의 목적을 위해 Feuerstein, Labbe, 그리고 Kuczmierczyk(1986, p. 122)가

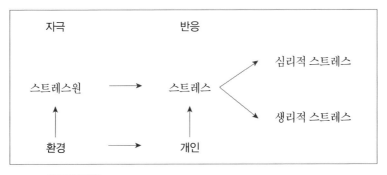

그림 1-2 스트레스 특이체질모형(The Stress Diathesis Model)

제인한 범주화 구조를 여기에 채택하였다. 이 구조는 네 가지 유형의 모형들, 즉 ① 반응기반모형(response-based models), ② 자극기반모형(stimulus-based models), ③ 상호작용모형, ④ 정보처리모형(information processing models)을 구별한다.

Selye의 모형은 모든 자극이 동일한 일련의 생리적 반응들을 촉발하고, 반응(활성과 해결 대 활성과 소진)의 본질이 궁극적으로 건강 결과를 좌우한다고 추정하기 때문에, 반응기반모형으로 간주된다. Levi의 모형은 자극에 대한 반응이 보편적이지 않고 스트레스원의 유형과 맥락에 영향을 받는다는 가능성을 열어 놓기 때문에 상호작용모형에 더 가깝다. 스트레스원의 유형과 그 맥락이 이해된다면, 이들은 이후 스트레스 반응의 가능성(likelihood)과 강도(magnitude)의 예측을 허용한다. 단순한 반응기반 및 자극기반 모형들의 문제점은 그 모형들이 사람들이 똑같이 힘든 조건에서 실제로 보여 주는 많은 변형을 설명하지 않는다는 것이다. 상호작용모형과 정보처리모형은 피드백 체계의 존재를 허용하고, 스트레스 처리과정이 보다 더 순환적 본질을 가진다고 추정한다. 그러한 모형 중 하나에서(Cox & McKay, 1978), 잠재적 스트레스 반응의 강도를 결정하는 데 중대한 요소는 지각된 대처 능력이 지각된 요구를 충족시키지 못할 때 스트레스로 귀결된다고 추정하는, 요구 상황에 대한 인지적 평가이다. 이 불균형이 정의상 '스트레스'이다. 지각된 대처 능력은 부분적으로 실제 능력에 의해 결정되고, 지각된 요구는 부분적으로 실제 요구에 의해 결정된다. 실제와 지각된 요구 사이의, 그리고 실제와 지각된 대처 능력 사이의 차이는 이전 학습과 성격 차이에 의해 더 조절(moderated)된다. 나아가 Cox와 McKay

는 개인들이 그들 자신의 대처 시도의 적응성을 판단하고 정보가 개인에게 피드백되어 그들이 상황의 스트레스성, 즉 (지각된 그리고 실제) 요구와 능력의 수준들을 재평가할 것이라고 주장한다.

　정보처리모형은 주의, 평가, 그리고 기억처리에 초점을 맞추고 있다는 점에서 상당히 유사하다. Hamilton(1980)은 지각된 스트레스 수준이 스트레스원의 중요성 및 의미, 체계가 스트레스에 배분하는 주의의 양, 그리고 과거의 효과적/비효과적인 대처 경험에 대한 기억들을 통합하는, 스트레스원의 인식과 평가 처리가 합해진 결과라고 본다. Hamilton에 의하면, 스트레스원 자체는 ① 물리적 통증(pain)이나 위험의 기대, ② 사회적 고립이나 거부의 위협, ③ 공존하는 반응 요구나 새로움과 복잡성을 수반하는 자극 복잡성의 세 가지 도전적인 특성을 가질 수 있다. 이들 특성 중 한 가지 이상이 동시에 존재할 수 있고, 만약 두 가지 혹은 심지어 세 가지 특성이 동시에 존재한다면 스트레스원이 궁극적으로 더 큰 스트레스 반응을 이끌 것이라고 예측하는 것이 합리적이다.

　스트레스관리를 위해 경험적으로 기반한 근거를 구축하고자 스트레스모형을 사용하려면, 스트레스 관련 질병의 병인학(etiology)을 연구하는 데 있어 다양한 스트레스 이론을 상이한 종들에 적용하는 것이 어떻게 독특한 도전과 기회를 만들어 내는지 깨달아야 한다. 동물모형(실험동물, animal models)으로부터 얻은 기초 연구 결과를 인간에 적용하는 것은 예방과 개입에서의 시도를 이해하는 데 특히 더 도전적이다. 이것은 스트레스모형을 식물, 동물 및 인간에 연결시킴으로써, 그리고 유사점과 차이점을 부각시킴으로써 실증될 수 있다. Bernard(1961)는 식물과 같이 단순한 유기체의 생존을 이해하기 위해서 환원주의자(reductionist)적 집근을 위한 사례를 제시한다. 이 유기체들은 영양분, 물, 빛 등을 공급하는 그들의 환경에 의존적이고, 만약 이러한 '공급자'들이 소진된다면 유기체도 죽는다. 그러나 식물이 더 많거나 적은 빛, 또는 다양한 수준의 물 공급에서 번영하도록 진화할 수 있다는 점에서 이런 환원주의자적 관점조차 적응을 허용한다. 하지만 궁극적으로는 그들은 여전히 공급 의존적이다. 한편, 동물들은 이동성을 갖추고 능동적으로 공급을 탐색할 수 있으며, 이런 탐색은 안정적인 먹이 공급을 얻기 위해서 한 반구에서 다른 반구로의 수천 마일에 달하는 거위들의 연례 이동과 같은 극도의 노력으로 이어질 수 있다. 이렇게 더 큰 이동성은 유기체의 활성 잠재력을 더 높일 수 있으나, 겨울철(혹은 여름철) 도래지로의 긴 이주 비행에서 살아남지 못하는 철새의 예에서 볼 수 있는 것처럼 그 자체로 더 빠른 물리적 소진 잠재력 또한 지닌다. 인간의 경우, 모든 유기체에 적용되는 것과 같이 환경적 특징(예를 들어, 산소와 영양분)에 동일하게 주요한 의존성이 있고, 동물에서 보이는 것과 같이 이동성(투쟁 혹은 도피) 또한 있으며, 추가적으로 인간은 (이 책에서 나중에 논의될) 스트레스 촉발제로 기능할 수 있는 인지와 정신적 표상을 소유한다. 인지는 또한 스트레스 해결의 잠재적 원천이다. 동물의 사고처리 가능성과 의식(consciousness)의 정도를 부인하지 않는다면, 동물모형 시험에서 나온 결과들은 인간 인지로의 일반화 가능성을 약간 제공한다. 인간에게 스트레스 촉발제는 (천식발작 동안 공기 공급이 부족한 것처럼) 매우 물리적인 것으로부터, 준비하지 않은 시험을 보겠다는 선생님의 공지에 대한 학생의 갑작스런 두려움 반응이나 혹은 아내

의 생일선물을 사는 것을 까먹었다는 남편의 갑작스런 깨달음과
같이, 매우 심리적이고 인간특정적인 촉발제에 이르기까지 광범위
할 수 있다. 그렇기에 인간에게 잠재적인 스트레스 촉발제의 전체
종류는 환경에 내재된 물리적이고 객관적인 도전부터 상징적이고
학습된 도전까지의 범위에 걸쳐 있으며 거의 무한정하다.

　스트레스와 건강에 대한 가장 최근의 모형들은 항상적(homeo-
static) 상태는 생존에 필수적이며 바람직하다는 Cannon(1935)의 상
대적으로 엄격한 주장에 도전해 왔고, 단지 급성 반응들을 촉발하
는 것뿐만 아니라 만성 스트레스 촉발제가 될 잠재력도 보유한 도
전의 유형들을 분류하고자 하였다. 이상적으로 기능하는 생리적 체
계에 대한 초기의 이론에서는 (Cannon의 의미에서 항상성을 반영하
는) 적정 수준이 있고 (혈압의 경우와 같이) 고양된, 즉 부적응적 수준
이 있다는 생각에 초점을 맞추었다. 하지만 이 모형은 항상성에 대
한 다소 정적인 개념정의를 내포했고, 종의 생존을 보장하기 위해
서 살아 있는 체계는 변화하는 환경에 반드시 적응하고 변하며 맞
춰야 한다는 인식으로 지속적인 적응을 통해 장기적인 안정성과 건
강을 성취하는 체계의 능력은 생체항상성(allostasis)으로 이름 붙여
져 왔다(Sterling & Eyer, 1988). 생체항상성은 생리적 체계가 자체의
통제 기능을 유지하면서 외부 도전에 최적의 반응도를 허용하는 건
강한 기능 범위를 유지하기 위해 분투한다고 가정한다. 생체항상성
개념은 항상성 개념과 모순되는 것은 아니다. 오히려 항상성의 개
념정의를 고정된 정적 수준 대신 건강한 범위 내의 바람직한 변동
성으로 수정한다. 생리적 영역에서 '지나친 안정성'의 위험에 대한
좋은 예시는 급성 심장사(cardiac death) 전 나타난 심장박동 간 간격

에서 변동성의 부족이 관찰된다는 점이다. 비슷하게, 면역체계는 면역 도전들에 반응할 때 최고로 작동하고, 반복되는 도전들은 장래 적응 반응을 위한 체계의 능력을 강화시킬 수 있다고 주장된다. 이런 원칙은 물론 잘 알려져 있는 예방접종의 근거이다. 신체운동의 가치에 대해서도 동일하게 말할 수 있어서, 적정하게 적용될 때 신체의 적응 능력을 향상시키고 도전에 신속하게 반응하게 하기 때문에 스트레스 완충제(buffer)로 작용한다. 심리적 수준에서, 예를 들어 부모는 자라는 아이들을 위한 합리적인 권리와 책임들에 대한 기대를 조정해야 한다. 아이들이 성숙함에 따라 통금시간을 늦추고 용돈은 올릴 필요가 있으며, 그에 대한 보답으로 책임감 수준의 증가도 기대할 수 있다. 그런 조정에 실패하는 것은 거의 대부분 가족 부담을 유발하고 바람직한 성숙을 방해한다.

한 체계에서 도전이나 요구의 정도는 누적 스트레스 부하(allostatic load)라고 일컫는데, 이는 어느 시점에서 주어진 체계의 대처 능력을 넘어설 수 있다. McEwen(1998)은 도전의 본질과 결과로 나타나는 누적 스트레스 부하가 신체 반응 능력을 넘어서서 상해로 이어지는 네 가지 상황을 기술한다. 그 첫 번째 시나리오는 다음 스트레스원이 나타나기 전에 회복될 시간 없이 자극에 빈도 높은 반복적 노출을 하는 것이다. [그림 1-3]은 이 '반복타격(repeated hits)' 시나리오이다.

부하

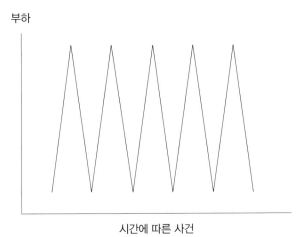

시간에 따른 사건

그림 1-3 반복타격모형

　이 유형의 상황을 대표하는 현실세계 시나리오는, 최근의 인원 감축이 심각한 직원 부족으로 이어져서 초과 근무가 잦아진, 바쁜 도시 병원의 응급실 직원일 것이다. TV에서 미국 드라마 〈ER〉에 피소드를 본 사람이라면 이 시나리오가 생생하게 다가올 것이다! 이 환경에서는 빠른 탈진과 소진의 잠재력이 쉽게 나타난다.

　누적 스트레스 부하의 두 번째 유형 역시 반복적 스트레스원의 출현으로 특징되지만, 어떤 사람들은 적응에 실패하고 다른 사람들은 적응할 수 있다는 점에서 다르다. 한 예는 소방서 가까이 사는 것에 (부)적응하는 것이다. 어떤 사람들은 밤에 울리는 반복적인 사이렌 소음에도 잘 수 있는 능력을 개발하는 데 반해, 다른 사람들은 갈수록 수면 부족에 시달린다. 이 시나리오는 [그림 1-4]에 제시되어 있다.

　높은 '과부하 잠재력'을 지닌 스트레스원 상황의 세 번째 유형은 회복이 몹시 필요하지만 지연되거나 실패할 때 나타난다. ([그림 1-5]에 제시된) 이 유형의 상황은, 예를 들어 결혼 상호작용에 대한 일기 연구(DeLongis, Folkman, & Lazarus, 1988)와 대인관계적 실험실 스트레스원 연구(Earle, Linden, & Weinberg, 1999; Lindern, Rutledge, & Con, 1998)가 보여 주는 것과 같이 대인관계적 갈등이나 만성 업무 스트레스에 반응하여 나타난다. 이런 시나리오들은

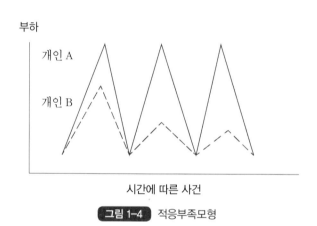

그림 1-4 적응부족모형

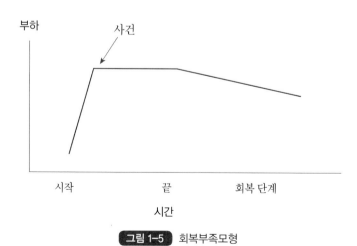

그림 1-5 회복부족모형

Frankenhaeuser(1991)가 일하는 엄마들(워킹맘)의 심리생리적 평가 연구에서 보여 준 것과 같이 특별히 드물지 않다. 이 여성들은 직장에서의 높은 요구에 반응하여 당연한 스트레스 반응을 보였고, (스트레스 호르몬 방출을 추적함으로써 나타난 것과 같이) 가사와 다른 가정 책무가 기다리고 있기 때문에 귀가도 이런 상황을 바꾸지 못했다.

여러 복잡한 상호작용 체계들을 수반하기 때문에, 네 번째 상황은 그림으로 나타내지 않았다. 여기에서는 한 누적 스트레스 체계의 부적절한 반응이 다른 체계들에서의 보상 반응(compensatory response)을 촉발한다. McEwen(1998)에 의해 제시된 이런 본질의 한 예는 스트레스 호르몬 활동을 묘사한다. 만약 한 도전에 반응하여 코르티솔 분비가 발생하지 않으면, 염증유발 사이토카인(inflammatory cytokines)이 방출되어 동물이(그리고 추정컨대 인간도) 자가면역 곤란(autoimmune disturbance)에 걸리기 쉬워진다.

스트레스 연구에 대한 누적 스트레스 부하 개념의 추가는 Selye의 적응증후군 개념의 확장, 개선, 그리고 진화를 대표하지만, 그 기본 전제를 부정하지는 않는다. 생체항상성에 대한 연구의 추가로, 정상적인 스트레스 반응을 병리적 스트레스 반응과 구분하는 법에 대한 더 풍부하고 더 잘 기록된 그림이 존재하고, 스트레스와 질병 결과의 연계(linkage)를 이해하기 위한 생리적 경로와 상호작용에 대한 많은 양의 풍부한 연구뿐만 아니라 다양한 주요 상황에 대한 광범위한 묘사가 존재한다. 흥미롭게도, Selye의 원 연구나 생체항상성 개념으로부터 나온 확장모형 모두 어떻게 자극 자체가 존재하게 되는지, 자극이 주목을 받을 자격이 있는지, 그리고 자극이 제거되거나 조작될 수 있는지를 다루지 않는다. 이러한 스트레스모형들은 자극 자체의 잠재적 변경가능성(modifiability)의 질문을 다루지 않는다. 여기에 내재된 교훈은 스트레스원들이 존재하고, 생리적 체계(그리고 이 체계들로부터 지배받는 사람들)가 반응해야만 한다는 것이다. 즉, 사람들은 그들 자신의 환경의 창조자나 조형자(shapers)로 보이는 것이 아니라 단순히 반응자(reactors)로 간주된다.

스트레스 반응도 이해하기

스트레스 반응과 기원에서의 개인차

(특히 스트레스 반응성 연구에서의 결과표를 검토할 때) 스트레스 반응성(reactivity)에 대한 과학적 논문을 읽는 어떤 기민한 독자라도 신속하게 알아채겠지만, 정확하게 동일한 자극에 대해서도 사람들의 반응은 매우 다르다. 나의 실험실에서 우리는 참가자들이 고안된(contrived) 스트레스원(격렬한 신체 운동, 인지적 산술계산, 가상의 대중 연설, 혹은 감정 도발)에 노출된 여러 통제 연구에서 그런 증거를 얻어 왔다. 정확하게 동일한 자극 조건 아래 건강한 표본에서 심박동수 평균 10비트 증가 및 수축기 혈압(systolic blood pressure: SBP)과 이완기 혈압(diastolic blood pressure: DBP)의 평균 10mmHg(수은 밀리미터) 증가를 볼 수 있는 것은 정상이고 전형적이다. 그러나 반응 변동성에서 드물지 않게 관찰되는 한 극단은 (휴

식 기저선에 비해) 급성 스트레스 아래 심박동수와 혈압의 실제 하락
(−5점 정도)일 수 있다. 또 다른 극단에서 50비트/분의 심박동수 증
가, 40mmHg의 SBP 증가, 그리고 30mmHg의 DBP 증가는 또한 가
장 반응적인 연구 참자가들에게 자주 관찰되는데, 부수적으로 이
참가자들은 그 당시에는 심혈관(cardiovascular) 질환의 어떤 징후도
보이지 않을지 모른다. 주관적(subjective) 및 심혈관 스트레스 반응
도에서의 이 주목할 만한 변동성의 이유들을 이해하는 것은 반응성
을 변화시키는 데 중요한 단서를 쥐고 있고, 그것은 스트레스관리
를 위한 근거를 구축하는 데 필요한 정보를 제공할지 모른다.

　이런 이유로 이 절은 스트레스 반응성을 매개하고(mediate) 조절
한다(moderate)고 알려진 광범위한 변수들을 기술하는 데 할애한
다. 독자는 (스트레스−질병 경로들에 대한 앞의 절과 유사하게) 이 절
이 스트레스 반응성과 관련된 이전의 모든 연구에 대한 철저한 고
찰이 아니라 하나의 예시로서만 기능할 수 있다는 것을 알아야 한
다. 더 상세한 내용을 위해서 독자는 Lovallo(1997)의 책이나, 심
혈관 반응성 개념의 현황을 확대경으로 바라본『Psychosomatic
Medicine』의 특별호(Kamarck & Lovallo, 2003; Linden, Gerin, &
Davidson, 2003; Schwarz et al., 2003; Treiber et al., 2003)를 찾아볼 수
있다. 다음 쪽에서 조절요인 및 매개요인으로 알려진 종류(혹은 유
형)가 기술되고, 그들이 스트레스 결과를 완충하기 위해 어떻게 상
호작용하는지 혹은 그들이 어떻게 스트레스 반응을 악화시키도록
작동하는지에 대한 많은 예가 주어진다.

유전적 소인

유전이 쉽게 수정되지 않기 때문에, 과장된 스트레스 반응에 대한 유전적 소인에 대해 표면상 SM 연구자들과 실무자들이 아는 것이 많지만, 과도하게 흥미를 갖지 않는 점은 이해된다. 하지만 동일한 주장이 실제로는 변화할 수 있는 위험인자들을 수정하는 것의 중요성을 강조하기도 한다. 한 사람이 위험에 처한 것으로 알려질 때, 변화 가능한 것을 수정하는 것이 주관적으로 더 중요해진다. 스트레스 관련 질병에 대한 유전적 소인을 갖고 있는 개인들은 수정 가능한 위험인자를 변화시키는 데 특히 관심을 가져야 한다. 예를 들어, Ewart(1991)는 유전과 환경이 어떻게 고혈압의 병인학에서 상호작용을 하는지에 대한 설득력 있는 경로모형을 제시했다. 그는 적대감(hostility)이 스트레스 활성의 빈도와 강도를 악화시키고, 적대감이 가족 내에서 적어도 부분적으로 전달된다는 증거를 제시한다. 이 관찰은 형제자매들의 성격 간 급내 계수(intra-class coefficient)에 관한 자료에 의해 지지된다. 일란성 쌍둥이들 사이에서 성격의 유전력(heritability) 계수는 .50으로 추정된다. 이것은 이란성 쌍둥이들에게서는 .25로 감소하고, 입양된 형제자매들에게서는 .05로 떨어진다. 요컨대, 고혈압의 가족력이 질병의 위험을 증가시킨다는 것이 잘 정립되어 있고, 그것은 전형적으로 고조된 스트레스 반응성과 짝지어진다. 부분적으로 유전적이기도 한 성격은 물리적 질병을 예측하는 것으로 밝혀졌고(Booth-Kewley & Friedman, 1987), 적대감과 같은 특정 성격 특징들은 더 큰 스트레스 반응을 예측한다.

초기 학습

차등적인 스트레스 반응성에 대한 유전적 소인에 더해, 인생 초기 외상 사건에의 노출은, 어떤 개인들이 장기적 스트레스 효과에 더 민감하게 만드는, 유전과 유사한 역할을 할 수 있다는 증거가 늘어나고 있다. Kendler와 동료들(2000)은 예를 들어 주요 우울과 범불안장애를 일으키는 생활사건(life event) 스트레스 노출과 그 예측력을 조사하였다. 그들은 7,322명의 남녀 쌍둥이로 구성된 표본에서 상실(loss), 굴욕감(humiliation), 덫에 걸림(entrapment), 그리고 위험(danger)의 차원을 포함한 생활사건을 평가하고, 우울과 불안의 유병률(prevalence)을 결정하였다. 생활사건들은 실제로 정동곤란(affective disturbance)의 유병률을 예측할 뿐만 아니라 구별되는 사건 차원들이 특정 결과와 이어졌다. 그리하여 상실만으로는 장기적 정동을 그리 예측하지 못했으나, 굴욕감과 연합된 상실은 우울에 특히 취약하게 하는 반면 상실과 위험 경험은 합쳐져서 고양된 불안을 야기할 가능성이 더 컸다.

Kendler 등의 연구는 아동기 역경 경험(adverse experience during childhood)이 술과 약물 의존의 가능성, 섭식장애, 정동장애, 외상 후 스트레스 장애, 그리고 자살 행동을 증가시킨다는 강력한 역학(epidemiological) 증거를 제공하는 많은 연구 중 하나이다(검토를 위해서는 Surtees et al., 2003 참조). 역학 작업이 관계에 대한 '표면' 묘사만을 제공할 수 있음에도 불구하고, 다른 연구자들은 모성분리(maternal separation)와 유기(abandonment) 스트레스를 중심으로 하는 동물모형을 사용하여 생체 경로를 연구함으로써 이린 작업을 확장시켜 왔다(Caldji et al., 2001; Meaney et al., 1996). 이들 연구자는 스트레스에 대한 시상하부-뇌하수체-부신 축 반응의 본질에 대한 초기 스트레스 노출의 일관된 확대(magnifying) 효과를 보여 줬다. 초기 스트레스 노출이 세포성(cell-mediated) 면역과 이후의 생존에 미치는 유사한 영향은 붉은털원숭이에게서도 나타났고(Lewis, Gluck, Petitto, Hensley, & Ozer, 2000), MRI 기법은 어떻게 초기 외상이 인간에게서 뇌 형태학(brain morphology)에 영향을 미치는지를 보여 줬다(DeBellis, 2001). 또한 일본 아동들의 한 검안 연구는 초기 외상 후유증(sequelae)이 면역 기능을 제대로 발휘하지 못하게 한다는 것을 확인했다(Fukunaga et al., 1992). 의료 서비스(health care) 사용을 스트레스 비용의 지표로 이용해서, Biggs, Aziz, Tomenson과 Creed(2003)는 아동기 역경(adversity)이 기능적 위장장애에서 의료 서비스 사용의 독립된 예측변수라는 것도 증명했다.

성격

성격(즉, 오래 지속되는 행동 양상)과 질병의 연결은 다른, 전형적으로 간접 경로들을 통해 생기는 것 같다. 한 가지 그런 영향 경로는 특정 성격 유형들이 궁극적으로 생리적 조절체계(regulatory system)에 영향을 미치는 반응 소인들로 전환된다고 본다(Schwartz et al., 2003). 또 다른 잠재적 경로는 스트레스 반응의 강도와 빈도에서의 안정적인 개인차를 경유하고(이 절의 후반부에 상세 설명), 세 번째 경로는 성격이 질병의 다른 위험인자에 대해 갖고 있는 영향을 경유한다.

혈압의 예측변수로서 성격의 작지만 유의한 단순 선형 관계는 존재하며, 단순 선형 관계는 특질분노(trait anger)/적대감, 불안, 우울, 그리고 방어성(defensiveness)에서 발견되어 왔다(Rutledge & Hogan, 2002). Rutledge와 Hogan은 성격 특징들을 측정하면서 1년이나 더 긴 추후 기간(평균 8.4년) 동안 혈압 변화를 조사한 연구들의 메타분석을 시행하였다. 분노, 우울, 불안, 그리고 방어성에서 .07과 .09 사이의 유의한 r값이 관찰되었고, 방어성이 가장 적게 연구되었으나 전반적으로 가장 강력한 예측변수였다.

마지막으로, 성격요인과 강장적(tonic) 생리지표(physiological indices)의 연계를 지지하는 증거가 있는데, 그것은 그 자체로 질병의 예측변수이다. 활동혈압(ambulatory blood pressure) 모니터를 사용하여, Linden과 동료들(Linden, Chambers, Maurice, & Lenz, 1993)은 심지어 전통적 위험인자의 통계적 효과가 통제된 후에도 여성에서의 낮은 사회적 지지(social support), 그리고 남성에서의 높은 적대감과 방어성이 고양된 수준의 혈압과 연관됨을 보여 줬다. 그들은 또한 높은 사회적 지지가 적대감과 부적인 상관이 있었다는 것을 관찰했는데, 이는 성격요인이 스트레스를 완충하는 특징을 갖는다는 것을 나타낸다. 고혈압을 위한 심리치료의 무선통제 임상 연구(randomized, controlled clinical trial)에서, 가장 큰 적대감 감소를 보인 환자들과 건설적 분노 표현의 사용에서 향상을 보인 환자들이 치료 동안 가장 큰 혈압 감소를 보여 줬다(Linden, Lenz, & Con, 2001).

Miller와 동료들(Miller, Cohen, Rabin, Skoner, & Doyle, 1999)은

276명의 건상한 성인에게서 성격의 주요 차원들과 강장적 심혈관, 신경내분비(neuroendocrine), 그리고 면역(immunological) 수치들(parameters)을 측정했다. 신경증(neuroticism)이 전반적으로 어떤 생리적 기능과도 관련이 없는 것에 반해, 낮은 외향성(extraversion)은 더 높은 혈압, 에피네프린 및 노르에피네프린(부신수질호르몬), 그리고 자연살해(natural killer) 세포활동(cell activity)과 연관이 있었다. 낮은 우호성(agreeableness)은 (개념적으로 적대감과 유사한데) 더 높은 수축기와 이완기 혈압 및 에피네프린과 정적 관련이 있었다. 성격과 생리 상호상관의 강도는 설명 변량이 7%를 넘지 않으며 작다. 흥미롭게도, 스트레스가 질병으로 이어지는 한 가지 가능한 경로를 대표하는 것으로 추정되는 건강 습관들(practices)은 생리와 성격 간 연관을 매개하지 않았다.

Miller 등의 발견은 새로운 성격 구성개념('D유형'이라고 불리고 사회적 내향성과 정서적 억제로 구성된)이 심장 환자 인구에서 심장사(cardiac death)를 높게 예측한다는 것을 보여 준, Denollet와 동료들의 결과들과 잘 연결된다(Denollet, Sys, & Brutsaert, 1995; Denollet et al., 1996). D유형 구성개념이 실험실에서 급성 반응성을 예측하기 위해 사용될 때, 전반적 D유형 구성개념이 그 자체로는 심혈관 반응성을 예측하지 못했다(Habra, Linden, Andersen, & Weinberg, 2003). 그러나 D유형의 두 하위요인은 괴롭히는 실험실 연구(harassing laboratory paradigm)에서 상이한 심장과 내분비 반응성을 독립적으로 예측했고, 남성에게서 특히 더 그랬다(Habra et al., 2003).

성격-질병 문헌의 대부분이 정서적 고통(즉, 불안, 우울, 분노/적대감)의 지표에 주목한 반면, 스트레스 결과들로부터 보호하고 완충하는 심리적 특질들을 확인하는 시도인 '긍정심리학' 운동으로 불리는 문헌도 증가하고 있다(Lutgendorf, Vitaliano, Tripp-Reimer, Harvey, & Lubaroff, 1999). 그런 주목의 일부는 응집감(sense of coherence: SOC)이라는 구성개념을 향하고 있고(Antonovsky, 1979), 부정정동(negative affect)의 단순한 반대라고 할 수 없다.

응집감(SOC)은 의미(meaning), 목적감(sense of purpose), 긍정 영성 강점(positive spiritual strength)을 소유하는 것에 가깝다. 거주이전(relocation)하려고 하는 중장년 표본에서, SOC는 자연살해(NK) 세포활동으로 측정된 거주이전의 스트레스를 완충하는 데 있어 유의한 조절[3]역할을 하였다(Lutgendorf et al., 1999). 이 연구는 이사하려는 건강한 중장년을 이사하지 않는 대응(matched) 통제집단과 비교하였고, '이동하는 사람들'에게서 낮은 응집감과 함께 가장 낮은 NK 활동이 관찰된다는 것을 발견했다. Fournier, de Ridder, 그리고 Bensing(1999)은 다발성 경화증(multiple sclerosis)에 대처하는 데 있어 낙관주의(optimism)의 역할을 조사했다. 이 연구자들은 낙관주의가 세 개의 구별되는 하위요인, 즉 결과 기대(outcome expectancies), 효능감 기대(efficacy expectancies), 그리고 비현실적 사고(unrealistic thinking)를 통합한다는 것을 알아냈다. 비현실적 사고는 이동성 제한(mobility restrictions)과 명백하게 관련이 있었

---

3) 역자 주: 원저에는 매개를 뜻하는 'mediational'이라는 단어를 사용하였으나, Lutendorf 등(1999)의 연구는 두 집단(이사와 비이사)이 자연살해 세포활동에 미치는 효과에 있어서의 SOC의 조절효과와 집단이 활력(vigor)을 통해 자연살해 세포활동으로 이어지는 매개경로에서의 SOC의 조절효과를 검정하였다.

고, 부석옹석으로 간주되었다. 결과 및 효능감 기대는 우울을 설명했지만 이동성과는 관련되지 않았다. 낙관주의 및 사회적 지지의 존재는 재활 단계 동안 심장 환자들에게서 좋은 물리적 결과를 독립적으로 예측하였다(Shen, McCreary, & Myers, 2004).

요컨대, 성격요인들이 급성 스트레스 반응성의 예측변수 모형과 스트레스 관련 질병의 병인학에서 적은 양의 변량을 설명한다는 것을 지지하는 문헌들이 증가하고 있다. 스트레스를 증가시키는 성격 특징들과 스트레스를 완충하는 성격 특징들 둘 다 확인되었다. 성격이 스트레스 관련 건강 지표들에 선형적이고 독립적인 공헌자라는 것이 잘 정립되었음에도 불구하고, 현재의 이론적 모형들은 성격이 급성 스트레스에 대한 반응을 악화시키고 만성 스트레스를 유지시킬지 모른다는 점에서 상호작용적(interactive) 모형에 더 강조점을 둔다. 성격이 과다각성(hyperarousal) 성향(propensities)을 활성시키는 환경적 촉발제와 연합될 때 완전한 효과를 갖는 반응 소인으로 간주될 때, 질병 발달에 더 강한(potent) 역할을 한다.

질병의 예측변수로서 스트레스원 노출과 스트레스 반응성

다양한 스트레스 반응 체계 표식(marker)들, 스트레스원 유형, 그리고 반응 매개변수 및 조절변수들 간 관계는 광범위하게 연구되어 왔고(고찰을 위해 Lovallo, 1997 참조), 여기에는 요약만이 제공될 수 있다. 이 문헌에서의 추세는 단순하고 직접적인 원인과 효과 모형으로부터 멀리 이동하여 다중 상호작용체계와 그들의 단기 및 장기적 적응을 조사한다. 복잡한 모형이 생체 경로에 대해 관찰된 자료와 훨씬 더 잘 연결되고 그 부산물로 연구자들이 분야를 발전시키는 것이 훨씬 더 도전적이 되었다는 데는 의심이 거의 없다. 최선의 연구들은 다중 반응 체계와 소인적 요인들을 광범위하게 포괄하고, 장단기 심리적 및 생리적 적응 모두를 고려하는 연구들이기 때문이다.

앞서 기술한 하나의 스트레스원에 대한 반응에서 일련의 생리적 사건들은 다측면적(multifaceted) 심장 및 혈류역학(hemodynamic) 반응군집의 활성을 포함하지만, 이 반응군집은 활성 이후의 회복이 신속하고 완전하다면 어떠한 건강 결과가 될 가능성이 낮다(Linden, Earle, Gerin, & Christenfeld, 1997; McEwan & Stellar, 1993). 그러므로 스트레스 연구자들이 어떻게 단기적 활성이 본질적으로 해로운 장기적 변화를 이끌 수 있는지를 보여 주는 것은 필수적이다.

스트레스가 질병으로 이어지는 경로들의 완전한 이해는 연구자들이 어떻게 현존하는 적응적 자기조절체계(self-regulatory systems)가 스트레스에 의해 변화(혹은 '변질')되는지를 보여 줄 것을 요구한다. 만성 스트레스에 심하게 영향을 받고, 보상적이면서 궁극적으로 해로운 '적응'을 보여 준 조절체계의 좋은 예는 혈압 조절을 위한 압수용기 통제체계(제어 계통, baroreceptor control system)이다. 압수용기는 혈관의 벽에서 발견되는 압력 감지기(sensor)로, 뇌-심장 상호작용의 피드백 체계에서 주요한 역할을 한다. 요구에 반응하여 압력이 높아지면, 증가된 혈압이 압수용기에 의해 감지되고, 이것은 투쟁-도피 반응이 일어나는 더 상위의 피질 센터(cortical center)에 정보를 보낸다. 만약 뇌가 스트레스 반응이 더 이상 필요하지 않다고 해석한다면, 심장 활동을 줄이고 압수용기는 하향 조절 절차가 어느 시점에서 완료된다는 정보를 다시 뇌로 보냄으로써 공헌한다. 본질적으로, 이 체계는 열 안락(heat comfort) 수준 (혹은 역치)에 도달했기 때문에 '통제자'에게 열 활성을 멈춰도 된다고 알리는 집 안의 온도조절장치처럼 기능한다. 그런 체계들은 조절체계가 유지하고자 노력하는 설정치(set point)를 갖고 있다. 그렇지만 만약 요구가 만성화되고 회복을 위한 뇌 신호가 없다면, 압수용기는 설정치나 역치를 실제로 변경함으로써 반응하고, 이제는 더 높은 기저선이나 강장 수준(tonic level)이 바람직한 목표로 간주된다. 그런 설정치가 상대적으로 안정적이지만 변화나 재설정 (reset)에 절대적으로 저항하지는 않는다는 것에 주목하는 것이 매우 중요하다. 동물(Dworkin, Filewich, Miller, & Craigmyle, 1979)과 인간(Elbert, Pietrowsky, Kessler, Lutzenberger, & Birbaumer, 1985) 연구 둘 다 목표 수준을 높이고 궁극적으로 더 높은 혈압 수준을 유지하는 재설정 현상을 지지하는 증거를 제공한다. 즉, 스트레스 해결에 대한 신호가 피질 통제 센터에 피드백되지 않을 때 강장적 혈압의 상향이 일어난다.

스트레스 반응성의 더 높은 위험을 나타내는 주요한 개인차 요인들은 고혈압의 가족력(family history), 급성 스트레스원에 더 많은 노출, 급성 스트레스원에 과장적인 급성 반응을 보이는 성향, 그리고 신속하게 회복하는 능력의 감소이다(Linden et al., 1997; Roy, Kirschbaum, & Steptoe, 2001; Schwartz et al., 2003; Stewart & France, 2001; Treiber et al., 2003). Folkow(1982)는 고혈압의 긍정적 가족력이 있는 개인들이 더 높은 혈관 저항을 가지고 있어서, 활성되었을 때 스트레스원에 대한 심장 반응도를 향상시킴을 보여 줬다(Light, 1987). 스트레스원에 대한 초기 반응성과 회복 속도는 둘 다 시간이 지남에 따라 상대적으로 안정적인 기질인 개인차 요인이고(Burleson et al., 2003; Frankish & Linden, 1996; Rutledge, Linden, & Paul, 2000), 따라서 발병(pathogenesis)에서 중요한 역할을 하는 후보 잠재력으로 인정된다는 것에 주목하는 것이 중요하다.

급성 스트레스 반응의 빈도와 강도는 과장되었고, 급성 스트레스로부터의 회복은 적대적 개인(Earle et al., 1999; Suls & Wan, 1993)과 방어적인 개인(Rutledge & Linden, 2003)에게서 더 느리다. 이 결과는 특히 남성에 해당된다. 방어적인 성격양식(personality style)은 125명의 연구 참가자에게서 초기 혈압 과반응성(hyperreactivity)과 마찬가지로 혈압 변화를 3년 동안 예측했다. 변수들이 둘 다 매개모형에 투입되었을 때, 높은 방어성 그리고 높은 초기 반응성을 가진 개인들은 또한 시간이 지남에 따라 상대적으로 가장 큰 혈압 변화를 보여 줬다는 것을 알아낼 수 있었다(Rutledge & Linden, 2003). 비슷하게, 세 가지 위험 예측변수(즉, 고혈압의 가족력, 스트레스에 대한 초기 과반응성, 그리고 급성으로 높은 스트레스 수준)의 부가적 효과는 고혈압의 발달에 한 예측변수 단독 혹은 두 예측변수의 조합보다 훨씬 더 높은 승산비(odds ratio)를 나타냈다(Light et al., 1999).

스트레스 효과에서 매개요인으로서 성격양식의 중요성은 2년이 넘는 기간 동안 수행된 166명의 젊은 성인의 전향적(prospective) 연구에서 볼 수 있다(Twisk, Snel, Kemper, & van Mechelen, 1999). 그 연구자들은 일상 번거로움(hassles), 생활사건, 그리고 행동적 및 생물학적 위험인자들에서의 변화를 추적했고, 어떻게 변화들이 서로 연결되는지를 평가했다. 그 결과는 일상 번거로움의 증가가 혈중 지질프로파일(lipid profile) 악화, 신체활동 감소, 그리고 흡연 행동 증가를 예측했다는 것을 보여 줬다. 이 연결들은 모두 '융통성 없는' 성격양식을 가진 참가자들에게서 특히 강했다.

만성 스트레인과 겹쳐졌을 때 급성 스트레스 효과의 상승적 결과에 대한 특히 유용한 모형은 노년 알츠하이머 환자들의 간병인(caregiver) 연구이다(Vitaliano, Zhang, & Scanlan, 2003). 간병(caregiving) 자체가 만성 스트레스원으로 간주되고, 취약성과 자원이 전(pre)임상 및 임상 질병 상태에 미치는 부가적 효과는 이 모형에서 연구될 수 있다. 이 경로모형에 수반된 요인들의 도식적 전시(graphical display)는 주요 상호관계들의 설명을 용이하게 할지 모른다. 이 모형에서 대부분의 개념이 자명한 반면, 대사증후군이라는 용어는 여기에서 더 확실하게 명시되어야 한다. 그것은 고양된 포도당(glucose) 수준, 지질 수준, 인슐린 활동, 그리고 유전과 좌식(sedentary) 생활방식에 내재된 비만 위험을 포함하는 위험인자들의 상호 상관적 군집을 말한다. 이 경로모형([그림 1-6] 참조)에서 화살표의 단순 숫자가 '개념적 혼란'의 모양을 제공하지만, Vitaliano 등의 모형에 제시된 복잡한 상호작용들은 위협인자 상호작용에 대한 증거에 비추어 잘 정당화된다.

질병에 대한 이들 예측변수의 복잡한 관계들과 상대적 공헌 가중치들의 고찰은 한 주요 연구(Vitaliano et al., 2003)에서 착수되었는데, 이 연구는 간병에서 추정되는 만성 스트레스만으로는 질병의 충분한 예측변수가 아니라는 것을 보여 준다. 그러나 만성 스트레스는 많은 위험 집합을 위한 무대를 강조하고 설정한다. 예

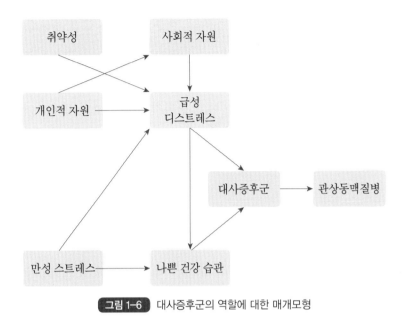

그림 1-6 대사증후군의 역할에 대한 매개모형

를 들어, 만성적으로 아픈 환자들의 간병인들은 대사증후군에 기여하는 나쁜 건강 습관을 가질 가능성이 더 크다. 또한 더 많은 질병을 강조하는 '만성 스트레스 발판(platform)'으로서 질병 그 자체가 할 수 있는 것을 생각함으로써 이 모형을 확장하거나 고칠 수 있다(Vitaliano et al., 2003). 대부분 간병인의 나이가 보통 많다는 것을 고려할 때, 간병인들 스스로도 아플 수 있고, 간병인 표본을 심장병이나 암의 병력을 가지고 있는 사람들과 그렇지 않은 사람들로 나눌 수 있다. 예를 들어, 스스로도 아픈 간병인들은 심장 질환이 없는 간병인들보다 더 나쁜 건강 습관을 갖고 있었고, 즐거운 생활사건도 더 적게 보고했다(Vitaliano et al., 2003). 간병인들에게서 급성 및 만성 스트레스 효과를 연결하는 한 가지 별개 경로에 대한 암시적 증거는 혈액응고(blood coagulation)에 대한 von Kaenel,

Dimsdale, Patterson, 그리고 Grant의 연구(2003)에서 나온 것이다. 높은 부가적 생활 스트레스원(구조적 면접으로 평가된)을 갖고 있는 간병인들은 동일한 수준의 간병 요구와 다른 의학적 위험인자를 갖고 있으나 급성 스트레스원에 노출되지 않은 간병인들보다 더 나쁜 지혈(hemostatic) 기능을 보여 줬다.

높은 스트레스 노출 및 다른 위험인자의 상승적 효과를 위한 연구의 또 다른 흥미로운 모형은 직무긴장(job strain) 모형이다. 고긴장(높은 요구 및 낮은 통제 직무에 재직 중인 것으로 정의되는)은 부정정동, 낮은 수준의 사회적 지지, 그리고 동료를 향한 부정적 감상(sentiments)의 우세와 함께 군집을 이루는 것이 발견되었다(Williams et al., 1997). 비슷하게, 소방관들에게서 나타난 높은 직무 스트레스는 그들의 전반적 스트레스 반응성에 부정적으로 영향을 미치고 음주 소비를 더 높이는 것으로 나타났으며(Murphy, Beaton, Pike, & Johnson, 1999), 따라서 스트레스원 노출이 부정적인 건강 결과로 이어지는 간접 경로를 보여 줬다.

통제된 스트레스 유발(provocation)이 실생활 스트레스 및 그 결과에 대한 창문을 제공하는 것으로 간주되기 때문에(Linden et al., 2003) 스트레스 반응성의 연구는 큰 관심이 되어 왔다. 스트레스 반응성 연구가 번영했음에도 불구하고(특히 심혈관 분야에서), 심혈관 질병 병인학에서의 예측 검정력을 위한 증거는 증가하고 있으나 여전히 불완전하다(Schwartz et al., 2003). 어떻게 스트레스가 질병으로 이어질 수 있는지를 이해하는 데 회복이 하는 주요 역할을 밝히는 많은 유망한 연구들에도 불구하고, 반응성 연구의 지배적인 모형들은 회복에 거의 주목하지 않았기 때문에 너무 작은 창문을 대표한다고 도전받아 왔다(Linden et al., 1997).

역학 및 급성 유발 연구는 흥미로운 통찰을 제공한다. 생활방식 변화에 대한 현재까지의 대규모 연구들 중 하나에서, 연구자들은 계획된 회복의 한 유형으로 휴가의 건강 효과도 조사하였다(Gump & Matthews, 2000). 생활방식 프로그램을 완료했던 12,338명의 환자 표본이 9년 동안 추적되었고, 사망률(mortality)과 이환율(morbidity)에 미치는 휴가의 효과가 연구되었다. 연구자들은 정기적인 연례 휴가를 가진 사람들의 심장 사망률과 이환율이 대략 30% 감소했음을 보고하였다.

낮은 활성 수준을 추구하고 피로로부터 회복을 용이하게 하는 신체의 '프로그램'에서 원초적 요소로 간주되는 것을 고려할 때 수면 또한 회복 맥락에서 연구할 가치가 있다. 자기보고 자료에 의존하는 것은 문제가 있고 수면 실험실에서 많은 수의 개인을 연구하여 견고한 자료를 획득하는 것이 종종 엄두를 못 낼 만큼 비싸기 때문에, 수면에 대한 연구는 수면 질 측정의 어려움으로 인해 제한되었다. 그 결과로 신뢰할 수 있는 자료는 전반적으로 부족하다. 다행히도 더 신뢰할 수 있는 결과들이 수면 실험실 자료를 제공한 후 평균 12.8년의 추적 기간 동안 사망률이 조사된 185명의 건강한 노년층을 대상으로 한 전향적 연구의 형태로 활용 가능해졌다(Dew et al., 2003). EEG 자료의 사용을 통해 수면 질을 정의하여, 이들 연구자는 공존하는 의학 문제를 통제한 후에 긴 수면잠복기(long sleep latencies, 즉, 낮은 수면 질의 지표)를 가진 사람들에게서 2.13:1의 사망 위험률을 보여 줬다. 낮은 수면 능률(efficiency)에서도 비슷하게 높은 위험(1.94:1)이 나타났다. 같은 맥락에서 Akerstedt 등(2004)은

5,720명의 건강한 고용 남성 및 여성 표본에서 수면 곤란(disturbed sleep)이 업무부하(workload)나 운동 부족보다 피로를 더 강하게 예측하는 변수라는 것을 보여 줬다.

스트레스와 스트레스 관련 위험인자를 특정 질병 경로로 연결하는 증거

대체로 이전 절들은 직접 영향 모형들에서 단독 스트레스 관련 요인들로부터 질병 병인 및 건강 유지로의 연결을 기술하는 데 일부 설계되었다. 이러한 노력은 직접 영향 모형을 위한 제한된 증거를 드러냈다. 그 대신에 이전 절들의 대부분은 스트레스 반응에서의 개인차 요인들이 어떻게 서로서로 연결되는지와 어떻게 그들의 집합과 상호작용이 건강 위험을 증가시키는지에 대한 증명으로 끝맺었다. 비록 이전 절들이 스트레스에서 질병으로의 포괄적인 (generic) 경로의 묘사에 초점을 맞추고 있지만, 다음 절은 특정 질병 결과 및 그 고유한 예측변수 세트를 기술하는 복잡한 경로모형의 유용성에 대한 더 구체적인 증거를 제공하기 위해 설계되었다.

호주 여성 10,432명의 3년 전향적 동일집단(cohort) 연구는 지각된 스트레스가 전통적 위험인자들이 설명되더라도 증상적 (symptomatic) 관상동맥 심장 질병의 새로운 진단에 대한 독립적 예측변수라는 것을 밝혔다. 관련된 위험(승산비, OR)은 2.4:1이었고, 이는 다른 위험인자들에서 관찰된 위험률을 능가했다. 승산비 2.4:1은 특정 위험을 가진 개인이 그 위험인자를 가지지 않은 개인보다 그 질병을 2.4배 더 많이 발달시킬 가능성이 있다는 의미라는 것을 주목하라. 지각된 시간 압박은 유의한 예측변수가 아니었던 반면, 사회적 지지의 결여(OR 1.4:1), 신체질량 지수(OR 1.9:1), 부족한 영양(OR 1.2:1), 당뇨(OR 1.9:1), 그리고 고혈압(OR 1.7:1)은 유의한 예측변수였다. 한편, 음주와 신체적으로 활발한 생활양식은 보호요인(OR 각각 0.4:1과 0.6:1)으로 작용했다.

　또한 Eaker, Pinsky와 Catelli(1992)는 Framingham 연구에서 건강한 749명의 여성을 20년간 추적 연구한 결과를 보고했다. 연령, 흡연, 혈압, 당뇨, 성별, 콜레스테롤, 그리고 비만을 통제한 후에도 낮은 교육 수준, 높이 지각된 긴장도, 그리고 무휴가는 심근경색이나 심장사를 예측했다. Eaker 등과 같은 연구가 질병으로의 경로가 무엇인지를 알려 주지는 않음에도 불구하고, 적어도 건강에 미치는 스트레스 영향의 일부는 주관적 스트레스가 건강하지 않은 행동들에 갖고 있는 영향을 통해서라는 강한 실험적 지지가 있다. 상이한 26개 작업장에서의 12,000명의 개인에 대한 조사를 바탕으로, Ng과 Jeffrey(2003)는 자기보고된 높은 스트레스는 더 높은 지방 식단, 낮은 운동 빈도, 흡연 증가, 그리고 금연한 흡연 유경험자(ex-smoker)의 더 많은 흡연 재발과 (남녀 똑같이) 일관적으로 관련된다는 것을 보고했다.

　요구되는 경로 입증을 위한 지지는 또한 정신적 스트레스하에서 심장 역기능이 심장으로 가는 혈액 공급 감소(Jiang et al., 1996; Krantz et al., 1999; Rozanski et al., 1988), 혈액 응고 능력 감소(Grignani et al., 1992), 혈관벽의 역기능(Ghiadoni et al., 2000), 그리고 아테롬성 동맥경화(atherosclerotic) 플라크가 침전된 곳에서의 혈류 감소(Yeung et al., 1991)를 보여 준다는 통제된 연구들로부터 도출될 수 있다. 염증(inflammatory) 절차, 스트레스, 그리고 심혈관 질병 간 연결에 대한 최신의 증거가 Black과 Garbutt(2002)에 의해 부지런하게 검토되었고, 염증 절차의 인과(causation)와 악화(aggravation)를 통해 스트레스로부터 심혈관 질병에 이르는, 복잡하지만 경험적으로 잘 입증된 한 경로를 제시한다. 이 저자들은 염증 절차가 급성 스트레스 반응 내에 포함되어 있고, (어느 정도까지는) 스트레스 반응이 투쟁 혹은 도피 반응의 정의들 내에서 적응적인 것으로 기술된다고 주장한다. 그러므로 만성 스트레스에 의해 생긴 염증을 줄일지 모르는 어느 심리적 개입이라도 심혈관 질병을 예방하는 데 상당한 잠재력을 갖고 있다.

심혈관 건강 결과들을 심리적 요인들로 연결하는 하나의 추가적 경로가, 특정 심혈관 변화들을 외로움과 관련짓는 일련의 계획된 연구(Cacioppo et al., 2002)에 의해 설명되었다. Cacioppo와 동료들은 외롭지 않은 노인들보다 외로운 노인들에게서 나이 관련 혈압 변화가 더 크고 수면이 더 저하된다는 것을 보여 줬다.

또한 스트레스를 면역 역기능에 연결시키는 증거가 있다. Cohen 등(1998)은 300명의 지원자에게 일반 감기 바이러스를 접종하고 질병의 증상들을 위해 모니터하였다. 한 달 이상 지속되는 스트레스원에 노출을 보고했던 참가자들은 낮은 스트레스를 가진 참가자들보다 두세 배 더 높은 비율로 감기를 발달시켰다. 비슷하게, 스트레스는 포진(herpes), B형 간염, C형 수막염, 그리고 인체 면역결핍 바이러스(HIV)와 같은 질병의 기간과 강도에 부정적으로 영향을 끼친다는 것이 증명되어 왔다(Cohen, Miller, & Rabin, 2001; Herbert & Cohen, 1993; Kemeny, Cohen, Zegans, & Conant, 1989). 사회적 스트레스는 잠복 포진 바이러스들의 발병에 특별히 취약한 역할을 하는 것으로 보인다(Padgett, Sheridan, Berntson, Candelora, & Glaser, 1998). Owen과 Steptoe(2003)는 211명의 중년 성인에게서 급성 정신적 스트레스, 면역, 그리고 심혈관 기능의 관계를 조사했다. 다른 위험인자들과 독립적으로, 높은 심박동수 반응성은 혈장 인터류킨-6(plasma interleukin 6) 및 종양 괴사인자 알파(tumor necrosis alpha)와 연관되었고, 반면에 심박동수 변동성(다양한 요구에 적응하는 심장의 능력 지표)은 면역 기능과 연관되지 않았다. 심박동수의 절대적 수준에서의 차이가 심박동수 변동성에서의 차이보다 상이한 효과를 가진다는 것을 감안할 때, 교감신경에 의해 추진된(심근 동력에 의한) 심장 스트레스 반응에서의 개인차가 면역기능손상(compromised immune function)과 연관되고, 따라서 스트레스관리가 교감신경 각성 감소를 목표로 해야 하는 근거에 대한 지지를 제공한다고 Owen과 Steptoe는 결론지었다.

유발된 급성 스트레스원에의 심혈관 적응에 대한 연구는 초기 과반응성이 장기적 고혈압 발달의 유용한 예측변수라고 암시하는 반면(Treiber et al., 2003), 실험실 반응성의 전형적 예(paradigm)는 급성 스트레스 및 면역 기능의 연구에 그리 유용하지 않다. Segerstrom과 Miller(2004)는 300개의 연구로부터 자료를 모아, 고안된 스트레스원에의 짧은 노출은 전형적으로 면역 기능, 특히 자연살해 세포 활동의 적응적 상향조절(up-regulation)과 관련된다고 결론지었다. 만성 스트레스원만 면역체계의 세포 및 체액(humoral) 두 측정치의 억제와 관련이 있었다. 이런 결과들은 시간 제한적 스트레스원의 노출이 실제로 면역 기능을 강화하고 예방접종(vaccination-type)

효과를 수반하는 기능을 할지 모른다는 것을 암시한다.

홍미롭게도, 질병 취약성과의 연결을 보여 주기 위해서 환경적 스트레스 촉발제가 반드시 계량 가능하거나 두드러지게 기록될 필요는 없다. 높은 스트레스의 지각만으로도 예방접종 후 저하된 항체 생산과 관련이 되었다(Burns, Drayson, Ring, & Carroll, 2002).

상황적 요인과 개인차로 인해 자기보고 스트레스의 신뢰도에 대한 증거가 제한됨에도 불구하고(더 상세한 내용은 다음의 '스트레스관리에 관한 교훈' 절 참조), 지각된 자기보고 스트레스가 특정 자극 환경들과 일관적으로 관련되고, 다른 위험인자들과 연결된다는 것이 증명되어 왔다. 지각된 스트레스는 ① 다른 직종에 비해 특정 직종(낮은 결정 통제, 높은 요구)에서 더 높았고, 그 자체로 질병에 대한 차별적인 위험들을 조달하였으며(Williams et al., 1997), ② 낮은 사회경제적 계층에서 더 높았고, ③ 많은 담배 소비, 금연한 흡연 유경험자들의 높은 재발, 안 좋은 식단, 감소된 신체활동, 그리고 질 낮은 수면과 보다 더 관련되었으며(Cartwright et al., 2003; Ng & Jeffrey, 2003), ④ 신체적 무기력(inactivity)과 더 나쁜 식단에 일조하여 혈중지질 프로파일을 악화시키고 대사증후군에 기여한다.

암 진행에 대한 연구는 스트레스의 역할에 대한 혼재된(mixed) 증거를 보여 줬지만, 간접적 연결을 위한 역할을 밝혔다. 스트레스를 받은 암 환자들은 건강한 행동들을 감소시키고 (흡연과 같은) 건강하지 않은 행동들을 증가시켰고, 이는 다시 암 진행에 영향을 미칠지 모른다(Lacks & Morin, 1992). 면역 연구에서 또 다른 홍미로운 진보는 뇌가 면역 기능을 조절할 뿐만 아니라 면역체계 그 자체가 뇌에 염증유발 사이토카인이라고 불리는 단백질을 방출하여 감염이나 상해를 경고함으로써 뇌 활동을 촉발한다는 발견이다(Maier & Watkins, 1998). 이 단백질은 발열과 노곤함(listlessness)을 포함한 일련의 반응을 촉발하고, 이러한 반응들은 다시 에너지 결과물들을 줄임으로써 적응적 기능을 수행하도록 유지된다.

이 책의 초반에 도전에 대한 투쟁 혹은 도피 반응의 보편성에 대한 Selye의 신념을 언급했다. 이 신념은 다른 가능한 유형의 반응들이 있다는 인식을 이끌었다. 특별히 흥미로운 다른 반응 유형의 제안은 에너지보존(energy-preserving) 반응의 제안으로(Maier & Watkins, 1998), 이 반응은 Kemeny과 Gruenewald(2000)의 결과를 설명하는 것으로 보인다. 이 연구자들은 다소 낙관적인 전망을 지닌 HIV 양성 남성들이 부정적이지만 현실적인 염원을 지닌 HIV 양성 남성들보다 AIDS 증상들을 덜 빠르게 진행시켰다는 점에서 염증유발 사이토카인 활성의 인지적 등가물(cognitive equivalent)을 보여 줬다.

결코 철저하거나 종합적인 것은 아니지만, 이상의 논의는 심혈관, 면역, 그리고 내분비계의 생리적 조절곤란(dysregulation) 및 질병에서 스트레스, 유전, 그리고 행동적 위험인자들의 공유 경로(shared pathways)에 대한 강력한 사례가 된다. 어떻게 스트레스 감소가 다른 행동적 및 생물적 위험인자와 질병 결과들에 영향을 주는지 쉽게 볼 수 있다. 이러한 관계들은 시각적인 전시를 통해 더 명확하게 볼 수 있다. 〈표 1-1〉에는 어떤 위험인자들이 어떤 질병들을 예측하는지에 대한 증거가 요약되어 있다. 이 표는 최신의 증거를 반영하기 때문이 아니라 실증적 가치를 위해 선택된 것이라는 점을 명심하라. 이 책을 쓸 당시, 증거들은 실제로 더 강력해지고 있었다.

표의 각 ×는 질병관리본부[U.S Department of Health and Human Services(USDHHS), 1986]에 따르면 특정 질병 결과로의 위험의 일관적 연결에 대한 과학적 증거가 존재한다는 것을 의미한다. 이 표 중 비어 있는 칸이 거의 없다는 것이 눈에 띈다. 이 표가 보여 줄 수 없는 것은 어떻게 위험인자들이 서로서로 연결되고 건강에 대한 상승적 효과를 야기하는지이다. 위험인자들을 군집하는 것과 관련된 정보의 상당 부분은 앞에 기술되어 있고, 그런 군집의 특히 좋은 시연이 [그림 1-6]에 제시되어 있는데, 이는 다시 통계적이고 메타분석적인 고찰 자료에 의해 지지되었다(Vitaliano et al., 2003).

표 1-1   위험인자에 의해 잠재적으로 발생하는 질병

위험인자	질병			
	심장병 (heart disease)	뇌졸중 (stroke)	암 (cancer)	당뇨병 (diabetes)
담배(tobacco)	×	×	×	×
술(alcohol)			×	
콜레스테롤(cholesterol)	×	×	×	×
고혈압(hypertension)	×	×		×
식단(diet)	×	×	×	×
비만(obesity)	×	×	×	×
활동부족(inactivity)	×	×		×
스트레스(stress)	×		×	×
약물 사용(drug use)			×	×
직업(occupation)	×		×	×

출처: U.S Department of Health and Human Services(1986)에서 각색

요컨대, 상당한 증거가 계량 가능한 스트레스(자기보고와 생리적 지표 모두)를 질병의 표식으로 연결한다(Bunker et al., 2003). 질병의 표식이라는 용어가 인과관계의 불완전한 증거를 반영하기 위해 의식적으로 선택되었음에도 불구하고, 이용 가능한 지식은 질병 발달에서 생리적 소진 및 회복 부족의 인과적 역할에 대한 강력한 사례를 제시한다.

스트레스관리에 관한 교훈

스트레스는 주관적·경험적 수준에서는 잘 이해된다. 단순하게, 이것은 (만약 진부한 표현을 사용하는 것이 허용된다면) 현대 생활의 일부이다. 그렇지만 조작적으로 정의하는 것은 어렵고, 과정이지 상태가 아니기 때문에 측정하는 것도 어렵다. 문헌들의 이러한 고찰은 이 분야가 초창기 모형들을 확장하고 정교하게 하여 꾸준히 진화되어 왔다는 것을 보여 줬고, 신경, 내분비, 그리고 면역체계의 상호 영향을 보여 줌으로써 스트레스—질병 연계를 위한 강력하고 복잡한, 상호 연관된 경로들의 관찰에서 많은 일관성을 보여 주고 있다. 동물과 인간에게서 스트레스에 대한 장기적 노출뿐만 아니라 단기적 노출에 대한 연구들은 이 경로들의 상당수가 불충분하게 이해되었음에도 불구하고 질병 발달에서 만성 스트레스가 주요 역할을 하고 있음을 확인한다(Kelly et al., 1997; Lovallo, 1997). 자기보고 스트레스 수준 및 생리적 표식 둘 다 스트레스 질병 연계를 보여 주는 데 유용하고, 특히 반복측정설계에서 유용하다.

Selye의 보형 같은 초기 보형들은 대부분 면밀히 검토되었고, 더 최근의 모형들은 전형적으로 초기 사고들을 무효화하기보다는 확장해 왔다. 초기 모형들에서 주장된 진실성에 대한 주목할 만한 한 예외는 스트레스 반응이 어디에나 존재하고 모든 생리적 반응요소가 동시에 작동하는 '전신' 반응이라는 Selye의 신념에 대한 비판이다. 이는 스트레스의 측정을 훨씬 더 쉽게 만들 것이기에 누군가는 Selye가 맞았기를 바랄 수 있다! 그러나 신경계 기능에 대한 지식이 확장됨에 따라 전신 반응에 대한 Selye의 신념은 수정이 요구되었다.

일반적응증후군과 적어도 부분적으로 일관된 것은 신경계 반응을 교감–부신 축 대 시상하부–뇌하수체–부신피질(HPA) 축을 따르는 활동으로 나누는 이후의 세분인데, 둘 다 항상 나란히 작동하고 질병 발달에 똑같이 중요할 것이라는 추정은 더 이상 진실로 받아들여지지 않는다(Dienstbier, 1989). Frankenhaeuser(1991), Haynes, Gannon, Oromoto, O'Brien과 Brandt(1991), 그리고 Linden 등(1997)의 연구는 HPA 축의 실질적 활성과 짝지어지지 않는다면 그리고/또는 생리적 회복이 지연되지 않는다면, 교감 축의 생리적 각성이 질병을 유발하기 쉽지 않다는 강력한 사례를 제시한다. 이것은 또한 스트레스–질병 연계를 연구하는 데 관심이 있는 연구자들이 HPA 활성(예: 코르티솔)뿐만 아니라 교감 활성(예: 피부전기적 활동)의 측정치들을 포함하고, 스트레스원 이후(poststressor) 회복의 적절한 연구를 허용하는 충분히 긴 시간을 가진 연구 프로토콜들을 사용할 필요가 있다는 것을 암시한다. 예를 들어, 휴식 기저선에 비해 코르티솔의 변화들은 명백히 고안된,

상대적으로 사소한 스트레스원 노출 연구에서조차(Linden et al., 1998) 스트레스원 이후 최장 한 시간 동안 기록될 수 있다. 그러므로 스트레스관리는 주어진 도전에 내재된 생물적/생존적 요구를 초과하는 초기 반응성을 최소화하는 기술을 가르치는 것뿐만 아니라 회복을 용이하게 하고 가속화하기 위한 각성 감소 기술을 목표로 해야 한다.

요컨대, 이 시점에서 우리는 다양한 스트레스 관련 사건과 절차들이 심혈관계(Kop, 1999), 면역체계(Cohen et al., 1998; Sklar & Anisman, 1981), 그리고 내분비계(Dienstbier, 1989; Frankenhaueser, 1991)의 단기적·장기적 적응에 어떻게 영향을 주는지에 대한 훨씬 더 명확하게 이해하게 되었다. 대체로, 스트레스원에의 단순한 노출이 질병에 대한 충분한 촉발제라는 약하고 기껏해야 혼재된 증거가 있지만, 상호작용모형의 지지에는 압도적인 증거가 있어서, 급성 도전과 짝지어진 과반응성 소인(예: 유전, 성격, 이전 노출을 통한)은 과장된 반응, 느린 회복, 그리고 때로는 소진을 이끈다. 동일한 사람 내 이들 특징의 공존은 질병 발달에 강하게 공헌한다. 이제는 지배적인 이러한 사고의 맥을 지지하면서, 어떻게 생리적 체계가 상호작용하는지에 대한 지식이 빠르게 성장하고 있고, 인과론적 방식으로 스트레스가 어떻게 질병에 영향을 미칠 수 있는지에 대한 이해가 견고해지고 있다.

스트레스가 다중의 중심적 조절 생리 기능에 미치는 효과를 알면, 스트레스가 많은 상이한 질병과정에 영향을 미칠 수 있다는 것이 더 이상 놀랍지 않을 수 있다. 인과가 명확하게 증명되지 않았다고 해도, 적어도 높은 만성 스트레스하에서 건강 문제의 유지와 악화가 어떻게 발생할 수 있는지는 보여 줄 수 있다(Lovallo, 1997; Segerstrom & Miller, 2004). 이 지식은 면역체계의 질병[예: 암, AIDS, 낭창(lupus), 다발성 경화증, 일반 감기], 내분비 역기능(예: 당뇨병), 그리고 심혈관 건강(예: 고혈압, 심근경색, 돌연 심장사)에 적용될 수 있고 또 적용되어 왔다. 그렇기에 스트레스는 사망과 만성 질병 과정의 거의 모든 원인에 중요한 것으로 보여져 왔다.

스트레스는 질병 민감성(susceptibility)에 미치는 초기 외상 반응의 영향을 이해하는 데 중요한 역할을 한다. 비록 이 분야의 연구 기초가 여전히 약하기는 하지만, 급성 스트레스 반응의 강도와 회복의 속도는 또한 질병 발달을 예측할 가능성이 있다. 결과들은 완충제(신체운동, 지지, 낙관적 전망, 의미감, 즐거운 활동들)의 존재에 의해서 긍정적으로 영향을 받고, 일상에서 만성 스트레인의 존재, 부정적 기분, 방어성, 분노/적대감, 불안, 그리고 우울에 의해서 부정적으로 영향을 받는다. 남성과 여성이 사회적 지지와 같은 완충제로부터 동일한 혜택을 받지 않는다(즉, 여성이 더 혜택을 받는 경향이 있다)는 점이나 적대감과 반추(rumination)의 존재에 의해 동일하게 해를 받지는 않는다(이 경우 남성이 더 영향을 받기 쉽다)는 점에서 성차(gender differences)의 증거도 존재한다. 비슷하게, 특정 스트레스원에 대한 반응성은 성별이나 인구에 따라 다를 수 있다.

종합적으로, 이 개관은 스트레스 감소(어떻게 유발되었건)가 생리적 적응과 건강 유지에 광범위하게 유익한 결과를 가져오고 소진을 예방한다는 설득력 있는 사례를 만든다. 하나의 주요 생리적 체계(예: 심혈관계)에서 성취한 스트레스 감소 혜택은 다른 체계(예: 면역 기능의 강화)로 일반화된 혜택을 보여 주기 쉽다. 스트레스 완충제(즉, 스트레스 결과에 대항하여 보호하는 힘이나 성격 특징들)를 만들어 내는 것은 또한 많은 생리적 기능을 아우르는 혜택에 공헌할 수 있다. 이러한 관찰은 스트레스 감소 결과에 대한 연구가 개입과 측정의 주목표도 아니었던 생리적 기능에서의 혜택을 드러낼 수 있고, 스트레스 감소 노력의 완전한 혜택을 밝히기 위해서는 광범위한 다중체계 측정이 필요하다는 것을 내포한다.

만약 스트레스관리가 애초에 건강한 개인들에게 교육되었다면, 초기에는 존재하지 않았으나 천천히 누적되어 잠재적으로 강력한 혜택을 보는 것을 놓치지 않기 위해서 그들을 수년간 추적하는 것이 논리적으로 필요하다. 건강한 개인들에게 적용된 스트레스관리 훈련이 크고 즉각적인 생리적 혜택을 보이지 못하는 것은, 건강한 개인들이 생리적 기능 수준이 건강할 때 훈련을 시작하는 것이므로 실패를 암시하지는 않는다. 이때 변화를 탐지하는 것은 바닥효과(floor effects)로 인해 어렵다.

연구자들은 다중조절체계에서 장기적, 병렬적, 상호작용적, 그리고 반생산적(counterproductive) 효과를 고려할 필요가 있을 뿐만 아니라 도전에 대한 상이한 급성 반응성에 반영된 혜택들로부터 생리적 휴식 기능에서의 잠재적 건강 혜택을 구별해야만 한다. 이것이 면역체계 기능성(functionality)과 스트레스-건강 연계를 연구하는 표준 접근이고(Glaser, Rabin, Chesney, Cohen, & Natelson, 1999), 결과를 조사하기 위한 독특한 기회를 제공한다. 마지막으로, 기록된 즉각적 스트레스 감소가 필연적으로 장기적 혜택으로 이어지는 것은 아니며, 연구자들은 지속되는 효과를 증명하는 것이 필수이다.

스트레스의 경험이 객관적이고 주관적인 구성요소를 가지고 있고 관련된 생리적 체계가 서로 연결되어 있고 상호의존적이라는 것을 감안하면, 연구자들은 잠재적 측정 대상(targets)을 넓게 고려해야 할 수 있고 또 고려해야 한다. 예를 들어, Miller와 Cohen(2001)은 면역 기능에 미치는 심리치료(psychological treatments)의 효과에 대한 메타분석을 시행하였고(결과는 제3장 참조), 다양한 연구가 면역 건강을 위해 15개나 되는 다른 표식을 평가해 왔다고 보고했다! 비슷하게, 적응적 심장(cardiac) 기능은 반응성 지표뿐만 아니라 휴식 측정치로 세분화될 수 있고, 수축기 및 이완기 혈압, 맥압, 맥파전달시간(pulse-transit time), 혈류 맥박, 말초 저항, 압수용기(baroreceptor) 활동, 심박동수 변동성(variability)의 시간 및 빈도 변조(modulated) 측면 등을 포함하여 수십 가지 이상의 종단점(endpoints)에 반영될 수 있다. 추가적으로, 주관적 디스트레스 보고는 연구 참가자들로부터 얻을 수 있고, 수십 가지의 표준화된 척도들이 이를 위해 이용 가능하다. 그런 척도들은 단순한 한 문항 척도, 여러 가지 표준화된 스트레스 대처 도구, 부정정동의 자기보고, 동료나 임상가 평가를 포함한다. 스트레스 측정에 대한 절이 자기보고에 비판적이기는 했지만, 동일한 개인 내 연구를 할 때 예측타당도(predictive validity)의 증거가 존재한다는 것을 감안하면, 모든 자기보고를 막으려는 의미가 아니었다. 마지막으로, 정동에 대한 얼굴 표현에서의 급성 변화에서부터 작업복귀(return-to-work) 통계나 병원 응급실 방문에 이르기까지 기록될 수 있는 높은 스트레스 부하(loads)의 많은 행동적 표현 및 결과가 있다. 스트레스관리에서 연구자들은 가능한 한 많은 관련 결과를 광범위하게 평가하도록 촉구된다. 이러한 기대가 연구자의 삶을 많이 복잡하게 하고, 연구비용을 높이는 반면, 소비자들과 정책 입안자들에게 심리적 개입의 가치를 설득할 수 있는 '견고한' 결과의 혜택을 확장 및 일 반화시킬 기회를 증진시키기도 한다(Linden & Wen, 1990).

제 **2**장

스트레스과정의 요소 및
스트레스관리에 대한 함의

STRESS MANAGEMENT

당신이 집에서 사랑하고, 직장에서 행복하고, 스트레스와 함께 성공하기를 바란다.
— 의사이자 『성공을 위한 스트레스』의 저자, Peter G. Hanson(1989)

현대 스트레스 연구의 창시자인 Hans Selye는 스트레스의 생물학을 더 잘 이해하기 위해 노력하면서 평생을 보냈고, 발견물에 대한 수백 개의 과학적 논문과 수십 권의 책을 출판했다. 스트레스 개념들이 발전하고 성숙함에 따라, 그는 훨씬 더 광범위한 관점을 택해서 스트레스 연구를 초기의 순수한 실험과학에서부터 대중적 개념으로, 인간 적용으로, 그리고 인생 철학을 가진 스트레스 생물학의 통합으로 이동시켰다. 주요 저서인 『일상의 스트레스(The Stress of Life)』에서, Selye(1956, p. 368)는 불필요한 스트레스를 다루고 예방하는 최고의 방법이 "달성 가능한 가장 높은 목표를 위해 싸우지만 헛되이 저항하지는 않는 것"이라고 조언한다. 그는 스트레스를 모두 피하는 것은 삶을 회피하는 것을 의미하기 때문에 스트레스가 피할 수 있는 것이 아니라고 직설적으로 말한다. 그 대신 요령은 무엇이 변화 가능한지 알고 변화에 개입하는 기술을 개발하는 것과, 언제 철회, 회피, 혹은 삶의 도전에 대한 창조적이고 새로운 해결책을 찾아야 하는지를 아는 것 사이의 균형을 발견하는 것이다. 인간 적응에 대해 가용한 심리학적 지식을 사용하여, 이 장에서는 그런 균형을 성취하기 위해 필요한 기술을 확고히 하고자 한다. 이 목적은 또한 자료에 기반하면서 널리 적용 가능한 스트레스관리 전략을 위한 무대를 설정하고 그 기반을 만드는 것이다. 그것은 이 책의 중심에 놓여 있으면서 책의 순서와 내용을 결정하는 제안된 모형의 설명으로 시작한다.

스트레스과정의 모형,
모형의 주요 구성요소 및 조절변수

스트레스와 대처의 생리학 및 심리학에 대한 기초 연구에서 나온 지식의 집합(aggregation)은 하나의 모형으로 이어지는데, 이 모형은 세 가지 기초 구성요소 혹은 단계를 가진 다단계의 순차적 접근으로 설명된다. 세 가지 기초 구성요소는 ① 스트레스원, ② 초기 반응(혹은 대처), ③ 성공적인 초기 대처 실패, 지속되는 생리적 스트레스 반응이다([그림 2-1] 참조). 그 과정에서의 모든 단계는 알려진 소인 및 공존하는 완충제(buffer)에 영향을 받는다. 완충제라는 용어는, 과장된 급성 각성에 대항하여 보호하고 회복을 촉진하는 것으로 보고되어 온 환경적 혹은 성격 특성을 기술하는 데 사용된다. 이 특징들(예: 신체단련) 몇몇은 스트레스-질병 경로에서 매개변수(mediators)로 작용할 수도 있음에도 불구하고, 진정한 매개를 주장하기 위해 필요한 더 엄격한 증거가 완충제의 사용에는 요구되지 않기 때문에 완충제라는 용어가 여기에서 사용되고 선호된다. 한편, 한 특성을 완충제라고 부르는 것이 그 특성이 매개적 기능을 하는 것을 막지는 않는다.

이 책의 나머지 부분은 이 모형 및 구성요소와 화살표로 나타낸 제안된 상호작용이나 영향 경로들을 지지하는 연구를 제시하는 데 전념할 것이다.

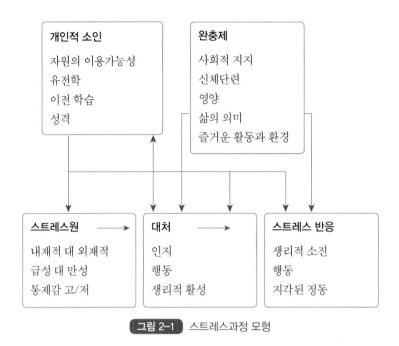

그림 2-1 스트레스과정 모형

제안된 스트레스과정 모형은 스트레스의 순차적인 과정적 본질
을 명확히 하고자 시도하여, 스트레스원을 초기 반응(대처 노력) 및
(필연적이지는 않지만 있을 수 있는) 뒤따르는 스트레스 반응과 구분
한다. 개인적 소인은 스트레스원과 상관이 있고, 스트레스원에 공
헌하고, 그리고/또는 스트레스원 그 자체를 형성하기도 한다고 간
주되어, 고수입을 가진 사람들은 스트레스원에 더 많은 통제력을
가지고, 더 광범위한 대처 선택권을 가지며, 스트레스 반응을 발전
시킬 위험이 잠재적으로 더 낮다(Gallo & Matthews, 2003). 한정된
자원의 이러한 부정적 효과는 높은 직무 스트레인 및 낮은 지지로
특징지어지는 심리적 역경의 양상으로 악화된다(Steptoe & Marmot,
2003). 완충제들이 스트레스원 그 자체에 영향을 미치는 명백한 역

할은 없는 반면, 대처의 본질 및 스트레스 반응에 대한 결과에 역할을 한다고 주장한다. 예를 들어, 신체적으로 단련된 개인들은 스트레스원 노출로부터 더 빠르게 회복된다. 이런 간략한 묘사는 그 모형의 기초 원칙들을 실증하는 역할만 한다. 이 장의 나머지에서는 어떻게 이들 변수가 상호 관련이 있는지를 설명하고, 스트레스관리를 위한 종합적 프로토콜을 개발하는 단계를 설정한다.

스트레스관리에 관련된 스트레스원과 스트레스원 속성

다단계 순차(혹은 과정)모형에 대한 Selye의 원 주장은 [그림 2-1]의 모형의 일부를 형성하는, 단순하지만 유용한 스트레스 개념의 기술을 제시한다. 스트레스원 혹은 자극의 존재는 이 과정의 첫 번째 단계이다. 어떤 사건의 순서라도 시작점이 되는 촉발제가 필요하다. 다른 개인들이 동일한 자극에 반응을 할 것인지 아닌지, 만약 한다면 얼마나 강하게 반응하는지에는 큰 개인차가 있다. 이런 조절변수들은 제1장에서 검토되었고, 이후에도 계속 언급될 것이다. 조절변수들의 존재에도 불구하고, 촉발제가 없다면 활성도 없고 스트레스 반응도 없다. 따라서 이 시간 순서와 맞추기 위해서 현존하는 다양한 스트레스관리 기법들은 다음 장에서 자극 자체의 고유한 속성들에 어떻게 대처하는지의 관점에서 조사될 것이다.

이 장에서의 중요한 문제는 특정 자극을 '스트레스원'으로 만드는 보편적인 특징이 있느냐 하는 것이다. 스트레스원은 이후의 스트레스 반응에 높은 성향을 보인다. 어떤 스트레스원들은 다른 스트레스원들보다 더 보편적으로 스트레스 반응을 촉발하는가? 만약 그 답이 '그렇다'라면, 무엇이 이들 자극을 특징짓는가? 효율적인 스트레스관리의 근거와 요소들을 구축하기 위한 또 다른 중요한 질문은, 만약 재발한다면 이 자극들이 확인되고 수정될 수 있는가 하는 것이다. 만약 후자가 가능하다면, 더 좋은 대처기술을 가르치는 것으로 시작하는 것보다 자극 인식 및 조작 기술을 먼저 가르치는 것이 더 편의적이고 영리할지 모른다. 여기에서의 논리는 사람들에게 음식을 직접 주는 것보다 낚시하는 법을 가르치는 것이 더 좋다는 사고와 유사하다.

운 좋게도, 자극 자체의 중요 특징들을 우리에게 알려 주는 풍부한 역학 자료와 실험 연구(동물 및 인간)가 있다. 동물모형은 광범위하게 검정되었고, 지속적인 스트레스원 자체의 본질에 대한 지식이 나쁜 장기적 건강 결과를 예측할 수 있게 한다는 추가 확증의 토대를 마련하였다.

스트레스 및 스트레스 완충의 대중적이고 유용한 동물모형은 Weiss(1971a, 1971b)에 의해 심층적으로 연구된 충격 회피 패러다임(shock avoidance paradigm)이다. 쥐들이 우리 안에 놓이고 전기충격에 노출되는데, 전기충격은 (실험에 따라) 신호가 선행되기도 하고, 스트레스원을 종결시키는 지렛대를 활성화함으로써 회피 학습을 하게끔 하고, 소위 멍에통제(yoked-control) 패러다임을 사용하는 잘못된 신념의 검사까지도 포함한다. 멍에통제 패러다임에서는 동물들이 지렛대를 건들이면 전기충격을 멈출 수 있다는 것을 초기에 학습하지만, 어느 순간 피드백이 조건을 따르지 않고 이

전에는 효과적인 회피 행동을 양산했던 통제신념이 이제는 실패한다. 몇몇 연구에서 독립변수들이 궤양을 실험적으로 유도하여 충격 패러다임으로 안정적으로 연결되었다. Weiss는 결과로 나타나는 궤양(측정된 병변의 길이로 지표되는)이 만약 ① 신호가 충격 노출에 선행하거나, ② 통제 기회가 조건적이고 학습될 수 있다면 극적으로 감소되었다는 것을 보여 줬다. 여태까지 최악의 결과는 동물들이 지렛대를 누르는 것이 처음에는 충격을 예방하는 데 효과적이었지만, 조건을 따르지 않게 되었다는 것을 학습했을 때 나왔다. 이런 종류의 반응 학습이 인간에게도 적용되기 쉽다고 볼 수 있다. 실제로 작동하는 한 통제가능성과 예측가능성은 스트레스를 감소시키는 것으로 나타난 반면, 통제력이 있다고 학습했다가 나중에 잘못된 신념으로 판명날 때 매우 반복적이고 궁극적으로 지치는 통제 노력으로 전환되어 실패한다(Weiss, 1972).

잘 이해되지는 않지만 근사한[스트레스원의 질(qualities)을 질병(혹은 사망) 결과로 연결시키는] 한 가지 접근은 외상(traumatic) 사건과 돌연 심장사(sudden cardiac death)에 대한 연구에 의한 것이다. Engel(1971)은 일련의 사례연구들을 분석하여 의학적 위기로 설명되지 못하는 돌연 심장사가 종종 공개적 망신과 결부되는 갑작스런 재앙적 상실에 의해 전형적으로 촉발된다는 것을 발견했다. 비슷하게, 사망 기록은 (지진으로 유도된 상해에 연결되지 않는) 돌연 심장사가 지진 당일에 나타나는 사망보다 다섯 배 더 많이 나타날 확률이 있다는 것을 보여 준다(Leor, Poole, & Kloner, 1996).

동물에서 검정된 스트레스 연구로부터 도출할 수 있는 결론은 상이한 직업에 있는 사람들이 전형적으로 직면하는 스트레스의 정도를 이해하고 분류하는 데 사용될 수 있다. 고스트레스 직업군은 마감일자 및 시간 압박(예: 회계), 낮은 통제력(컨베이어 벨트 작업자), 중대한 책임(항공 교통 통제사), 교대근무(간호사), 그리고 위기 상황 해결 요구(경찰관, 응급실 직원)가 많은 직업이다. 스트레스를 높이는 환경 조건은 종종 인간 및 동물 연구 둘 다에서 뒷받침되며, 소음, 혼잡, 감금, 재배치, 그리고 조정과 문화적응(acculturation)을 요구하는 여행을 포함한다.

본질적으로 스트레스가 높은 직업에 대한 Selye의 관점은 작업장 스트레스에 대한 사회적 및 역학적 조사로부터 풍부한 지지를 받아 왔고, 이러한 조사들은 낮은 통제력 및 높은 요구(예: 컨베이어 벨트 직무)의 직업이 가장 힘들고 보상이 적은 것으로 지각된다(Karasek & Theorell, 1990; Siegrist, 1996)는 데 동의한다. 놀라울 것도 없이, 이런 유형의 직업들은 매우 높은 결근율도 보인다(Karasek & Theorell, 1990). 낮은 통제력과 높은 요구의 직무에 대한 기술은 노력-보상 불균형 모형(effort-reward imbalance model)의 도입으로 정교화되어 왔고, (특히 육체노동 유형의) 특정 직무들이 높은 신체 요구를 가하면서 (봉급, 명성, 또는 승진 기회의 형태로) 낮은 보상을 제공한다고 주장한다. 노력-보상 불균형 직무에 동반되는 주관적인 직무불만족 평정은 동시 발생하는 나쁜 건강 결과들(그리고 높은 결근율)로 명확하게 연관된다. 간호사들의 높은 결정권한(decision authority)은 높은 사회적 지지와 높은 자율성을 강하게 예측했다. 즉, 이것은 직무 그 자체가 높은 요구로 특징지어지더라도 업무 스트레스가 상대적으로 낮은 조건을 대표한다(Tummers, Landeweerd, & van Merode, 2002). Kivimaki와 동료들(2002)은 25년 동안 추적된

제2장 스트레스과정의 요소 및 스트레스관리에 대한 함의

812명의 직장인들에 대한 전향 사료(prospective data)를 보고하였
다. 나이와 성별을 통제한 후에, 고긴장(high strain) 직무(높은 요구
와 낮은 보상으로 정의되는)를 가진 직원들은 저긴장 직무를 가진 동
료들과 비교했을 때 2.2배의 심혈관 사망률을 보였다.

　　Smith와 Sulsky(1995)는 세 작업장 표본을 대상으로 어떤 스트레
스원이 그 작업장에서 특히 두드러지고, 어떤 대처 전략이 그 스트
레스원의 개별적 중요성을 인식한 것에 반응하여 일반적으로 사용
되는지를 결정하였다. 이러한 접근은 Lazarus와 Folkman의 스트
레스 대처 모형(1984)의 한 적용으로, 일차평가("이 도전이 내게 관련
되는가?")를 이차평가("내가 이 상황에서 어떻게 대처해야 하는가?")와
구별한다. Smith와 Sulsky는 또한 다양한 대처 노력의 결과를 측정
하였다. 이 정보는 이후에 대처양식 결과에 대한 절에서 논의될 것
이다. 표본에는 지역 전문대학의 직원(160명의 교원, 행정직원, 보조
직원), 금속 공장의 육체노동자(65명), 그리고 여러 다른 기업의 대
규모 직원 표본(432명)을 포함하였고, 권력 위계의 모든 계층을 포
함하였다. 직무 스트레스원의 존재는 11개 차원을 측정하는 표준
화된 척도를 사용하여 평가되었다. 이 차원들은 피드백 부족, 참여
부족, 성취 부족, 감독의 역량 부족, 감독자의 대인관계 기술 부족,
타인의 역량 부족, 타인의 대인관계 기술 부족, 관료적 형식, 시간
압박, 직무 불안정, 그리고 신체 요구이다. 대처 행동의 측정은 통
제(control), 도피(escape), 그리고 증상관리(symptom management)
의 세 가지 대처양식의 지지(endorsement)에 기반하였다. 평가
된 대처 결과는 직무만족, 전반적 직무 스트레스, 그리고 자기보
고 건강이었다. 세 표본에서 사람중심 스트레스원(즉, 감독자와 동

료의 역량 부족, 이들의 사회기술 부족)들이 모든 스트레스원 지명 (nominations)의 24%를 설명하면서 가장 빈도가 잦고 가장 심한 스트레스원으로 목록에 올랐다.

　전문적 도움을 찾게 하는 심리적 문제의 유형에 대한 미국인들의 대표 조사로부터 또 다른 흥미로운 관점이 나왔다. 심리치료를 시작하는 확실하고도 가장 빈번하게 인용되는 이유는 관계 문제이다. 대인관계적 스트레스원에 대한 이러한 강조는 기분에 미치는 스트레스의 영향에 대한 일기 연구로부터 얻은 증거와 일치하는데, 이 연구들에서는 결혼 불화와 같은 사회적 스트레스원이 기분에 가장 오래 지속되는 부정적 영향을 미친다고 보고되었다 (DeLongis, Folkman, & Lazarus, 1988). 사람들의 기분이 시간 압박이나 업무부하와 같은 스트레스원으로부터는 재빨리 회복하는 데 반해, 사회적 스트레스원으로부터의 회복은 거의 없었다. 실험적 수준에서 동일한 현상이 급성 실험실 스트레스로부터의 심혈관 및 내분비 회복에서도 관찰되었다(Earle, Linden, & Weinberg, 1999). 부정적인 어조의 사회적 상호작용과 관련된 스트레스원들은 느린 생리적 회복과 일관되게 연관되었다. 비슷하게, 사회적 스트레스는 면역 기능에도 해롭다고 나타났다. Dopp, Miller, Myers, 그리고 Fahey(2000)는 특별한 문제가 없는 41쌍의 부부를 결혼 문제의 토론(15분 분량)을 위해 실험실로 초대했다. 혈압과 심박동수가 평가되었고, 면역 분석(assay)을 위해 혈액이 추출되었다. 커플들은 갈등 과제에 심혈관 각성 및 유사한 면역체계 약화로 반응하였다.

　이전 절에서 스트레스 반응을 강화시킬 확률이 있고 거의 모든 생명체에 영향을 미치는 것으로 보이는 자극의 중요 특징들에 대한 증거가 제시되었다. 인간 문헌에서, 해결되지 않은 대인관계 갈등은 실험실, 현장, 그리고 작업장 연구에서 증명된 것과 같이 중대한 스트레스 잠재력을 갖고 있는 것으로 보인다. 동물 문헌은 또한 예측 불가능성, 만성, 그리고 통제 결핍의 문제를 추가한다. 동물 문헌에서의 결과가 인간 연구에도 일관되게 재현된다는 점과 부정적인 생리적 효과를 가진 단기 촉발제의 특징들이 어떻게 만성 스트레스 연구에서도 나타날 수 있는지를 보는 것은 만족스럽다. 요컨대, 자극의 가장 주요한 특징들은 예측성, 실제 통제, 그리고 능력과 통제 요구에 대한 신념체계로 보인다. 더 친밀한 수준에서 직장 상호작용이나 가정생활을 표시하는 대인관계적 스트레스원은 만성 스트레인을 창조하는 데 특히 더 큰 잠재력을 가진다.

스트레스원의 발생이 예측 가능할 때 스트레스 반응 감소로 이어지고, 왜 그런지에 대해서는 수많은 이유가 있다. 첫째, 예측 가능한 스트레스원에 대한 준비를 할 수 있어서 전부 피하려고 하거나(예: 자동차 라디오 방송에서 교통체증 정보를 듣고 다른 길로 출근) 또는 준비된 대처 반응을 갖고 있다(예: 회의에 늦을 것이라고 휴대폰을 통해 사람들에게 알림). 둘째, 예측 가능한 스트레스원은 더 이상 그리 놀랍지 않을 것이다(예: 이웃의 차는 과도하게 예민한 경고음을 갖고 있어서 주 3~4회 한밤중에 울린다. 이는 여전히 잠을 방해하지만 심각하게 받아들여지지 않고, 사람들은 이웃에 대한 몇 마디 불평을 한 뒤 경고음에 별 의미를 두지 않고 다시 쉽게 잠든다).

통제의 개념은 스트레스관리에 여러 가지로 적용될 수 있다. 사람들이 하나의 도전에 반응하는 데 필요한 도구를 광범위하게 갖고 있을 때 효과적인 통제가 나올 수 있다. 예를 들어, '빅 보스'는 복잡한 보고서를 48시간 내 준비하라고 요청하고, 요구된 업무 중 적어도 일부를 위임할 유능한 구성원들로 이뤄진 팀을 이끄는 행운을 갖고 있다. 통제는 또한 스트레스원의 재발에 장기적 영향을 갖는 능력을 의미하기도 한다. 한 예는 오래되고 고장이 잘 나는 고물차를 폐기하고 믿을 만한 새 차를 살 수 있는 충분한 양의 돈이다. 적어도 새 차의 보증기간 동안에는 차 문제가 적을 것이고, 스트레스원으로서의 교통 문제의 가능성은 제거되거나 많이 줄어들 것이다.

대처과정에서의 통제에 대한 문헌은, 스트레스원의 통제가능성에 대한 탐색이 네 가지 구별되는 행동적, 인지적(cognitive), 판단적(decisional), 그리고 정보적(informational) 양식의 잠재적 통제를 고려해야 한다고 결론짓는다. 행동적 통제(behavioral control)의 전형적 예는 다른 행동들 가운데 선택을 하는 기회이다(예: 교통체증에 막힌 운전기사가 범죄, 전쟁, 그리고 부패한 정치인들이 난무하는 이야기를 전하는 뉴스 전문 방송에서 차분한 클래식 음악을 틀어 주는 라디오 방송으로 바꾸는 선택을 한다). 인지적 통제(cognitive control)는 위협이나 도전으로서의 스트레스원의 해석 절차 및 어떤 자극 특징에 주목해야 하는지를 결정하는 기회를 말한다(예: 치아 근관 절차 중 시작되는 불편함을 임박한 열대 해변에서 휴가에 대한 시각적 영상으로 전환하고자 결정할 수 있다). 주어진 스트레스원에 특정적인 판단적 통제(decisional control) 기회는 대처 선택들에 영향을 미칠 수 있다(예: 스트레스를 받은 컴퓨터 컨설턴트는 정규 임금 직무로 이직한다). 마지막으로, 정보적 통제(informational control)는 하나의 스트레스원의 본질에 대한 지식 부족이 (예: 다음 날 사소한 수술에 예상되는 알려지지 않은 감각) 관련 정보를 위한 인터넷 검색을 통해 이런 유형의 수술에 대해 일반적으로 알려진 고통 및 절차적 단계를 학습함으로써 해결할 수 있는 상황에 적용될 수 있다. 자극 조작에 대해 논의되는 통제의 개념은 다음 절에서 논의되는 실제 대처와 밀접하게 관련된다는 것을 주목하라. 주어진 스트레스원에 대해 어떤 유형의 통제를 갖고 있는지 이해하고자 하는 것은 스트레스원 자체의 본질을 이해(모형의 첫 번째 단계)하는 절에 알맞은 반면, 이 지식을 바탕으로 행동하는 것은 대처(모형의 두 번째 단계)가 된다.

자극 통제가능성의 문제들을 논의하는 것은 스트레스원들의 통제가능성이 사실이고, 객관적이며, 판단이 상대적으로 쉽다는 인상을 준다. 통제에 관하여, 객관적인 통제가능성과 더불어 환경이 통제될 수 있는 정도에 대한 개인적 신념 또한 고려되어야 한다. 불행하게도, 통제에 대한 신념의 개념은 지속적이고 부적응적인 성격 양상을 반영할 수 있고, 이런 경우 확인하고 변화시키기가 더 어렵다. 즉, 우울한 개인들은 자신들이 무기력하다고 잘못 믿을지 모르고, 공격적인 대장 기질의 남성들은 거리가 자신들의 것이며 단지 경적 소리 한 번으로 앞에 있는 운전자를 움직여 자신들이 지나가게 할 수 있다고 생각할지 모른다. 그럼에도 불구하고 상식은, 그것이 매우 힘들고 자신이 효과적인 통제를 갖고 있지 않은 어떤 것을 통제하려고 하는 것은 소모적일 가능성이 있다는 연구 결과를 지지한다. 이런 경험은 서로의 성격을 결혼하고 싶었던 사람으로 변화시키려는 배우자들이 불평하는 실패담을 계속 듣는 부부치료사들에 의해 지속적으로 언급된다.

물론 해결하고자 하는 노력이 보상받을 것인지는 그것을 알아내기 위해 최소한의 노력이 투자되기 전에는 모를 수도 있다. 한 예는 결혼 생활동안 쌓여 가는 화를 진정시키기 위해 부부상담가를 고용하였으나 여섯 번의 회기와 900달러의 영수중 지불 이후에도 배우자들이 예전과 다름없이 서로에게 화가 나 있음을 발견하는 것이다.

안타깝게도, 필연적으로 빈번하지는 않더라도, 통제 특징이 존재하지만, 그것들을 기능하게 하려는 좋은 의도를 가진 시도들이 실제로는 실패한다는 것을 학습하게 되는 실례들이 있다. 좋은 예가 사법체계(judicial system)이다. 사람들이 법에 의해서 보호된다는 것은 '문명사회' 구전 지식의 본질적 일부이다. 그렇지만 그런 신념은 '멍에통제' 상황으로 드러날지도 모른다고 주장된다. 일례는 스토커가 가까이 가지 않도록 하기 위한 판사의 접근 금지 명령이 효과적으로 시행될 수 없다는 것을 알게된 여성이다. 또 다른 시나리오는 다루기 힘든 채무자로부터 미화 3,000달러를 회수하려고 하는 사람이다. 소액사건 법원체계를 이용하면 처음에 빌려 준 것만큼의 비용을 지불해야 할 것이다. 보호하고 통제권을 주려고 고안된 (사법체계나 회롱 고발 사무소와 같은) 현실세계 체계를 시험한 누구라도, 통제는 환상에 불과한 신념일 수 있고 신념 및 기대의 급격한 조정이 스트레스 반응을 최소화하기 위해서 필요하다는 것을 빠르게 발견할 것이다.

널리 연구되어 온 통제 및 예측가능성의 개념에 더해서, 중요한 또 다른 자극 특징은 스트레스 환경 자체의 변경가능성(modifia-bility)이다. 어떤 자극들은 그 사람과 독립적이고 외재적이다(예: 스테레오를 매우 크게 틀어 놓은 이웃). 다른 자극들은 대부분 내재적으로 발생되거나 과장된다(예: 자신이 다음 시험에서 전부 A를 받을 것으로 굳게 기대하기 때문에 경험되는 스트레스).

예측가능성, 통제, 그리고 자극 기원의 개념은, 자극 분류체계를 만들기 위해 자극 상황을 기술하고 특징짓고자 사용될 수 있다. 만약 각 개념을 대략 고/저 예측가능성, 고/저 통제, 그리고 외/내재적 자극 기원으로 이분화한다면, 여덟 개(즉, 2×2×2)의 가능한 시나리오가 각각 어떻게 반응할 수 있고 없는지에 대한 함의와 함께 나온다. 이 제안된 분류체계는 어떻게 스트레스원의 논의에 접근할 수 있는지를 설명하는 데 도움을 주려는 것이다. 이것은 스트레스원 유형을 파악하고 그 함의를 논의하는 목적을 위한 스트레스관리 집단상담에서 유용한 수단이 될 수 있다. 명백히 단순하지만, 그럼에도 불구하고 그것은 임상적 상황에서 발견적(heuristic) 가치를 가지며, 문제해결기술을 가르치는 하나의 도구가 될 수 있다.

고/저 예측가능성의 개념은 또한 급성(예측 불가능한) 혹은 만성(예측 가능한)으로 묘사될 수 있다. 인정하건대, 예측가능성(즉, 급성 대 만성 구분)과 통제는 본질적으로 이분적이지 않고 오히려 연속적이다. 비슷하게, 여기에서 내재적 자극(예: 개인이 갖는 신념)으로 묘사되는 것이 그 사람 인생의 어느 시점에서 (부모님과 선생님과 같은) 다른 사람에 의해서 조형되고 길러졌을 수 있고, 활성화되기 위해서는 어떤 촉발제를 요구할지도 모른다. 그럼에도 불구하고 예시의 목적으로 총체적 범주화가 유용할 것이다. 범주, 관련 자극 예시, 그리고 잠재적 해결책들은 다음과 같다.

외재적 자극/급성 스트레스/낮은 통제

예시　2001년 9월 11일에 뉴욕의 세계무역센터에서 일하다가 테러리스트의 공격에 직면함.

그런 상황에서의 해결책　당시에 세계무역센터에서 일하던 사람들은 어떤 경고도 받지 못했고, 공격은 재빨랐으며, 급성 문제해결에서의 어떤 시도도 그 비행기들의 경로를 변경하지 못했다. 사람들이 할 수 있었던 전부는 가장 빠르고 안전한 수단인 도망을 시도하는 것이었다.

외재적 자극/급성 스트레스/높은 통제

예시　2년 된 차가 갑자기 고장이 났으나, 다행하게도 보증기간이 남아 있음. 판매자가 고쳐 줘야만 하고 기다리는 동안 대여 차량을 제공해야만 함.

그런 상황에서의 해결책　대부분의 답은 시나리오의 묘사에 구축되어 있다. 그런 수단이 가능하다면, 좋은 보증체계를 갖춘 비교적 새 차량을 구입하는 것이 효율적인 스트레스원 조작의 유형이 된다. 사건 그 자체로는 예측가능성이 낮지만, 적어도 어느 정도는 규정된 유지보수를 따르는 것이 고장을 예방하는 데 도움이 될 것이다. 따라서 여기에서의 해결책은 판매자에게 전화를 하여 수리가 완료될 때까지 기다리는 동안 대여 차량을 요구하는 것이다.

외재적 자극/만성 스트레스/낮은 통제

예시 1　어떤 여성이 알츠하이머병을 앓고 있는 고령의 편부모의 외동이고, 전임으로 일을 하고 있으며, 집에는 세 아이들이 있고, 고령자의 대체 간병인을 고용할 돈이 없음. 이 스트레스에 더해, 이 환자는 공격적이고 짜증이 많음.

예시 2 이스라엘/팔레스타인, 아프가니스탄, 혹은 르완다와 같이 오랫동안 전쟁으로 얼룩진 나라에서 살고 있음.

그런 상황에서의 해결책 두 유형의 상황들은 매우 현실적이고 현실세계에서 수많은 사람에게 영향을 끼치고 있다. 둘 중 어떤 것도 쉽게 고쳐질 수 없다. 보통의 시민들은 전쟁을 멈출 즉각적인 권력이 거의 없고, 세 아이의 중년 엄마는 즉각적인 스트레스 감소를 위한 자원이 한정적이다. 그녀가 이전에 전임 직무를 수행하면서 아이들을 돌보았다는 것에서 그녀의 대처기술이 낮다고는 할 수 없다. 알츠하이머병을 가진 부모가 그녀의 비합리적인 신념으로 인해서 공격적으로 보이기만 할 뿐인 가능성도 매우 낮다. 그녀에게 제시할 수 있는 가장 좋은 해결책은 추가적인 자원을 확인하고, 아이나 배우자에게 과업을 위임하며, 공동체에서 위탁간호를 찾는 것이다. 전쟁에 짓밟힌 국가의 사람들은 종종 도망가는 것을 선택하는데, 이것이 만병통치약이 아니고 고된 적응과 더 심한 경제적 손실을 요구한다는 것을 알면서 해결책으로 피난민 신분을 얻고자 한다.

외재적 자극/만성 스트레스/높은 통제

예시 1 통근하기 위해 특정 다리로 가는 길에 매일 교통체증이 있음 (그 개인이 유연근무제를 하거나 대안적 교통 경로가 가능하다면 높은 통제 개념이 존재함).

예시 2 한 교수가 학생들에게 다음 주에 중간고사를 볼 것이고 교재의 8장부터 11장까지 공부해야 한다고 상기시킴. 이 공지가 학생들에게 즉각적인 스트레스 촉발제가 됨.

그런 상황에서의 해결책 이 두 예시는 이전 예시들보다 훨씬 더 사소하고 일시적인 유형의 스트레스를 대변하지만, 또한 만연해 있고 합쳐지면 실질적인 스트레스 부담을 나타낼 수 있다. 두 예시에서 스트레스원의 질 인지는 또한 더 좋은 이동 계획, 시간관리 획득, 혹은 공부기술과 같은 행동 계획을 용이하게 만들기도 한다. 스트레스원 인지는 또한 카풀 혹은 스터디 그룹을 형성하기 위해(또 우연히 사회적 지지를 얻을 수도 있다) 다른 사람들과 함께 작업하려는 바람을 일으킬지도 모른다.

내재적 자극/급성 스트레스/낮은 통제

예시 갑자기 심각한 치통이 밀려오고, 진통제가 없고, 어떤 치과와도 물리적으로 가깝지 않음. 통증 연구는 정신적 또는 행동적 주의전환이 '간편한' 도구이지만 심각하고 침습적인 통증 감각에는 작동하지 않는다고 하므로 '심각한' 치통이 자극으로 선택되었음.

그런 상황에서의 해결책 이 스트레스원의 본질은 (규칙적이고 예방적인 치과 치료가 제공할 수 있는 공헌을 제외하면) 범주적 회피를 허용하지 않고 빠르게 고칠 수도 없다. 그럼에도 불구하고 치과 의사가 도울 수 있다고 믿으면서 가능하면 빠르게 치과로 가는 것이 유용하다.

내재적 자극/급성 스트레스/높은 통제

예시 갑작스런 편두통이 온다고 느끼고 그 공격에서 빠져나올 정도로 충분한 진통제가 남아 있다는 것을 알고 있음(날씨 변화와 같은 편두통의 확실한 외재적 촉발제가 있느냐 하는 논쟁은 잠시 무시함).

그런 상황에서의 해결책 편두통 발병의 초기 표식을 인지하는 것을 가르치고 대처 행동 목록(repertoire)을 습득하는 것이 편두통에 대한 행동치료의 본질이다. 좋은 대처 행동 목록을 가지고 있다는 신념체계를 가지는 것 자체가 스트레스를 감소시키는 신념체계로서 기능할 수 있고, 이는 다시 편두통 공격의 가능성을 낮추거나 편두통이 발생할 때 더 인내하도록 만들 수 있다.

내재적 자극/만성 스트레스/낮은 통제

예시 1　심각한 흡연 코카인 중독 노숙자가 약이 떨어져서 또 다른 약을 긴급하게 필요로 하지만, 공급자는 물건이 없음. 다른 공급자를 모르고 돈도 떨어졌음.

그런 상황에서의 해결책　단기적으로, 답이 없다. 욕구가 충족될 때까지 약에 대한 욕구로 고생할 것이다. 새로운 공급을 위해 필요한 돈을 얻고자 범죄를 저지르고, 다른 공급자들을 물색할지도 모른다. 물론 어떤 것도 바람직한 해결책이 아니다. 장기적으로, 절도로 감옥에 수감될지 모른다(이것은 우연히 치료로 이끌 수 있다). 약물 중독의 만성화는 가족학대, 학업 실패, 그리고 빈곤의 역사와 같은 지속되어 온 문제에 기인할 가능성이 더 높다. 따라서 이 사람만을 치료하려는 시도는 제한적이다. 더 크고 맥락적 수준에서, 개인적 도움이 이용 가능하다면 이는 심지어 물질남용의 사회적 근본 원인에 대항하는 행동을 추구하지 않게 하는 구실로 기능할 수도 있다.

예시 2　경계선 성격장애로 진단받은 여성이 직업을 유지할 수 없는 자신의 무능 및 동일하게 역기능적인 남자친구로부터 받는 잦은 학대로 인해 분노를 느끼고 빈곤으로 고통받음.

그런 상황에서의 해결책　답은 흡연 코카인 중독에 주어진 답과 비슷하다. 수면 위에 당장 보이는 빠른 해결책은 없다. 문제는 만연하여 서서히 퍼진다. 또한 경계선 성격장애의 본질은 문제를 인지하고, 전문적 도움을 찾고, 변화를 위해 요구되는 안정적이고 협조적인 치료적 동맹을 쌓지 못하게 막을 것이다.

내재적 자극/만성 스트레스/높은 통제

스트레스원의 2×2×2 요인모형의 유용성이라고 주장된 것은 이 특정 상황에 적용하기 어렵다. 이런 유형의 시나리오는 ① 만약 만성적이라

면 예측 가능하고, ② 만약 내재적이고 높은 통제하에 있다면 이런 유형
의 상황에 처한 개인들은 재빨리 해결하거나 예방할 수 있기 때문에 드
물거나 존재하지 않는다고 한다. 사실 제안된 세 가지 주요 스트레스원
특징들의 조합 중에 존재하거나 지속되기 가장 어려운 조합이다.

요컨대, 스트레스원 자체의 본질에 대한 분석 및 고찰은 자극 통
제가능성의 문제와 가장 유망한 초기 개입에 대한 많은 단서를 제
공한다. 이 분석의 상당수는 전문적 훈련이나 도움 없이도 착수될
수 있고, 상식과 인생 경험으로 오래 진행될 수 있다. 스트레스원의
속성에 대한 명확한 이해를 얻는 것은 스트레스관리에 있어 자연스
러운 첫 단계로 보인다. 이것은 행동을 위한 로드맵을 대표한다. 또
한 대처기술과 같은 문제해결훈련이 다음에 기술될 것이며, 스트
레스원 분석은 문제해결훈련에서 첫 단계인 핵심요소(D'Zurillia &
Goldfried, 1971)라는 점을 주지하라. 이것은 나아가 환경 조작과 대
처로 제안된 구분이 엄격하고 범주적인 구분이 아니라는 사실을
경고한다. 대처 훈련은 스트레스원을 조작하거나 제거하는 것을
요구할 수 있으나, 그런 종류의 필요한 기술훈련은 스트레스원의
본질에 따라 달라진다. 만약 부정확한 직무기술서가 직장 내 스트
레스에 기여한다면, 종업원은 상사에게 그 문제를 효과적으로 제
기하기 위해서 강한 주장(그리고 외교)기술을 필요로 할 것이다. 만
약 꾸물대는 경향이 마감일자가 다가옴에 따라 스트레스 수준을
높인다면, 그때는 시간관리기술이 도움이 될 수 있다. 임상 실제에
서 SM 참가자들은 일주일(혹은 그 이상)동안 스트레스를 일으키는

일상의 사건들을 일기로 기록하여 드물고 예측 불가능하다고 확인
된 스트레스원에 비해 반복적이고 통제 가능한 스트레스원은 어떤
것인지를 검토함으로써 만성 스트레스원과 혼란에 대한 중요한 단
서를 도출할 수 있다. 일기쓰기의 혜택은 피드백을 제공할 수 있는
스트레스관리 교육자, 배우자, 혹은 좋은 친구가 이 일기를 검토한
다면 가장 극대화될 것이다. 반복적이고 예측 가능한 스트레스원
들이 수정 및 이후의 행동 계획을 고려하는 시도를 위해 명백하게
첫 번째로 선택된다. 빈번하게 언급한 것과 같이, 반복적인 스트레
스원들은 요구 과부하 혹은 역할 혼란에 기인한 직장 스트레스, 금
전 문제, 해결되지 않은 결혼 문제, 그리고 육아 문제(Ilfeld, 1980)를
포함한다. 사람들은 이 중 육아 문제를 위한 선택사항이 가장 많고,
직장 스트레스원에 대한 통제감을 가장 적게 느낀다고 보고한다.

추가적으로 중요한 또 한 가지 고려사항은 SM의 대상 집단과 관
련된다. 작은 회사(혹은 대기업의 소규모 작업 단위)의 직원들이 SM
에 참여할 때, 생태적으로 타당하고 공유되는 보편적 스트레스원
들의 집합이 빠르게 확인될 수 있을 것이다. 보류 중인 해고에 대한
두려움, 다른 기업에 의한 최근의 합병에 기인한 선임 순위에 대한
고충, 혹은 상사에 의한 반복적인 괴롭힘 행위가 그 예이다. 이러한
스트레스원 확인은 만약 SM 참가자들이 여러 인생 단계(예를 들어,
전문대학에서 제공하는 평생교육 수업에서 기대하는 것과 같은)로부터
모집된다면, 더 어렵고 더 개별적인 결과로 이어질 것이다. 마지막
으로, 각 질병과 그 발현은 다른 사람들은 다루지 않아도 되는 독특
한 스트레스원을 대표하기 때문에, SM은 종종 구별되는 환자(예를
들어 관절염, 당뇨병, 심장병을 가진) 집단에게 제공된다. 심장병 환

자들의 협심통증의 발생이 하나의 주요 예이다. 그것은 질병 특정적이고 매우 위협적으로 평가될 가능성이 있다. 대개의 경우, 적극적인 심장 치료가 그 문제를 제거할 수 있고, 스트레스원으로서의 협심증은 제거된다. 추가로, 많은 협심통증 보고는 다가올 심장 발작을 지시하지 않고 무해하다. 이런 경우에는 (우연히도 원래 인지적 대처기술의 한 요소인) 증상 인지 및 해석에 대한 부지런한 교육이 스트레스원 조작이 된다.

소인

이 책의 초반부에, 어떻게 소인이 스트레스 반응을 강화하는지를 보여 줬다. 그중 유전이 있는데, 유전은 현재로는 사람의 통제 밖이다. 또 다른 중요 소인은 사회경제적 지위인데, 이것은 이론적으로 변화에 열려 있지만 임상가들이 연구실에서 가난을 치료하기 위해서 할 수 있는 것은 별로 없다. 사회경제적 지위가 건강에 영향을 끼치는 여러 가능한 경로가 있다(Gallo & Matthews, 2003). 그러한 경로 가운데에는 교육, 지식, 그리고 건강보험으로 접근에서의 차이, 통제감의 결여, 그리고 그로 인한 정서적 및 인지적 반응이 있다. 이렇게 사회경제적 지위가 건강에 미치는 영향에 대한 여러 가능한 설명은 서로 경쟁적이지 않고 사회 계층이 낮은 개인들의 자원을 줄이는 데 있어 상승적 방향으로 작용할 가능성이 더 높다. 스트레스하에서 빈곤하게 사는 내담자들은 직무훈련 프로그램과 같은 가능한 자원에 접근하는 것을 알지 못하거나 혹은 접근할 기술이 충분하지 않다. 이런 상황에서는 자원에 접근하는 문제해결 기술에 대한 교육을 제공할 것이고, 따라서 경제적 약점을 줄일 것이다.

심리치료를 통한 변화에 더 열려 있는 것은 초기 심리적 외상이 현재의 스트레스 취약성에 미치는 부정적 영향이다. 그렇지만 불행히도 그런 개입은 장기 치료를 요하는 편이고, 이런 서비스를 양질로 제공하는 공급자들에게 접근할 자원을 갖고 있는 환자들은 거의 없다. 전반적으로, 부정적 소인은 한 사람의 성격과 귀인(attributional)양식에 종종 깊이 뿌리박히는데, 이 둘 다 변하기 어렵고, 이런 통찰은 고통받는 당사자들 및 정신건강 실무자들에게 좌절감을 주게 된다. 그럼에도 불구하고 능숙하게 사용된다면, 부정적 소인을 지닌 사람들이 스트레스에 대한 취약성이 더 크다는 지식은 환경에서 다른 변경을 하려는 동기를 강화하기 위해 혹은 소인 및 스트레스원 노출의 상승적 효과를 약화시키기 위한 대처기술을 가르치기 위해 사용될 수 있다. 이러한 현상에 대한 특히 도전적인 임상 예시 하나는 경계선 성격장애를 가진 사람들을 치료하는 것으로, 이들은 아동기 동안에 외상, 거절 그리고 큰 불안정을 경험하는 경향이 있기 때문에 그러하다. 이러한 환자들은 관계에서의 어떤 변화에도 과도하게 민감하여 쉽게 거절당했다고 느끼고, 모든 유형의 대인관계적 스트레스를 대단히 위협적으로 볼 것이며, 뒤이어 극적인 폭발, 불공평한 비난, 혹은 자살시도로까지 격화되는 반응을 보일 것이다.

대처기술: 인지 및 행동

스트레스 순차의 두 번째 단계([그림 2–1] 참조)는 '대처'라는 전반적인 명칭을 부여받으며, 여기에서 이 용어는 가능한 가장 광범위한 의미로 사용되어, 어떤 특정 대처 시도가 본질적으로 적응적이라는 암시를 하지 않는다. 대처는 인지적, 행동적, 생리적 수준에서 나타난다. 후자인 생리적 수준은 제1장에서 기술한 생리적 조절과정의 기술과 중복되기 때문에, 이 절에서 최소한으로 다룰 것이다. 그럼에도 불구하고 바람직하지 않은 생리적 변화를 인지하는 것은 대처 시도 및 온도조절장치와 같은 기능을 착수하게 하여, 노력이 요구되며 지칠 수도 있는 대처 시도를 끝내도록 촉발시키고, 결국 생리적 각성이 줄어들어 주관적으로 즐거운 상태가 된다(Pennebaker, 1982).

대처에 관한 문헌은 방대하고(Skinner, Edge, Altman, & Sherwood, 2003; Somerfield & McCrae, 2000) 폭발적인 속도로 성장해 와서, 어떤 저자들은 심리학에서 가장 많이 연구된 주제라고 주장할 정도이다. 이렇게 큰 범위를 고려할 때 이 책에서 대처에 관한 기초 연구의 철저한 고찰은 가능하지 않지만, SM에 대한 대처의 잠재적 공헌을 명확히 하고자 한다면 주요 개념과 발견들이 중요하게 검토될 필요가 있다. 이런 목적을 위해서 다음의 질문에 대한 대답이 이 방대한 문헌으로부터 추출될 필요가 있다.

• 어떤 상이한 유형의 대처들이 존재하는가? 실무 현장은 이런

범주들에 동의하는가?

• 어떤 이론적 모형이 SM 연구자들과 훈련가들을 돕기 위해 가
  장 유망한가?

• 실험 대처 연구로부터의 어떤 정보가 SM에서의 실무적 적용
  에 유용성이 있는가?

• 대처 및 관련 결과에 대한 연구들이 최대의 효과를 위해서 누
  구를 어떻게 가르쳐야 하는지 밝혀냈는가?

대처 하위유형

대처 연구의 이론적 뿌리 상당수는 방어기제(defense mechanism)
에 대한 Freud의 저서 및 이어지는 정신역동(psycho-dynamic) 이론
가들과 연구자들의 작업으로 거슬러 올라갈 수 있다(예: Vaillant,
1977). 대처 연구는 전위(displacement)나 퇴행(regression)과 같은
방어기제를 대체로 병리적이고 무의식적이며 고의가 아니라고 보
는 정신역동적 사고에 대한 불만족에 부분적으로 근거를 두고 있
다(Cremer, 2000). 방어기제의 이런 특성들은 경험적 검사를 시도하
게 하였으나, 행동적 혹은 인지적 기반의 훈련 프로그램으로 전환
하는 것이 어려웠고, 정상(normal) 성격 및 발달 연구자들에게 매력
적이지 않게 되었다. 고의성(intentionality), 인식(awareness), 그리
고 정상 대 병리의 개념들을 다루는 것을 비교함으로써 대처 문헌
과 방어기제의 주요 특징의 차이점들을 쉽게 대조하지만(Cremer,
2000), 대부분의 심리학자는 의식 및 행동적 고의성을 실무(all-or-
nothing) 현상으로가 아니라 연속변수로 본다는 점에서 결과적인

이분법은 과장될 수 있다(Lazarus, 2000). 그럼에도 불구하고 정신역동 용어들을 검사 가능한 문제들로 조작하는 것과 연관된 어려움은 별도의 작업으로써 대처 연구의 창출에 공헌해 왔다.

대처 개념이 더 검사 가능하기는 하지만, 분야의 주요 연구자들은 많은 대처 문헌의 가치에 대해 대체로 매우 비판적이었다(Coyne & Racioppo, 2000; Somerfield & McCrae, 2000). 대처의 특질모형에 대한 지나친 몰두, 만연한 상호작용모형의 연구 프로토콜로의 부적절한 전환, 그리고 임상 실무 적용을 위해 제한적 결론을 제공하는 혼란스러운 연구 결과로 주로 비판받아 왔다. 혼란이 유발된 것은 상이한 대처방법을 정의하고 분류하는 데 있어 합의적 방법에 동의하지 않는다는 점에 상당 부분 기인한다(Skinner et al., 2003).

대부분의 대처 문헌은 상대적으로 안정적인 소인으로의 대처선호도(coping preferences)에 초점을 맞추고 그것을 지속적인 특질이자 자기보고 설문지로 측정할 수 있고 적응적이거나 부적응적인 것으로 추정할 수 있는 성격양식으로 본다. 이 접근은 방법 기제를 적응적(예: 승화) 혹은 부적응적(예: 퇴행)으로 쉽게 분류하는 정신역동모형에 유사하다고 밖에 볼 수 없다. 불행히도, 이론에 근거하여 정신역동 기제를 적응적 대 부적응적인 것으로 분류하는 것은 대체로 경험적 검증이 불가능하고, 이것은 다시 의식 밖에 있는 것으로 추정되는 과정을 측정하는 데 있어서의 어려움으로 기인된다. 비슷하게, 모형들이 이전 학습, 개인 목표, 상황적 다양성, 그리고 해결책을 문제의 본질에 맞출 필요성에서의 차이를 무시하기 때문에, 대처의 특질모형을 검사하는 것은 가르칠 수 있는 대처기술을 확인하는 데 특별히 도움이 되지 못해 왔다(Coyne &

Racioppo, 2000).

그렇지만 구별될 수 있는 급성 대처 행동들을 찾는 것이 일반적으로 '좋은' 혹은 '나쁜', '적응적' 혹은 '부적응적'으로 분류되어야만 한다는 기대로 인해 과부하되지 않고, 하위유형의 확인이 개인과 상황의 상호작용 연구에서 단지 하나의 도구로만 조사되는 한, 구별되는 대처양식을 묘사하는 것은 여전히 가능하고, 심지어 필요하다. Lazarus(2000)는 상호작용모형의 주요 지지자일 뿐만 아니라, 식별 가능한 대처 하위유형의 확인에 공헌해 왔다. 선호되는 대처양식의 측정 도구를 개발하는 과정에서 Lazarus와 동료들은 (요인분석의 사용을 통해) 두 가지 구별되는 대처 유형들을 확인했고, 이 두 유형은 이후에 문제중심 대처(problem-focused coping) 대 정서중심 대처(emotion-focused coping)로 일컬어져 왔다. 문제중심 대처는 환경을 변화시키거나 실제 해결책으로 이어지는 행동 계획을 발전시키는 것과 같은 행동들을 포함하는 반면, 정서중심 대처는 위협이나 도전과 연관된 정동(affect)을 처리하는 시도로 대표된다. 대처에 대한 두 가지 주요 접근의 이러한 발견은 인지과정모형에 내재되어 있는데, 인지과정모형 역시 자극이 개인적으로 관련된 위협 경향을 소유하고 있는 정도와 개인이 적절하게 반응하도록 하는 지식 및 기술을 갖고 있는지 아닌지를 평가한다. 스트레스는 상황을 위협적으로 보지만 그 스트레스원을 다루기에는 개인의 반응 능력이 불충분하다고 보는 평가과정의 결과이다(Cox & McKay, 1978).

대처 하위유형에 관한 이후의 연구들은 문제중심 대처를 직면적 대처(confrontative coping) 대 계획적 문제해결(planful problem solving)로 더 나누었다(Folkman, Lazarus, Dunkel-Schetter, DeLongis & Gruen, 1986). 또 다른 인기 있는 대처 척도의 개발은 정서중심 대처 개념을 거리두기(distancing), 자기비난(self-blame), 긍정적 재평가(positive reappraisal), 그리고 지지 추구(support seeking)라는 추가적인 하위유형 세트로 확장시켰다(Folkman et al., 1986).

　대처방법의 흐릿한 분류체계에 대한 가장 최근의 추가는 Skinner와 동료들(2003)에 의한 방대한 문헌 고찰(review) 및 비판적 담론(discourse)이다. 이 저자들은 대처에 대한 100개의 평가를 고찰하고 대처방법에 대한 400개의 상이한 용어의 목록을 추출했다. 그렇게 다양한 용어가 나타날 때, 심리학 연구자들은 보통 진짜로 다른 기저의 요인들은 훨씬 적고, 겉보기에 독특한 많은 용어가 동일한 기저의 과정이나 행동을 기술하기 위해 다른 단어를 사용한다고 가정한다. 이런 종류의 추출과 단순화 접근을 사용하여, Skinner와 동료들(2003)은 현존하는 분류체계의 주요 점검을 제안하였고, 기존의 모든 분류체계를 그들이 새로 제안한 조직체계로 대체할 것을 제시하였다. 그들은 가장 논리적인 조직이 3×2×2 요인 모형을 반영하여 12군의 대처방식(coping styles)이 나타난다고 제안하였다. 이 대처군들은 사람들이 다루기를 추구하는 세 가지 매우 중요한 관심사(concern)로 조직화될 수 있다. 이러한 관심사들은 사람들이 갖고 있는 광범위하고 보편적인 욕구와 목표로 간주된다. 이 중추적인 관심사들 중의 하나는 ('사회적 지지', 한 사람의 '사회적 구조에서 위치', 그리고 '타인에 대한 신뢰'를 포함하는) 관계성(relatedness)으로, 우리의 소속과 사랑에 대한 필요로부터 나오는 대처 노력을 다룬다. 두 번째 관심사는 ('숙달' '낙관주의' '계획하기'를 포함하는) 유능감(sense of competence)으로, 긍정직인 자존감(self-esteem)을 세우고 유지하기 위해 사람들이 하는 노력을 기술한다. 세 번째 관심사는 ('타협하기' '공격' '행동계획에 대한 몰입'과 같은 행동과 사고를 포함하는) 자율성(autonomy)이다. 각 관심사 내에서 대처는 도전 혹은 위협과 같은 자극을 다루는 전략 주변으로 (혹은 그 하위요인으로) 조직화될 수 있다(예: 관계성에서 신뢰 대 철회, 유능감에서 낙관주의 대 절망, 그리고 자율성에서 타협 대 복수). 이런 구별은 위협이 생리적인 투쟁 혹은 도피 반응을 동반하는 긴장된 정동을 내포한다는 점에서 한 상황에서의 정동가(affective valence)에 영향을 미친다.

그 다음 조직적 요인은 자아(self)나 맥락(context)과 관련된 대처이다. 만약 대처가 관계성에 대한 도전의 해석에 부합하는 경우, 자아에 대한 도전은 '어깨에 짊어지기(shouldering)'로 나타날 수 있지만 맥락에 대한 도전은 '도움추구(help-seeking)'로 이어질 수 있다. 관계성에 대한 지각된 위협의 경우, 자아에 대한 위협은 '들볶기(pestering)'로 이어질 수 있는 반면, 맥락에 대한 위협은 '철회(withdrawal)'로 이어질 수 있다. 이 모형은 〈표 2-1〉에 제시되어 있다.

Skinner와 동료들이 제안한 이 새로운 분류체계는 그 포괄성(comprehensiveness)으로 인해 호소력이 있고 대처방법에 대한 이전의 풍부한 문헌의 통합을 가능하게 한다. 그렇지만 전망이 밝음에도 불구하고 이 모형과 모형의 수많은 용어가 너무 새로워서 그 유용성을 검사할 수 있는 연구는 없을 것으로 추정한다. 만약 누군가 Skinner 등의 모형을 잠재적으로 가장 유용한 분류체계로 수

표 2-1 Skinner 등의 대처 분류체계

	관계성		유능감		자율성	
	자아에 대한 도전	맥락에 대한 도전	자아에 대한 도전	맥락에 대한 도전	자아에 대한 도전	맥락에 대한 도전
	자기의존	지지추구	문제해결	정보추구	적응	타협
	자기진정	위안 추구	전략짜기	조사	협동	타협
	수용	도움 추구	격려	관찰	승복	결백
	책임감	신뢰	결정	흥미	헌신하는	타인관점 조망
	타인에 대한 직정	감사	자신감	낙관주의	순응	의사결정
	보호		수리	희망	수용	목표설정
	방어		숙달	예방	몰입	우선순위 정하기
	긍정적인 혼잣말			제외	신념	
					지지	

	위임	고립	무기력	도피	굴복	반대
	의존(dependency)	철회(withdrawal)	무력위 시도	도망	고집	공격
	요구(demanding)	동결(freeze)	도피계획(flailing)	회피	엄격함	투사
	집착(clinging)	외로움(loneliness)	계단에서 떨어지기	비관주의	무반응	타인비난
	들볶기(pestering)	격리함(desolation)	자기의심	절망	자기비난	분출(venting)
	자기연민(self-pity)	갈망(yearning)	낙심	두려움	역겨움	폭발(explosion)
	하소연(whining)	절단(cutting off)	폐해감(desolation)	무절거림	강박	분노(anger)
	수치심(shame)		공황		반추	반동(reactance)
	유기(abandonment)		혼란		침습적 사고	복수(revenge)
	째증(irritation)					

세 관심사, 두 수준의 디스트레스(위협 때 도전), 그리고 대처의 두 대상(자아와 맥락)을 중심으로 한 대처의 12가지 군집

출처: Skinner, E. A., Edge, K., Altman, J., & Sherwood, H. (2003). Searching for the structure of coping: A review and critique systems for classifying ways of coping. *Psychological Bulletin, 129*, 216–269. Copyright © 2003 by the American Psychological Association. 허탁하에 게재.

용한다면, 다음에 기술되어 있는 '이떤 문제에 어떤 대처'를 힐 것
인지에 대한 모든 연구결과는 앞으로 집중적인 정밀조사를 받아
야 하는 이론적 모형들에서 나타난 것으로 해석되어야 하기 때문
에 큰 타격을 입는다. 불행하게도, 대처 분류체계에서 요구되는 패
러다임의 변화에 대한 권고는, 스트레스관리의 근거 및 프로토콜
을 위해 '적응적' 대처에 대한 신뢰할 수 있는 어떤 추천들이 도출
될 수 있는지에 중요하게 영향을 미친다. 나아가 Skinner 등(2003)
의 분류체계는 이론적 모형들을 구축하고 검사하는 데 익숙한 대
처 연구자들에게 매력적일 수 있지만, 매우 이론적이고 개념적인
특성은 스트레스관리 프로그램의 참가자들에게 전달하기 쉽지 않
을 수 있고, 이런 분류체계가 어떻게 궁극적으로 스트레스관리 맥
락에서 대처기술훈련을 위한 근거와 프로토콜을 변화시킬 것인지
가 아직 명확하지 않다.

대처효능감의 이론적 모형

정신역동적 방어기제를 적응성이라는 연속척도로 분류하는
데 대한 확실한 경험적 증거가 없기 때문에(Cremer, 2000; Lazarus,
2000), 대처의 특질모형에 대한 연구는 개념적으로 오류가 있고
결과가 혼란스럽다고 심하게 비판받아 왔다(Coyne & Racioppo,
2000). 이런 비판의 일부는 방법론에 기반하고(예: 자기보고에 대한
과도한 의존), 가장 인기 있고 가장 지지되는 대처모형이 개인×상
황×요구되는 대처양식 간 상호작용을 선호한다는 점에서, 일부
는 이론과 방법의 개념적 불일치에 기반한다(Somerfield & McCrae,

2000). 개인과 상황 간 상호작용은 다시 Lazarus(2000)에 의해 제안된 강제선택—단일자극(ipsative-normative model) 모형을 나타내는 개인 내, 종단적 평가 전략을 사용해서 가장 잘 평가된다. 이런 유형의 방법은 다른 사람들이 측정을 다르게 해석하는 데 내재된 측정 오류를 제거하는 장점이 있고, 과거 정서, 사고, 그리고 행동을 정확하게 회상하는 개인의 능력을 거의 요구하지 않는다(Tennen, Affleck, Armeli, & Carney, 2000). 이런 절차 연구들은, 예를 들어 이후의 주의에 대한 기분의 복잡한 효과를 보여 줘서, 우울한 통증 환자들이 우울하지 않은 통증 환자들보다 통증 감각을 더 침습적인 것으로 지각하는 경향이 있고, 결과적으로 우울한 기분을 더 강화하며, 이는 철회와 무활동(inactivity)으로 이어진다는 점에서 이제 그들은 통증을 더 현저히 느끼고, 고통으로의 하향나선(downward spiral)을 만든다.

만약 특정 대처 행동의 적응성이 일상의 처리과정 연구를 통해 동일한 사람 내에서 가장 잘 보인다면, 훈련생이나 환자 집단을 위해 가장 적응적인 대처방식에 대한 SM 응용에 있어 일반적인 제안을 제공하는 연구들이 어려울 수 있음을 쉽게 알 것이다. 결과적으로, SM에서의 대처기술훈련의 응용은 만약 범주적 진실을 가르칠 수 있다면 쉬울 것이지만('회피는 보통 나쁘다' 혹은 '행동은 좋다'), 혜택은 적응적 대처기술훈련이 특정 개인의 독특한 자극 환경, 선호, 그리고 목표에 맞춰질 수 있는(훈련가가 훈련생에게, 치료자가 환자에게) 일대일 교습이나 치료 상황에서 발생할 가능성이 더 높아 보인다. 이런 개별화된 맞춤이 일반적으로 '적응적인' 대처기술을 가르치는 것보다 더 힘든 반면, 개별 맞춤을 통한 상호작용모형의 적용이 유일하게 유망한 길이라는 데 이 분야의 지도자들은 별 의심이 없다. Coyne와 Racioppo(2000)는 심지어 자기보고기반, 특질기반 대처모형을 사용하는 모든 작업에 대해 완전한 일시중지를 요구하기까지 했다.

어떤 문제에 어떤 대처가 사용되어야 하는가? 경험적 증거

이전 절에서는 대처에 대한 이론적 모형을 기술하였고, 무엇이 적응적인지(혹은 아닌지)에 대한 제안은 추론에 기반하였다. 그것들은 추측에 근거한 것으로, 반드시 자료에 근거한 것은 아니었다. 설상가상으로, 지속적으로 변화하는 분야에 질서를 부여하려는 Skinner와 동료들(2003; 이전 논의 참조)에 의한 가장 최근의 시도는, 대처의 합의적 분류체계의 부재를 고려했을 때 특질 비슷한 특정 대처방식의 효능성을 결정하는 것이 유용할 것이라는 데 심각한 의심을 갖게 한다. 그럼에도 불구하고 많은 연구자가 이전의 범주에 기반한 예측의 경험적 검사를 시도해 왔고, 과거 몇 십 년 동안 상당한 양의 연구가 축적되어 왔다.

직장에서의 세 가지 전반적 대처방식(통제, 회피, 증상관리)에 대한 결과들이 Latack(1986) 및 Smith와 Sulsky(1995)에 의해 조사되어 왔다. Latack은 회피와 증상관리가 부정적인 결과와 관련이 있는 반면, 통제대처는 긍정적인 결과와 관련이 있다고 결론지었다. Smith와 Sulsky의 작업은 그 세 표본에 대해 구분될 수 있는 대처-결과 연결을 조사함으로써 Latack의 작업을 확장한다. 이들 다양한 표본에 대한 관찰을 통해 노동자들이 더 많은 회피 대처, 낮은 직무

만족, 그리고 더 많은 정서적 및 신체적 고통 증상들을 보고했다는 점이 부분적으로 도출되었다. Latack의 결과들과 일관되게 통제는 적응적인 것으로 나타났고, 회피와 증상관리는 부적응적인 것으로 나타났다. 흥미롭게도, 대처 선호와 결과 간 관계는 표본의 특성에 의해 오염되어 대학 직원들이 더 만족하고 더 많은 통제를 갖는다고 느꼈고, 이렇게 표본마다 다른 결과들은 이들 연구에 고유한 대처특질모형에 대한 이전 비판들을 지지한다.

대처와 결과들에 대한 다양한 연구로부터의 결과를 통합하려는 시도들은 초기에 문제중심 대처가 급성의 통제 가능한 문제 유형에, 정서중심 대처가 만성의 통제 불가능한 상황에 효과적으로 부합한다는 것을 나타냈다(Feuerstein et al., 1986). 하지만 사람들이 비슷한 상황에서라도 다른 목표를 가질 수 있고, 이런 목표들이 무엇이 성공 혹은 적응인지를 정의하기 때문에, '적응성'은 엄격하고 보편적인 특성이 아니다. 휴가를 어디로 갈 것인지에 대한 부부 간 논쟁에서, 한 배우자의 일차적 목표는 관계에서의 권력 지위를 (재차) 확고히 하는 것인 반면, 다른 배우자는 (또다시) 중서부의 가족을 방문하는 대신 일생에 한 번이라도 하와이를 가 보기를 원하는 것일 수 있다. 이런 경우에 한 배우자는 기본적으로 구체적이고 단기적인 목표를 추구하는 반면, 다른 배우자는 관계에서의 권력 및 통제의 문제에 더 관심이 있다.

정서중심 대처의 개념은 너무 광범위한 것으로 비판받아 왔다. 이들 대처방식의 일부는 실제로는 반대의 효과를 가짐에도 불구하고 하나의 큰 우산 개념 아래 꽤 다양한 대처방식이 합쳐졌다. 알려진 예시 중에 부인(denial) 대 사회적 지지 추구(social support sccking)가 있다(Stanton, Kirk, Cameron, & Danoff-Burg, 2000). 반대 효과를 가지는 개념들이 하나의 명칭 아래 총칭될 때 효과가 흐려질 수 있기 때문에, 적응성에 대한 연구에서 광범위한 명칭을 사용하는 것은 본질적으로 의심스럽다. 정서중심 대처의 구성개념을 명확히 하려는 시도에서, Stanton과 동료들은 정서적 접근 행동(emotional approach behavior)이라는 용어를 만들었고, 상응하는 측정 도구를 개발 및 타당화하였다. 연속적인 타당도 연구를 바탕으로, 그들은 정서적 정보처리를 통한 대처는 좋은 적응과 관련되는 경향이 있다고 결론지었으나, 특질모형으로 되돌아가는 것을 경고하였고, 상황 대 방식의 상호작용을 계속해서 검사할 필요성을 강조하였다. Stanton과 동료들(Sigmon, Stanton, & Snyder, 1995; Stanton et al., 2000) 또한 정서적 접근 행동이 남성보다 여성에게서 현저히 더 유용하고, 결단력이 없는 정서적 정보처리는 해로운 반추가 되기 쉬우며, 격노를 거치는 과도하게 즉흥적인 정서 표현은 사회적 관계에 파괴적일 수 있다고 언급하였다.

Stanton 등의 정서적 접근 행동에 대한 개념은 상대적으로 적은 적응을 요구하는 매일의 스트레스원을 이해하는 시도로 확장될 수 있다. 매일의 삶에서 정서적 분위기는 부정적 혹은 긍정적 유인가(valence)를 가진 작은 사건들(예: 귀찮은 일 대 기분 좋은 일)의 축적에 의해 강력하게 형성된다는 강한 증거가 있다. 이런 작은 사건들의 집합은 주요 생활사건과 위기에 기인할 수 있는 고통보다 기분(mood)에 더 중요할지 모른다(DeLongis, Coyne, Dakof, Folkman, & Lazarus, 1982). 한편, 부상, 이혼, 실업, 혹은 사랑하는 사람의 죽음과 같은 주요 부정적인 생활사건은 다행히도 드물고, 대부분의 사람은 이런 드문 사건들로부터 회복할 수 있는 탄력성(resilience)과 사회적 지지를 갖고 있다(Bonnano, 2004). 다른 한편, 하루 내 귀찮은 일들과 기분 좋은 사건들의 균형이 그 순간의 정서적 분위기를 대부분 결정한다(DeLongis et al., 1982). 어떤 귀찮은 일들은 통제 불가능하고 예측 불가능하다. 예를 들어, 가장 좋다고 알려진 출근길에도 교통체증이 일어날 수 있고, 이는 개인에 의해 통제될 수 없다. 고가의 장비도 가장 곤란한 시기에 고장이 나서 주의를 요할 것이고, 대부분의 독자는 컴퓨터에 침투한 고약한 바이러스가 초래한 결과를 처리하거나 복사기 수리공이 나타나기를 기다리는 데 몇 시간씩 쓴 기억을 쉽게 떠올릴 수 있을 것이다.

다른 연구자들은 효과적인 대처 연구를 기분에 대한 자기조절 전략의 조사로 표현했다. 이 기본 전제는 사람들이, 삶을 흥미롭게 유지하는 데 충분하게 다양하지만 거친 변동은 없는, 기분 상태를 추구하거나 유지하려는 고유한 욕망을 소유한다는 것이다(Carver & Scheier, 1981). 이러한 기분 자기조절에 대한 관점은 (제1장에서 기술한) 생리적 활동의 일반적인 자기조절체계와 유사하다. 이 둘은 호환성이 매우 높아서 서로 간에 연결된다. 사람들이 어느 정도의 기분 변화에 편안한지(감각 추구에 대한 풍부한 문헌 참조)에 대한 개인 차이는 알려져 있지만, 대체로 긴장과 나쁜 기분을 피하고 에너지 수준을 올리고자 하는 (즉, 스트레스와 소진으로 특징짓는 기분 상태를 줄이려는) 자연스러운 경향이 있는 것처럼 보인다. 이런 연구의 상당수는 대표적인 모집단 표본들이 수많은 대규모 조사에서 기분을 향상시키기 위해 주로 무엇을 하는지, 이런 전략들이 얼마나 효과적이었는지 질문 받았다는 점에서 경험주의적이었다. 당연하게, 그런 연구들은 조직화가 필요한 많은 정보를 제공했고, Thayer, Newman, 그리고 McClain(1994)은 네 개의 연속된 연구에서 이러한 조직화에 착수하였다. 이 연구자들은 사람들이 기분조절을 위해 사용한다고 보고한 수많은 전략을 확인했다. 적어도 32개의 다른 전략이 나열되었고, 비슷한 행동들의 집단으로 군집화되었다. 연구자들은 선호하는 선택과 그 결과들을 측정하기 위해 자기보고를 사용했고, 이것들을 인구통계학적 요인들에서의 차이로 연결시켰다. 문항들은 원래 초조, 불안, 또는 긴장의 감소를 목표로 하는 전략의 잠재적 차이를 활용하도록 세분화되었다. 집합된 결과들은 동일한 전략들이 세 가지 정서적 상태 모두에 사용되었다는 것을 암시하였다.

요인분석은 전략/방법들을 세 가지 요인으로 묶었다(이들 군집에 맞는 특정 활동들이 괄호 안에 나열되어 있다).

1. 정서적 표현, 음식과 약물 사용(정서적 활동에의 몰입, 무언가를 먹기, 음주, 흡연, 초조한 행동에의 몰입, 누군가에게 전화하기/말하기, 약물 사용, 음악 듣기)
2. 근육 이완, 인지 통제, 그리고 스트레스관리(이완기법 사용, 통제사고, 스트레스관리 기법 사용, 샤워/목욕)
3. 즐거운 주의 분산(취미, 쇼핑, 잔일, 카페인 없는 음료, TV/영화 시청, 종교/영적 행위, 독서 혹은 글쓰기, 운동)

기분조절을 위해 사용되는 모든 전략의 절반은 각성 감소를 위한 생리적 원리(예: 운동, 호흡, 휴식, 혹은 각성제나 진정제 소비)에 직접적으로 연결될 수 있다. (TV 시청을 제외하고) 주의분산은 일반적으로 나쁜 기분을 변화시키는 데 매우 성공적인 평가를 받지만, 이들 활동 모두를 활발히 사용한다고 보고하는 사람들은 거의 없다. 다시 말해, 실제 사용의 기저선이 낮다. 또한 운동, 음악, 그리고 사회적 상호작용이 매우 성공적으로 평가되었다. 여성은 기분을 조절하기 위해 사회적 상호작용과 먹기를 사용할 가능성이 더 있는 반면, 남성은 술을 사용할 가능성이 더 있다.

기분 상태가 귀찮은 일과 기분 좋은 일의 결과로 혹은 균형으로 설명되면, 이 방정식의 각 요소는 독립적으로 변경가능성이 있는 것으로 간주될 수 있고, 이러한 관점은 사람의 기분에 대한 자기통제 시도에 낙관적 시각을 불러온다. 심지어 귀찮은 일들이 통제 불가능하다고 할지라도, 사람들은 스스로 기분 좋은 일들을 만들어서 이 방정식의 균형에 영향을 미칠 수 있다(Folkman & Moskowitz, 2000). 친구와 함께 즐거운 저녁을 계획하거나 동료로부터 최신 농담을 이끌어 내는 것이 실제로 통제 가능한 기분 좋은 일들을 만들어 내는 시도의 예이다.

대처를 기술하는 데 사용되는 수많은 명칭과 대처 시도가 필요한 수많은 잠재적 목표물을 고려할 때, 다양한 문제적 목표물을 위한 상이한 대처 노력들의 효과성에 대한 문헌 고찰을 체계적으로 하여 결론을 도출하는 것은 매우 도전적이다. 그럼에도 불구하고 Penley, Tomaka, 그리고 Wiebe(2002)는 이 문제에 대한 메타분석을 부지런히 실시하여 정보적이지만 결코 단순하지는 않은 결론들을 제공하였다. 이것은 사람들에게 대처기술을 훈련시켜서 개입의 효과성을 사전/사후 방식으로 평가한 연구들에서의 치료 결괴에 대힌 고찰은 아니었다. 이 문헌 고찰은 본질적으로 횡난적 연구들을 기술하며, 이런 연구의 참가자들은 대처 행동과 그런 대처 노력이 신체적 혹은 정신적 건강 지표에 미치는 효과에 대한 정보를 제공한다. 결과적으로, 임상적 적용의 적합성이 알려지지 않았고, 결과들이 통제된 실험에서의 대처 개입 결과와 유사하게 받아들여 질 수 없다는 점에서 결과의 일반화가 제한적이다. Penley 등의 문헌 고찰의 특별한 강점은, 참가자들이 스트레스원을 선택한 연구들에 비해 연구자들이 스트레스원을 선택한 연구들을 바탕으로 한 결과를 분리한 별도의 분석에 있다. 이러한 구별은, 이 접근이 선호되고 있는 개인과 상황의 상호작용 모형을 검사하는 것을 방해한다는 점에서, 연구자가 스트레스원을 선택할 때 자기보고 대처의 고유한 약점이 확대되기 때문에 중요하다. 특정 스트레스원 선택의 경우에, 참가자들은 개인적으로 관련 있는 스트레스원을 선택하고, 어떻게 그것에 대처하는지 기술할 수 있다. 이 접근은 Lazarus(2000)가 제안한 강제선택─단일자극 모형을 적절하게 보여 준다.

이 메타분석의 결과들은 명확하고 상대적으로 단순한 일부 결론 및 때로는 만연한 신념에 반박하는 많은 복잡한 결과가 뒤섞여 있다. 결과 유형과 관계없이, 해결/행위 중심적 대처는 긍정적인 건강 결과로 나타났다. 비교적 명확한 교훈은 회피, 잦은 사회적 철회, 그리고 소망적 생각(wishful thinking)은 많은 상황에서 성공적인 전략이 될 가능성이 낮고, 직면적인 대처(예: 자신의 감정을 통명스럽게 표현하고 다른 사람들을 비난하기)는 관계적 상황에서 종종 반생산적인 것으로 나타났다. 능동적 문제해결에 대한 일관적인 지지를 발견하는 데 실패한 것은 혼란스럽고 예상치 못한 것이었다. Penley 등(2002)은 스트레스원에의 건설적인 몰입의 유익한 결과에 대한 지지를 찾지 못했다고 해도, 앞서 제안된 스트레스원을 위한 범주체계 및 대처방식의 분류체계(Skinner et al., 2003)는 스트레스원에 건설적인 몰입의 고려가 적어도 잠재적으로 유용한 전략이라는 것을 공동으로 암시한다.

대처에 관한 이 절에 대해 독자들은 통제 기회 및 그에 따른 행위가 보편적으로 효과적이라는 신념을 지지할 명백한 증거를 찾는 것을 기대했을 가능성이 높다. Penley 등(2002)은 이 신념을 지지하는 경험적 증거를 찾는 데 실패했고, 깔끔한 결론을 내리지 못하게 막는 여러 가지 주의사항이 있다. 한 가지 주의사항은 통제가능성에 대한 잘못된 신념을 반영한 멍에통제(yoked-control) 상황이 곧 힘들고 궁극적으로 지치는 상황이 될 수 있다는 동물 문헌에서 나온 관찰과 관련된다. 통제가능성에 대한 신념은 사람들로 하여금 능동적인 통제 행동을 하도록 하는데, 맥락이 잘못 이해되기 때문에 이는 가끔씩 바람직한 결과를 산출하는 데 실패한다. 그런 대처 노력이 왜 실패하는지 즉시 드러나지 않을 때, 사람들은 다음 시도는 성공할 것으로 바라면서 동일한 대처 전략을 재시도할 수 있다. 예를 들어, 강박적인 도박가들의 신념체계가 이 설명에 들어맞는다. 그들은 확률통계를 잘못 이해하기 때문에, 더 많은 도박을 통해 문제를 해결하고자 반복적으로 노력하는 것은 금전 손실을 악화시킨다.

모든 '개인적 통제가 좋다'는 범주적 제안의 두 번째 문제는 통제의 비용과 관련된다(Folkman, 1984). Folkman은 능동적인 통제가

노력을 요구한다고 주장하는데, 이 노력은 제안된 통제 행동이 개
인에게 자연스럽지 않을 때 특히 크다. 예를 들어, 단순히 건강 전
문가들을 신뢰하는 것으로 힘든 의학 절차를 이겨 내는 경향을 가
진 사람들은 통제하려고 시도함으로써 고된 정서적 결과로 고생할
수 있다. 이러한 행동은 그들의 습관적 반응과 어울리지 않고, 해결
하기 위해서는 상당한 정신적 노력을 요구한다.

대처 효과성 연구들의 결과에 관한 발견들을 SM에 적용하는 것
은 다양한 이유로 어려운 과제이다. 첫째, 공유된 분류체계의 부족
및 대처 분야에서의 계속되는 변화는 효능성 연구의 상당 부분을
'사과와 오렌지'의 비교로 만든다. 또한 대처 효과성이 적어도 부
분적으로는 다양한 문맥적 요인들에 의해 결정된다는 것을 감안하
면, 이상적인 교차상황적 대처 추천방법을 위한 총괄처방전(담요처
방전: 의사로부터 개별 처방을 받지 않고 구매할 수 있는 약품)은 정당화
되지 않는다. 실무적 수준에서 다양한 상황에서 적용될 수 있고 적
용되어야 하는 문제 인식과 해결 절차 기술을 가르치는 것이 더 말
이 된다. 필자는 Skinner 등(2003)의 모형이 매우 호소력 있고 진보
적이라고 생각하지만, 다양한 저자에 의해 사용되어 온 광범위한
대처방식 및 용어를 고려하면 대처 행동들을 범주화하고 기술하는
방법에 대한 명확한 합의조차 없다. 결과적으로, 대처 문헌은 매우
복잡하고, 미심쩍고, 애매해서 SM에서 가르칠 유용하고 결정적인
제안점을 제공할 수 없다. 상식적 해결책으로 사람들에게 가능한
한 많고 다양한, 조작적으로 잘 정의된 대처행동들을 가르쳐서 인
식 및 선택 목록을 향상시키는 것으로, 특정 대처행동이 보편적으
로 '좋다'거나 '나쁘다'고 선언하는 시도는 반생산적일 것이다. 궁극

적으로 가르치고 배울 가장 중요한 기술은 문제 분석 및 해결 계획
과 관련한 절차기술이며, 그럼으로써 실제 대처 시도를 착수하기
에 앞서 협의적으로 정의된 상황에서의 대처 성공가능성을 비판적
으로 평가하는 사람들의 능력을 강화할 수 있다.

인지와 디스트레스

　제1장에서 귀인, 해석, 그리고 평가가 어떻게 지속적인 투쟁 혹
은 도피 반응을 생성, 매개 혹은 유지하는지를 기술하는 스트레스
의 이론적 모형들이 제시되었다. Lazarus(2002)의 일차−이차 평
가모형에서, 만약 그 스트레스원이 개인과 관련이 없는 것으로 판
단되면, 투쟁−도피 반응은 빠르게 뒤집힌다. 또한 만약 그 스트레
스원이 관련이 있다고 해도 개인들이 필요한 대처기술을 보유하
고 있다고 확신할 수 있다면 각성은 증발할 것이다. 개입의 관점에
서 정확한 평가를 방해하고 즉각적인 반응 및 해결을 위해 요구되
는 것 이상으로 스트레스 반응을 증대시키는 사고 양상을 알아보
는 것이 중요할 것이다. 실제로 약 2,000년 전 그리스의 철학자인
Epictetus[1]는 "인간은 사건이 아니라 자신들이 취하는 관점에 의해
흔들린다."라고 말했다. 이런 사고방식은 그 기저모형이 몇몇 인
지는 부적응적일 수 있으나 어떻게 부적응적인지는 저자마다 다
르게 정의된다고 주장하는 인지치료의 기초를 형성해 왔다. 역기
능적 사고의 가장 초기 모형은 Ellis에 의해 제안되었는데, Ellis는

---

1) 역자 주: 스토아 학파 철학자이다.

A(antecednet)는 선행사건(스트레스원), B(belief)는 신념(인지 반응), 그리고 C(consequence)는 결과(즉, 결과로 나타나는 정서 상태)를 뜻하는 A-B-C 모형을 창조함으로써 Epictetus의 말을 재진술하였다(Ellis, 1962). Ellis는 문제적 신념과 결과를 만들어서 불필요한 고생으로 이어지는 '사고 오류'의 목록을 제공한다. 이런 사고 오류와 잘못된 가정의 예로는 "모든 사람이 나를 좋아해야 한다."와 "모든 사람이 나에게 동의해야 한다."가 있다. 비슷하게, Beck(1993)은 개인이 자신을 둘러싼 환경을 해석하고 사고하는 데 있어 논리적 오류를 만드는 모형을 제시하였는데, 이 모형은 자신("나는 어떤 것도 제대로 할 수 없다."), 미래("여름 내내 비가 올 것이다."), 그리고 진행되고 있는 사건("내 데이트 상태가 나에게 전혀 관심이 없다.")에 대한 지나치게 부정적인 관점을 포함한다. Ellis와 Beck은 어떤 사람들은 불안, 통제결핍지각을 불필요하게 증가시키는 사고 오류를 만들고, 이런 사고 오류가 망설임, 반추, 그리고 우울에 공헌한다는 생각을 공유한다. 그런 논리적 사고에서의 오류(Beck, 1993)는 또한 당위성의 사용(객관적인 준거의 부재 속에서 반드시 무언가를 해야 한다는 고착된 사고), 흑백사고(상황을 모두 나쁘거나 모두 좋다고 간주), 임의적 추론(증거 없이 부정적 의미를 부여), 독심술(다른 사람들이 무슨 생각을 하는지 안다는 믿음), 그리고 과잉 일반화(한 학생이 시험 하나에서 낙제한 것이 절대 졸업하지 못함을 의미한다고 해석하는 것과 같은, 하나의 잘 정의된 부정적 사건이 수많은 비슷한 미래 사건을 예측할 것이라고 믿음)로도 언급되어 왔다. 개입은 치료자와 내담자 간 소크라테스식 문답법으로 구성되며, 내담자는 또한 범주적 및 부적응적 신념의 실험적 검사를 시행하도록 권장된다. 그런 검사는 종

종 이런 신념들의 진실성을 검증하는 과제로 구성된다. 한 과제는 쇼핑 중에 만난 10명의 낯선 사람들을 보고 웃으면서 인사하는 것일 수 있다. 그런 상황에서 아무도 웃으면서 응답해 주지 않을 것이라고 믿는 내담자는 '아무도 웃어 주지 않을 것이다.'라는 예측이 그저 틀렸고, 실제로는 열 명 중 여덟 명이 웃어 주었다는 것을 알게 될지 모른다. 특히 불안하고 고통받는 사람은 다음 날 상사에게 보고해야 할 간략한 발표가 재앙으로 변해서 자신이 해고될 것이라고 확신하고, 그런 신념은 그날 밤 잠을 심하게 설치게 만들 것이다.

주관적인 스트레스감이 잘못된 논리의 결과인지에 대한 확실한 문헌이 없기 때문에, 부적응적 사고 양상에 대한 절(section)을 포함하고 있는 스트레스관리 매뉴얼은 이 내용을 전형적으로 우울 및 불안 문헌들에서 채택해 왔다. 잘못된 신념을 바꾸기 위한 일차적 도구는 존재하는 범주들에 대한 지침과 그 신념들의 진실가능성에 대한 논의로 시작한다. 다음은 스트레스로 가득한 매일의 사건들과 관련된 신념체계들을 기록하고 후에 훈련 및 치료 세션에서 이 다이어리를 검토하는 것일 수 있다. 스트레스로부터의 문제적이고 지연된 생리적 회복의 관찰과 지연된 회복이 종종 진행 중인 스트레스 상황과 관련한 반추적 사고에서 기인한다는 병렬적 관찰 간의 흥미로운 연결이 여기에서 도출될 수 있다(Schwartz et al., 2000).

우울, 디스트레스, 그리고 비합리적 신념에 대한 문헌은 실제 문제는 없지만 우울한 사람들 그리고 학수고대할 것이 많은 사람들에게 적용될 때 매우 설득력이 있다. 심리치료사들은 이런 개인들이 젊고(Young), 매력적이고(Attractive), 달변이고(Verbal), 지적이며(Intelligent), 성공한(Successful) 특징들을 전부 또는 대부분 지녔기

때문에 야비스(YAVIS) 고객이라고 부른다. 결과석으로, 그들은 앞
으로 좋은 삶을 살 가능성도 높고, 따라서 우울은 객관적으로 말이
안 된다. 비합리적인 신념모형들은 최소한 눈앞의 미래를 위협하거
나 심지어 꾸준히 쇠약해 가는 심각한 건강문제(예: 심장마비나 알츠
하이머 질병의 초기 증상)를 갖고 있는 사람들에게 적용하기 훨씬 더
어렵다. 이런 개인들에게 스트레스관리를 제공할 때 범주적이고 과
도하게 일반화된 사고 습관을 고치는 것은 여전히 도움이 될 수 있
지만, 미래의 두려움이 비합리적이고 걱정이 정당하지 않다고 논
리적으로 주장할 수 없다. 따라서 어떤 저자들은 '순수한' 인지치
료가 만성적이고, 삶을 위협하는 질병 및 그와 관련된 디스트레스
의 경우에 적용하기 어렵다고 주장해 왔다. 영적-존재론적인 접근
이 정서조절에서 인지의 건설적인 사용 및 인생 목표의 재평가에서
인지재구조화적 노력의 포함을 위해 요구된다(Fox & Linden, 2002;
McGregor, Davidson, Barksdale, Black, & MacLean, 2003).

행동기술

넓은 범위에 기반한 SM 접근에서 자주 언급되는 기술학습 요소
들은 주장훈련, 시간관리, 문제해결이다. 이 세 접근 모두는 교육
및 모델링에 유용한 내용이 필요한 실무자들에 의해 대개 만들어
졌다. 세 접근방식의 이론화는 대부분 행동 및 사회학습에 기반하
지만, 이 이론화는 종종 피상적이고 결과적인 개입 프로토콜에 단
지 느슨하게만 연결된다. 임상심리학 입문 교재의 편의표본($N = 4$)
에 대한 고찰은 세 교재가 문제해결훈련, 주장훈련, 혹은 시간관리

를 전혀 나열하고 있지 않고, 단지 한 교재만 최소한 이들 기법의 대략적인 묘사를 한 반면, 스트레스관리에 대한 책들은 관례적으로 그런 절들을 포함한다.

기술학습 접근에 쓸 수 있는 이론의 상대적 부재는 기술이라고 불리는 것이 종종 주관적이고, 문화 및 상황 의존적이라는 사실의 결과일 가능성이 크다. 오래 근무한 선임 직원이 봉급 인상을 요구할 때, 그것은 쉽게 승인될지 모른다. 그렇지만 만약 아직 자신을 증명하지 못한 신임 직원이 동일한 요구를 한다면, 그것은 거절될 뿐만 아니라 승진 기회에도 악영향을 미칠지 모른다. 맥락의 기능으로서 그 차이를 아는 것은 명백히 하나의 기술이지만, 그 기술이 규범적 방법으로 전달되기는 쉽지 않다. 기술학습 분야는 대처에 대한 문헌과 비슷하고, 대처에 대한 문헌 또한 선택할 수 있는 전략들의 '메뉴'를 제공하지만, 그것이 적용을 위해 준비되고 보편적으로 진실인 규칙들은 아니다. 이런 접근들 중 무엇이라도 가르치는 치료자들과 훈련가들은 주어진 상황에 적합하다고 자신들이 주관적으로 생각하는 것의 유리한 점들을 가르칠 수밖에 없다. 다른 한편, 이들 접근은 대개 집단 형태로 훈련되고, 제안된 하나의 기술이나 해결책의 적절성은 그 집단으로 대표되는 동료들의 축소판에서 검정될 수 있다. 어느 정도, 행동의 적절성에 대한 결정은 집단 합의의 문제가 된다.

주장훈련은 그것이 개발된 시기의 시대정신에서 가장 잘 이해된다. 북미의 1960년대는 개인의 행복권에 초점을 맞추고, 직업 윤리, 좋은 사람이 되는 것에 대한 기대, 권위에의 복종에 관한 오래된 전통에 근본적인 도전을 가져왔다. 이런 운동의 일부는 사람들이 권리를 갖고 있고 이들 권리를 주장해도 괜찮다는 인식이었다 (Lange & Jakubowski, 1976). 주장훈련에서 전문가들이 공유하는 것처럼 보이는 구체적인 추천 및 기법 중에 ① 다른 사람들에게 자신의 감정과 의도를 명확하게 의사소통하기 위해 '나'를 사용하고, ② 자신감 있는 신체언어, 목소리 크기, 그리고 톤을 사용하며, ③ 건전하고 이해하기 쉬운 주장을 하는 인지 및 말하기 기술이 있다. 가장 순수한 형태의 주장훈련은 1970년대에 전성기를 맞았고, 그 이후로는 초점이 너무 좁다고 비판받아 왔다. 이전에는 주장훈련이었던 내용이 이제는 사회기술훈련이라는 더 광범위한 우산 아래 포함된다. 주장훈련은 자신의 권리를 위해 맞서야 하는 상황에 적절하다고 간주되었고 여전히 그렇게 간주되지만(예: 알려지지 않은 자선기관에 기부를 하라는 전화 판촉원의 비이성적인 요구를 거절하는 것이나 저녁 식사 중간에 오랜 시간이 걸리는 시장조사를 완료하라고 요청받는 것), 자신을 주장하기 위해 필요한 기술 세트는, 관계를 형성하고 지지적 연결망을 유지하는 것 역시 강조하는 사회기술을 가르치는 더 종합적인 접근으로 더 잘 통합된다. 특히 후자의 경우에 사회기술훈련은 사회적 지지 개입과 중첩된다(제3장의 상응하는 절 참조).

시간관리 기술의 중요성은 스트레스의 원천에 대한 광범위하고 대표적인 설문조사로부터 도출될 수 있는데, 그런 설문조사에서 사람들은 정해진 시간 안에 해야만 한다고 느꼈던 정도에 의해 압도당하는 감정을 종종 보고했다. 속담과 같이 하루를 48시간으로 만들 수 없어서, 직장 스트레스 전문가들은 가르칠 기법과 절차들이 비교적 동질한 세트로 형성된 시간관리 전략들을 개발하였다 (Aamodt, 2004). 시간관리가 기능하는 제안된 기제는 단기적 및 장기적 계획의 구분을 중심으로 하고, 이것은 다시 어떤 작업사항들이 가장 우선되어야 하는지에 대한 의사결정을 촉진한다. 이 절차에서 한 가지 중요한 제안된 매개변수는 지각된 통제감에서 나오는 혜택이다. Jex와 Elacqua(1999)는 525명의 직원 표본에서 시간관리 전략들의 사용이 실제로 스트레인의 감소감과 관련되고, 이런 혜택들이 시간에 대한 통제감에 의해 매개된다는 것을 보여 줬다.

문제해결훈련(PST)은 사용 가능한 행동 선택으로부터 나오는 계획과 기대하는 결과를 반영하는 절차기술 세트에서의 방법기술에 대한 관행적 훈련을 포함하는 주장훈련과 사회기술 훈련의 확장으로 고려될 수 있다. 이는 순수한 행동적 기술에 몇몇 인지적 절차기술을 추가한다(D'Zurillia, 1998; D'Zurillia & Goldfried, 1971). 문제해결훈련은 또한 '응용 문제해결'과 '대인관계적 문제해결'이라고도 불린다. 정신병리의 존재는 문제를 해결하는 능력에서 동시적으로 관찰되는 결핍과 오랫동안 연관되어 왔다. 문제해결훈련의 주제에 대한 초창기 저자들(Mahoney, 1974 참조)은 대처기술 문헌이 약 20~30년 후에 결론지었을 것, 즉 문제해결 기술들이 한 문제 상황에서 다른 문제 상황으로 잘 변환될 수 있는 일반적인 능력이라는 것을 분명히 예상하였다(Coyne & Racioppo, 2000).

문제해결훈련에서 '문제'의 정의는 스트레스관리 문헌에서 '스트레스원'의 발현과 유사하고, '해결책'은 긍정적 이득을 최대화하고 부정적 효과를 최소화하는 지속적인 해결을 가져오는 데 효과적인 '대처 반응'과 유사하다. 보다 규범적인(prescriptive) 접근인 사회기술훈련과 대조적으로, PST는 Lazarus(2000)의 대처에 대한 강제선택−단일자극 전략의 응용이고, 다음의 단계들을 가르치는 스트레스 대처 노력의 구조 및 논리적 순서를 제공한다.

1. 문제 확인: 사람들은 관련 정보를 수집하고, 문제의 본질을 명확히 하고, 현실적인 목표를 수립하고, 장기적인 개인적 및 사회적 웰빙을 위해 상황을 재평가하도록 권장된다.
2. 대안적 해결책 생성: 이 단계에서는 잠재적으로 가장 창조적인 해결책이 단지 한눈에 명확하지 않거나 너무 관습을 벗어난 것처럼 보이기 때문에, 우선순위에서 밀리게 하지 않기 위해서 선택사항들에 대한 어떤 판단도 유보하고 '브레인스토밍'을 사용하는 것이 중요하다.
3. 각 접근의 장점 및 단점 나열 및 평가: 이것은 각 선택사항에 대해 두 개의 열로 이뤄진 목록(+와 −)을 만들면 해결될 수 있다.
4. 합리적인 선택: 최선의 선택은 각 선택사항의 상대적 중요성을 고려하는 3단계에서 각각의 장점/단점을 비교하면서 나올 수 있다. 이 단계는 예상되는 방해물의 고려를 포함하여 결과에 대한 기대를 포괄해야 할 필요가 있다.
5. 바라는 결과 평가(관찰된 결과가 바람직하지 않다면 2단계 혹은 3단계로 돌아감)

제안된 단계들의 이러한 순서를 가르치는 것은 빠르게 성취될 수 있지만, 중요하면서도 시간이 걸리는 독특한 문제는 이 도구 세트를 가상 및 현실 세계에 적용하는 것이다. D'Zurillia(1998)는 PST 기술 및 전반적인 지능 간 관계에 대한 간략한 고찰을 제공한다. 대체로, 지능검사 점수와 문제해결능력 간에는 꽤 강한 상관이 있어서 획득할 수 있는 문제해결기술의 수준은 낮은 지능으로 인해 제한된다. 그럼에도 불구하고 특히나 상대적으로 높은 IQ를 지닌 개인들 사이에서는 문제해결기술에 현저한 차이가 있어서, 많은 개인이 기술의 부족을 드러낸다. PST가 특히 필요할 하위집단은 많이 성급하고, 억제 역치가 낮은, 그리고/혹은 정서지능이 낮은 사람들이다(예: 주의력결핍장애나 과잉행동, 발달지연, 혹은 태아기 알코올 증후군을 가진 사람들).

완충제

성격

제1장에서 부정적인 건강 결과의 예측변수로서의 성격을 위한 증거에 대한 간략한 고찰이 제공되었다. 단일요인 선형모형들을 사용하여 직접 경로들을 보여 주려는 시도들은 기껏해야 약한, 종종 존재하지 않는 관계들을 드러냈다. 훨씬 더 강한 증거가 성격 상호작용들이 대처방식 선호도, 포괄적 소인(generic predisposition), 혹은 높은 환경 스트레스와 함께 검정될 때 나타났다. 대체로, 성격 특질에서 보통의 개인차를 공부하면 질병 결과에 대해서는 거의 학습되지 못한다. 즉, 다른 면에서는 흥미로운 내향성−외향성, 경험에의 개방성, 성실성, 우호성 또는 통제소재의 차원을 따르는 개인차들이 건강 결과에 대해서는 그다지 매력을 드러내지 않아 왔

다. 흥미로운 구성개념들은 성격 차이가 문제시되는 정서조질 및 정신병리와 중첩되는 개념들로, 적대감(hostility) 혹은 만성 분노, 우울, 그리고 불안이다(Booth-Kewley & Friedman, 1987; Rutledge & Hogan, 2002). 방어성(defensiveness)의 개념 역시 건강에 흥미롭다 (앞의 논의를 상기하라).

성격에서의 차이가 극단적인 형태를 가질 때, 그 차이들은 정신병리와 중첩된다. 예를 들어, 극단적인 청결(tidiness)은 강박장애 (obsessive-compulsive disorder)가 된다. SM의 실무와 관련해서, 확연한 주관적 디스트레스의 경험이 정동장애 및 성격장애의 필요불가결한 특징이고, 정신병리 배경이 없는 순진한 SM 훈련가들은 그렇지 않았다면 적절하게 표시될 정신의학적 진단을 쉽게 놓칠 수 있다는 점에 유의해야 한다. 그들은 또한 왜 한 집단 참가자가 SM으로부터 혜택을 받지 못하는지 혹은 심지어 집단 절차, 적대, 그리고 반대자들에게 지장을 주는지 궁금할 것이다. 한 참가자가 SM 훈련 프로그램을 하게 만든 높은 주관적 스트레스 수준이 정신의학적 질병에 기인하거나 그 부산물이라고 믿을 어떤 이유라도 있다면, 의뢰(referral)가 뒤따라야 한다. 정신병리를 선별하고 의뢰할 필요성에 대한 또 다른 이유는 성격이 생애에 걸쳐 다소 안정적이고 변화가 힘들다는 사실이다. 성공을 위해서는 확장된 심리치료가 요구된다. 이는 효과적인 SM 훈련을 시행하기 위해 요구되는 훈련의 유형이라는 실무적으로 중요한 문제를 제기한다. 실무자/훈련가는 정신병리 및 일반적인 심리치료의 지식을 갖춘 잘 훈련된 정신건강 전문가일 필요가 있는가? 최소한 절대적인 의무는 아니더라도 이런 자격들이 유용할 것으로 주장된다.

기분

스트레스과정에서 기분의 역할을 논의할 때, 기분이 이중적인 역할을 할 수 있다고 주장된다. 긍정적인 기분은 물론 효과적인 스트레스 감소의 바람직하고 즐거운 결과이다. 그렇지만 기분은 완충적인 역할을 할 수도 있어서, 긍정적인(혹은 부정적인) 기분 상태가 스트레스원이 발생할 때 존재하여 스트레스과정에서 조절하는 역할을 할 수도 있다(이 장 앞부분의 스트레스과정모형 참조). 스트레스원의 유형 및 위협적인 특징과 관계없이, 개인 반응의 강도는 현재의 기분 상태에 영향을 받아서, 이전의 부정적인 생활사건에의 노출은 새로운 스트레스원에 대한 과장된 반응을 할 수 있는 배경을 연출하고, 긍정적인 생활사건의 존재는 미래의 스트레스 반응에 완충제로 작용한다. 늦게 일어나서 집을 나서기 직전 스타킹에 난 구멍을 발견하여 버스를 놓친 젊은 여성을 상상해 보라. 그녀는 똑같이 버스를 놓쳤어도 이전에 맛있는 아침 식사를 즐기고 연인이 남긴 작은 밸런타인데이 선물을 발견한 또 다른 여성보다 훨씬 더 많이 속상할 것이다. 긍정적인 기분 상태를 창조하는 데 드는 노력의 중요성은 수많은 연구에 의해 지지되고, 여기에는 긍정적 대 부정적 생활사건이 혈압에 미치는 부가적인 효과가 나타난 두 조사들이 포함된다. Light와 동료들(1999)은 고혈압의 가족력 및 현재 높은 생활 스트레스를 지닌 연구 참가자들이 낮은 생활스트레스를 지닌 연구참가자들보다 스트레스에 더 반응적이며, 오랜 연구 기간 동안 고혈압을 발전시킬 가능성이 더 높다는 것을 장기 종단적으로 보여 줬다. 비슷하게, 부정적 및 긍정적 생활사건의 존재는, 반대 방향이기는 하지만 청소년의 혈압 수준에 영향을 미쳤다 (Caputo, Rudolph, & Morgan, 1998). 흥미롭게도, 긍정적인 생활사건 이 혈압에 미치는 긍정적인 완충적 효과는 부정적인 사건이 혈압 수준을 악화시키는 데 미치는 상응적 효과보다 더 강했다. 수녀들 을 60여 년 넘게 추적한 연구(Danner, Snowdon, & Friesen, 2001)는 수녀회에 가입하는 시점에 요구된 자전적 수필에서 긍정적인 정서 를 표현했던 수녀들이 최고 장수(longevity) 및 최저 장수 사분위 간 2.5배 차이가 있었음을 밝혔다.

나아가 긍정적인 기분은 부정적인 기분 상태의 단순한 대응점이 아니다. 이들 정동상태와 그 효과는 직교한다. 긍정적인 기분 상태 의 창조가 가치 있으며, 종종 개인 통제하에 있음을 나타내는 (앞서 기술한) 대처와 정동 자기조절에 대한 방대한 문헌들이 있다.

운동

신체운동은 활발하게 연구되어 왔고, 그 신체적 혜택은 잘 정립되 었다. 운동의 혜택을 위한 하나의 경로는 급성 스트레스 각성을 완 충하는 역할을 하는 각성 감소 기법으로서 운동의 사용을 통한다. 스트레스관리를 위한 가장 큰 관심은, 산소 소비 양상에 영향을 끼 치는 큰 근육집단의 반복적 움직임으로부터 이름이 유래한 하위유 형인 유산소(aerobic) 운동에 있다. 유산소 운동에는 걷기, 달리기, 수영, 그리고 자전거 타기가 포함된다. 심리적 변화는 무거운 것을 들어 올리는 것과 같은 활동을 포함하는, 에너지를 위한 무산소 신 진대사를 사용하는 운동에 의해서도 동일하게 발생할 수 있다.

운동의 스트레스 관련 생리적 효과는 유산소 활동들에 의해서만 성취될 수 있는 심혈관 적응으로부터 나온다. 이 절에서는 정기적 운동에 의해 성취되는 신체단련(physical fitness)이 어떻게 건강에 영향을 미칠 수 있는지를 보여 주고, 또한 신체단련이 어떻게 급성 생리적 스트레스 반응성에 영향을 미칠 수 있는지를 보여 주는 증거들이 논의될 것이다. 심리적 효과와 관련해서는, 급격한 운동과 좋은 체력 수준 유지가 불안 및 우울 감소, 활력감 증가, 자존감 및 자기효능감 증가, 그리고 개선된 수면을 통해 나타나는 심리적 향상으로 이어진다는 일관되고 반복 확인되는 증거가 있다(Sarafino, 2002).

신체단련 및 건강을 위한 경로는 신체적 스트레스에 자동으로 매개된 심혈관 반응의 감소를 포함하는데, 이는 신체적으로 단련된 개인들의 감소된 혈장(plasma) 노르에피네프린 농도(concentration)에서 명백하다. 그렇지만 흥미롭게도 즉각적인 생리적 스트레스 반응에 대한 연구는 신체적으로 단련된 개인들이 필연적으로 감소된 생리적 스트레스 반응을 보이지는 않는다는 것을 지적한다. 생리적으로 단련된 개인들은 스트레스원에서 더 빠르게 회복하고, 이 관찰은 생리적 회복의 중요성에 대한 연구 결과(Linden, Earle, Gerin, & Christenfeld, 1997)와 일맥상통한다. 일기 접근(daily diary approach)을 사용하여, Steptoe, Kimbell, 그리고 Basford(1998)는 동일한 사람 내에서 운동하지 않은 날보다 운동한 날 긍정적인 기분이 더 긍정적으로 평가되고, 스트레스 잠재력을 지닌 사건들 역시 운동한 날 덜 스트레스적이라고 간주된다는 것을 보여 줄 수 있었다. 이러한 관찰들은, 생리적 및 주관적 경험의 관점 모두에서 스트레스 완중제로서의 운동의 사례를 명백히 강화한다.

수많은 문헌 고찰들이 운동의 건강 혜택을 보여 주는데(Roth, Bachtler, & Fillingim, 1990), 이 고찰들은 한 차례의 신체운동조차 불안, 분노, 긴장, 그리고 혼란스러움을 줄일 수 있음을 드러낸다. 추가적으로, 단련이 생활사건에 대한 스트레스의 부정적 효과를 조절한다는 증거가 있다(Roth & Holmes, 1985, 1987). 신체활동은 계획된 노력일 수 있지만(예: 운동 강좌에 참여), 일반적인 생활방식 및 사람들이 하는 업무 유형의 기능으로 매우 가변적일 수도 있다. 그러므로 모든 유형의 신체활동이 동일한 건강 및 스트레스 감소 혜택을 이끌어 낼 수 있는지를 밝히는 연구가 필요하다. Rothenbacher와 동료들(Rothenbacher, Hoffmeister, Brenner, & Koenig, 2003)은 312명의 관상동맥 심장 질환자들 및 479명의 연령 및 성별 일치 통제집단에서의 신체활동 정도와 활동이 기저의 염증 유발 반응에 미치는 효과를 연구하였다. 신체활동은 일 관련 스트레인 및 여가 신체활동으로 세분화되었다. 여가 시간 신체활동은 관상동맥 심장 질환과 분명한 반비례 관계를 보인 반면, 일 관련 신체 스트레인은 그렇지 않았다. 염증 유발 반응은 신체적으로 활발한 개인들에서 감소되었고, 따라서 신체활동이 어떻게 심장 질환의 위험을 줄이는지의 경로를 설명하였다.

운동이 즉각적인 생리적 혜택을 위해서뿐만 아니라 장기적인 스트레스관리 전략으로서도 고려될 때, 그 혜택들은 직접 및 간접 경로 모두를 통해서 발생하는 것으로 보인다. 직접 효과의 관점에서, 단련된 개인들의 증가된 심혈관 효율성이 스트레스로부터의 회복을 가속화한다. 간접적으로는 운동이 (그 자체로 회복과정인) 더 좋은 수면 및 긴장과 불안의 주관적 감소를 이끈다. 흥미롭게도, 운동의 심리적 혜택들은 생리적 단련의 실제 향상과 관련있어 보이지 않고, Flood와 Long(1996)은 필요한 동시성(synchrony)의 이러한 부족을 설명하기 위해 미시이론(microtheory)들을 제시한다. 운동은 스트레스에 대한 반추적 사고를 줄이는 주의전환(attention diversion) 활동으로 기능할지 모른다(전환가설). 또한 사람들은 운동에 몰입하는 데 수반되는 시간과 노력을 정당화하기 위해 운동의 혜택들을 지각하도록 강요된다고 느낄 수 있고(인지부조화 설명), 규칙적인 운동 프로그램을 유지하는 운동인들은 자신들이 전반적으로 삶을 통제하고 있다고 생각할지 모르며(자기효능감 설명), 운동과 관련된 사회적 활동의 기회뿐만 아니라 운동을 지지하는 사회규범과 관련된 긍정적인 기대를 짊어질 수 있다(기대이론). 이 네 가지 설명 모두 동시에 존재할 수 있고, 따라서 정기적인 운동 습관을 지속하기 위한 동기를 강화한다.

영양

영양과 건강 결과에 대한 문헌들은 복잡하고, 전문가들 사이에서조차 지속적인 불일치의 원천이다(Sarafino, 2002). 결과적으로, 대중은 독자들을 헷갈리게 하는 모순적인 대중 매체 보도에 직면한다. 영양과 전체 건강에 대한 증거의 혼란된 상태를 고려하여, 여기에서는 SM 기법으로서의 영양 처방에 대해서 주의를 거의 두지 않을 것이다.

이러한 불일치의 수된 원인은 가용한 자료의 잦은 과잉해석 및 영양과 건강에 대한, 매우 필요하지만 윤리적으로 문제가 있고 논리적으로 도전적인 연구의 본질에 있다고 주장된다. 특정 음식 항목이나 영양 패턴과 연관된 혜택 혹은 위험을 '증명'하기 위해서는 모든 관련 조건(예: 업무 스트레스, 환경적 건강 위협, 운동 양상, 음식의 가용성)들이 일정하게 유지되고 오염되지 않은 전생애 연구에서, 사람들이 무선할당되어 한 집단은 특정 식단(예: 무탄수화물 황제 다이어트)으로 먹는 반면, 다른 집단은 고지방/고탄수화물(전형적인 북미 식단) 혹은 고복합탄수화물/저지방(영양학자들이 추천)의 비교 식단을 먹는 실험이 요구된다. 과학적으로 유용하기 위해서는 이들 연구의 모든 참가자가 착각할 수 없는 질병의 징후가 발달될 때까지 수십 년 동안 할당받은 식단 유형을 엄격하게 고수해야만 한다. 거칠게 말해서, 이런 유형의 연구는 할 수 없다. 고유한 윤리적 및 논리적 이슈가 해결될 수 없기 때문이다. 영양과 건강에 대한 더 제한적인 질문들은, 음식 섭취가 실제로 통제될 수 있고 오염을 피할 수 있는 동물모형에서 답을 찾을 수 있고, 우리의 지식 중 상당수는 이런 접근으로부터 도출된다. 다른 지식은 민족요리(ethnic cuisine)들의 비교 및 이런 요리들이 만연한 국가들(예: 지중해식 식단)에서의 사망률/질병률 연구에서 도출된다. 이들 연구는 연구 문제의 개발에 훌륭한 원천이지만, 사회경제적 수준, 인종, 운동 습관의 차이 등의 오염 문제로 인해 명확한 답을 제공하지는 않는다. 비슷한 방식으로, 어떤 연구도 영양이 스트레스에 갖는 장기적 효과를 특정적으로 조사할 수 없다. 그렇지만 반대로 스트레스하의 개인들이 건강한 식단을 고수하는 데 더 어려움을 갖는다는 증거는 넘친다(Vitaliano, Zhang, & Scanlan, 2003).

영양과 스트레스관리의 주제를 제한적으로 다루는 두 번째 이유
는, 제한적인 식습관을 가진 사람들의 상승된 코르티솔 수준에 의
해 증명되는 것처럼 음식에 대한 정신적 집착은 그 자체로 스트레
스원이 된다는 것이다(Laessle, Tuschl, Kotthaus, & Pirke, 1989). 나아
가 제한적 식습관으로 특징지어지는 음식에 대한 집착은 무제한적
식습관을 위한 촉발제가 되고, 죄책감, 더 제한적 섭취, 낮은 효능
감, 그리고 건강한 식습관에서의 더 많은 일탈이라는 파괴적인 악
순환이 시작된다(Polivy & Herman, 1985).

모든 알려진 계층의 영양소(단백질, 지방, 탄수화물, 비타민, 무기
질)가 생존을 위해 필요하고, 어떤 지방이 다른 지방보다 더 좋고
(경화 및 포화 지방을 회피), 복합탄수화물이 단순탄수화물보다 더
좋다는 지지가 문헌에서 나타난다.

사회적 지지

'사소한 애정사에 매달려'라고 생각했다. 그렇지 않으면 모두 지옥일 테니.
—Leon Rooke의 『셰익스피어의 개』에 나오는 인물의 결의
(Colombo, 2000에서 인용)

사회적 지지의 개념은 일상 언어의 일부이고, 개념 및 설명이 별
로 필요해 보이지 않는다. 사회적 지지의 건강 혜택에 대한 문헌
은 쉽게 계량화할 수 있는 사회적 지지의 특징, 특히 사회적 연결망
(network)의 규모와 사회적 상호작용에 소요되는 시간을 대상으로

하는 역학적 접근으로 시작했다. 초기 문헌 고찰(House, Landis, & Umberson, 1988)은 사회적 연결망 규모가 수명 및 다른 건강 결과와 정적인 관련이 있다는 강력한 지지를 제공했지만, 다른 문헌 고찰들은 사회적 교환관계(exchange)의 단순한 양이 사회적 관계의 질과 혼동되어서는 안 되며 지각된 지지(perceived support)가 연결망 규모보다 좋은 건강 결과와 실제로 더 깊은 연관이 있다고 주장했다.

사회적 교환관계의 양이 어떻게 스트레스 완충제 혹은 조절변수로 작용할 수 있는지를 이해하는 데 있어서는 지지 개념이 지각된 지지, 지지수혜(received support), 그리고 지지의 호혜적 교환관계로 세분화된다. 지각된 지지는 실제로 대규모 사회적 연결망을 요구하지 않거나 지지의 활성화 혹은 수혜를 요구하지 않는 가용한 지지에 대한 주관적 지각을 반영하기 때문에 연결망 규모와 상당히 구분된다. 대신에 지각된 지지는 대처자기효능감(coping self-efficacy)에 대한 신념과 후속적인 위협 평가를 통해 이로운 영향을 가할 수 있는 인지적인 개인차 요인으로 간주된다(Lazarus & Folkman, 1874). 한편, 지지수혜는 더 객관적이고, 수혜자와 지지 제공자 간의 실제 지지적인 상호교환을 다룬다(Schwarzer & Leppin, 1991). 이러한 교환관계는 과업에 대한 물리적 도움, 긍정적인 피드백의 수혜, 혹은 직장에서의 힘든 하루에 대한 묘사의 경청을 포함한다. 지각된 지지와 지지수혜가 '사회적 지지의 질' 아래 의미 있게 함께 묶이는 반면, 대개는 중첩되지 않으며 최대 21%의 변량을 공유한다(Dunkel-Schetter & Bennett, 1990). 지지수혜 대 지각의 이러한 구분은 (더 안정적이고 특질 같은 특성인) 지각된 지지가 전형적으로 정신적 및 신체적 건강 결과와 정적으로 상관이 있는 반면, 지지수혜가 주관적 고통 및 신체적 징후 보고의 증가된 수준과 더 관련될 가능성이 있기 때문에 더 중요하다(Schwarzer & Leppin, 1991). '고통이 더 크면 지지를 더 많이 받는다'는 연결로 해석하는 것은 ① 고통의 시기에 능동적으로 더 많은 지지를 추구한다는 사실을 정확하게 반영하고, ② 지지수혜가 자존감과 효능감에 위협으로 지각될 수도 있으며, 그리고 ③ 실제로 자신의 지지 연결망을 활성화해야 하는 경우에 일부 기대되는 지지 제공이 질이 낮거나 아예 일어나지 않을 가능성이 있기 때문에 어렵다. 대조적으로, 지각된 지지는 실제로 전혀 검정될 수 없고, 따라서 안정적인 신념일 가능성이 더 크다.

지지활동들에 대한 더 유용한 구분은 도구적 지지(이사를 돕기 위해 친구에게 트럭을 빌려 주는 것), 존중감 지지(최근의 이별이 이성에게 매력 없음을 의미하지는 않는다고 친구를 설득하는 것), 혹은 정보적 지지(능력 좋고 합리적인 가격으로 신뢰할 수 있는 배관공을 친구에게 소개하는 것)로 차별화되는, 제공되는 지지의 본질로부터 나온다. 궁극적으로 지지체계의 성공은 존재하는 가용한 지지를 지각하고, 지지가 제공하는 것이 정확하게 무엇인지 해석하고, 제공되는 지지의 유형을 상황과 수혜자의 특정 요구로 연결하는 모든 관련자의 기술에 전적으로 달려 있다.

지지체계가 실패하거나 작동하는가에 따른 차별적 건강 결과는 103명의 기혼 남녀에 대한 Baker, Szalai, Paquette, 그리고 Tobe(2003)의 연구를 통해 증명될 수 있다. 이 연구자들은 결혼을 스트레스와 스트레스 완충제 둘 다의 잠재적 원천으로 개념화하였고,

3년 기간 동안 24시간 혈압 및 좌정맥 질량 변화(심장 크기)에 미지는 결혼의 장기적 효과를 조사함으로써 가설을 검정하였다. 그들의 초점은 (지지 질의 지표로서의) 결혼의 질에 있었고, 결속력과 결혼만족도의 측정을 사용하였다. 높은 만족도와 결속력은 좌정맥 질량에서의 바람직한 8% 감소와 관련이 있었지만, 낮은 결혼 만족도 집단에서는 6% 증가와 관련이 있었다. 낮은 결속력을 지난 부부들은 그 3년 동안 서로 연락하는 시간도 적었다. 또한 높은 결혼만족도 집단에서는 3년 후에 이완기 혈압이 더 낮았다. 요컨대, 사회적 지지는 (약 복용이나 병원 예약을 상기시켜 주는 배우자와 같이) 도구적 방법으로 혹은 정서적 및 존중감 지지의 제공을 통해 건강에 공헌할 수 있다. 지지로부터 혜택을 받는 겉보기에 가장 효과적인 방법은 개인들이 서로 지지를 주고받는 양방향적 지지 연결망 안에서 사는 것이다. 이런 점에서 결혼은 (Baker 등의 자료가 제안하는 것과 같이) 그 자체로 스트레스원이 될 수도 있기 때문에 주요한 조절변수이지만, 대부분의 사람에게 지지 제공의 가장 강력한 단일 원천이 되기도 한다(Story & Bradbury, 2003). 결혼과 스트레스를 이해하는 것은 높은 수준과 낮은 수준의 결혼의 질이 스트레스 과정 및 결과에 명백하게 반대의 효과를 갖기 때문에 복잡한 문제이다(Story & Bradbury, 2003). 결혼이 잘 작동할 때는 양방향적이어서, 배우자들은 서로 지지를 주고받는다. 이 양방향성은 ① 상호 교환관계 구조를 안정화시키고 ② 남녀 제공자들에게 정서적 만족도와 의미를 줄 수 있기 때문에 이점이 될 가능성이 있다.

회복 환경

환경심리학 분야는 주관적 안녕(subjective well-being)과 생리적 각성을 올리는(혹은 내리는) 데 공헌할지 모르는 환경의 물리적 특성에 관심을 가져 왔다(Hartig, 출판 중). 이런 맥락의 작업은 사람들이 일상적으로 도시 생활보다 자연에의 노출을 선호하고 그로부터 대부분의 혜택을 받는 것과 더불어 도시 대 시골 경치의 비교 및 다양한 색상과 질감의 혼합을 포함한다. 증명된 혜택들을 위한 설명 (Hartig, Evans, Jamner, Davis, & Gaerling, 2003)은 미학적 형태와 물건에 대한 본능적 성향, 주의분산을 위한 기회, 그리고 전형적으로 인구 밀집된 도시 서식지의 자극 부하 회피를 포함한다. 일상적으로 적어도 일부의 시간을 자연적인 저자극 환경에서 보내는 것은 스트레스로부터의 완충제가 될 수 있으나, 스트레스를 받는 개인이 그 속에서 시간을 보낼 회복 환경을 능동적으로 추구할 때 이것은 생리적인 회복 전략으로 간주될 수도 있다. 많은 느긋한 여가시간 활동(공원에서 개와 산책, 은신처에 숨어서 고전음악 감상, 혹은 주말의 긴 도보 여행)은 이러한 회복 사고방식에 내재될 수 있다. 이 시점에 습관적으로 회복 환경을 추구하는 것의 장기적 건강 혜택을 평가하는 체계적인 연구는 없다.

삶의 의미, 낙관적 인생관

제1장에서 긍정적 및 부정적 심리적 상태와 특질의 건강 매개효과를 조사한 수많은 연구가 묘사되었다. 응집감(sense of coherence),

영성(spirituality), 낙관주의(optimism), 그리고 탄력성(resilience)이 스트레스에 대항하여 완충하는 역할을 한다고 주장하는 긍정심리학의 개념을 도입하려는 시도가 있었다. 긍정심리학적 특성의 혜택을 보여 주는 연구들이 갈수록 증가하고 있다. 그렇지만 영성을 창조하거나 응집감을 증가시키는 전략들이 스트레스관리 패키지에 포함되거나 바로 사용할 수 있는 치료 매뉴얼에 기술된 시점까지 문헌이 성숙하지는 않았다. 상응하게, 그런 긍정 상태가 어떻게 만들어질 수 있고, 어떤 부가적인 건강 혜택이 나오는지 보여 주는 체계적인 치료 결과 문헌도 없다. 그런 연구(그리고 연구자들이 프로필을 향상시킬 수 있는 좋은 기회)가 명백히 필요하다.

생리적 스트레스 반응: 회복 혹은 소진

전형적인 생리적 투쟁 혹은 도피 반응은 제1장에서 묘사되었다. 어떤 시간 제한적 활성 및 각성은 필연적, 적응적, 그리고 일반적으로 즐겁게 지각된다는 주장이 있다. 혈당 수준이 음식처리 과정과 신진대사 균형의 기능으로 높아졌다가 낮아져야만 하는 것처럼, 사람들은 자연적으로 기분에서의 변이를 추구한다. 무정동(flat affect)이나 격한 변동은 모두 즐겁거나 적응적으로 간주되지 않는다.

사람들이 통제력을 갖고 있는 생리적 자기조절체계의 유지에서 한 가지 주요한 요소는 수면이다. 수면은 활성 및 이완의 건강한 균형의 유지에 중요한 요소이고, 단순하게 사람들은 잠을 자지 않고 오래 살 수 없다(Sarafino, 2002). 많은 유럽인과 북미인은 충분한 수

면을 하지 못한다고 믿어졌고, 따라서 원래보다 더 감정적으로 짜
증을 낼 수 있고 주의력이 더 떨어진다고 주장되었다. 수면 문제는
어느 정도 사람들이 발전시킨 전통과 선호에 의해 더 악화되었고,
따라서 이는 변화될 수 있다. 이런 전통과 선호 중 하나는 명백히
모든 사람이 동일한 24시간 주기 리듬(circadian rhythm)으로 작업
하지 않음에도 오전 9시부터 오후 5시까지가 좋은 근무시간이라고
가정하는 사회의 창조이다(Czeisler, Moore-Ede, & Coleman, 1982).
또 다른 인위적으로 창조된 문제는 교대근무(shift work)로부터 유
발된 수면장애(sleep disturbances)이다. 응급의료 서비스의 24시간
이용가능성의 정당함을 입증하는 것은 쉬울지 모르지만, 공장에서
매일 3개 8시간 교대 조직의 컨베이어 벨트 업무는 보통 연속적인
기계 사용의 이점으로부터 유발된 재정적 요구로 인해 창출되었
다. 이러한 이익 동기는 많은 근로자에게 스트레스 유발 수면 양상
을 강요한다.

대처 습관에 대한 설문조사가 가르쳐 주었듯이, 사람들은 기
분의 균형을 맞추기 위해서 심리적 전략들을 사용할 뿐만 아니
라 화학적 도움도 사용할 것이다. '화학적 도움'은 각성제(uppers)
와 진정제(downer)로 세분화된다. 카페인과 니코틴은 단기 각성도
(alertness)를 증가시키는 작용을 하여 대단한 강화 속성을 지니고
있고(Lovallo, 1997), 이것이 높은 빈도의 소비를 설명한다. 진정제
에도 동일하게 말할 수 있어서, 적당량의 술은 주관적 수준에서 매
우 즐겁다(실제로 증가된 수명과도 연관된다). 강력한 각성제와 진정
제의 습관적 사용으로의 도피는 물론 물질남용(substance abuse)으
로 바뀌며, 장기적으로 매우 위해하고 바꾸기 어렵다. 그럼에도 불

구하고 물질남용장애의 시작은 기분조절의 시도로 긴주될 수 있고 따라서 적응하려고 했으나 잘못된 스트레스관리의 한 형태로 생각될 수 있다. 물질남용을 하는 사람들 사이에는 남용과 외상 역사가 매우 만연하여, 이는 차례로 ① 정동조절을 위해 사용되는 화학물질의 개념과 ② 외상에 초기 노출된 사람들이 스트레스에 더 큰 소인을 가진다는 관찰을 지지한다. 이 책의 앞부분에서 학대받은 아동기, 애착 부족, 혹은 생존자의 전쟁 외상과 같은 외상 역사가 어떻게 뚜렷한 스트레스 반응을 위한 심리생물학적 소인을 만드는지를 보여 줬는데, 이는 다시 정동조절에서 추가적인 노력을 요구한다. 이러한 감정들은 너무 압도적이어서 약물 사용이 일상적인 정서적 스트레스관리 도구가 되는지도 모른다. 그러므로 우리가 사회적으로 지지를 제공하고 약물의존성의 개발가능성을 줄이거나 재활을 촉진하는 정서조절을 위한 광범위한 대처기술을 가르치는 것이 (외상의 성공적인 회피를 제외하고) 중요해 보인다.

회복의 필요성(그리고 이 필요성의 인식)은 작업세계가 조직화된 방식에서도 명백해서, 학령기 아동들은 일주일에 5일 학교를 다니고 긴 방학을 가지고, 일하는 사람들은 (특히 노조가 있고 계약 조건이 좋을 때) 일주일에 35~40시간을 전일제 근무로 정의하며 저녁과 주말이 자유롭고 연례 휴가가 있다. 이렇게 질서정연하게 구축된 회복 기간의 배치가 교대근무 작업자들의 경우에는 어긋나고, 많은 자영업자도 휴가를 거의 갖지 않는다. 그런 회복 기간 동안, 사람들은 주말 오두막이나 편안한 거실과 같은 회복 환경을 추구하거나, 독서를 하거나, 음악을 듣거나, 친구들과 시간을 보내거나, 혹은 개와 산책할 것이다. [그림 2-2]는 어떻게 회복 전략들이 하루를 계획하는 데 있어 체계적으로 사용될 수 있는지에 대한 회로도 표시를 보여 주는데, 연속적으로 증가하는 스트레스와 각성이 있는 전형적인 하루는 점선으로 나타나 있고, (좋은 SM과 시간 계획의 목표인) 더 잘 계획된 하루는 두 번째 선의 지그재그 양상으로 표현된다.

[그림 2-2]에서 점선은 꾸준한 요구가 있고, 회복휴식이 없고, 꾸준하게 올라가는 스트레스/각성이 있는 하루를 나타낸다(시나리오 A). 실선은 동일한 양의 요구가 있으나(즉, 각성에서의 총 부가적 경사), 회복휴식으로 인해 끝날 때 결과적인 각성 수준은 훨씬 더 적은 하루를 나타낸다(시나리오 B). 이 그림은 회복의 중요성을 증명하기 위한 명백히 단순한 방법이지만, SM 프로그램의 참가자들에게 보여주면 회복 휴가의 혜택을 확신시키는 데 매우 효과적이다.

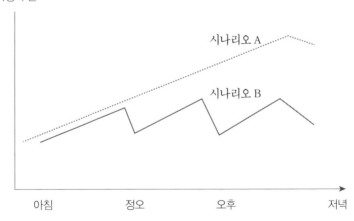

그림 2-2 끊임없는 스트레스를 받는 하루와 회복휴식 효과가 있는 하루의 도식

개입 프로토콜을 위한 기초 스트레스 연구의 함의

이 절에서는 기초 스트레스 연구의 함의와 스트레스관리가 무엇을 할 수 있으며 무엇을 목표로 삼아야 하는지에 대한 종합적 근거를 세우기 위해 필요한 기저의 이론들을 요약하고자 한다. 이러한 정보를 추출하고 독자들 앞에 투명하고 설득력 있는 형태로 배치하는 것이 이 책의 전반적 의도에서 중추적이며, 이는 다음 장에 나오는 다양한 개입 및 그 근거에 대한 논의를 준비한다.

스트레스 연구의 고찰은 종합적 스트레스관리 개입이 다음의 교육과 실무 과제를 포함해야 한다는 결론에 도달한다.

1. 만성 및 사회적 스트레스원의 확인을 강조하면서 한 사람의 주어진 삶에서 관련되는 독특한 스트레스원을 확인하기
2. 스트레스가 많은 환경의 변화가능성 및 스트레스원 조작을 위해 필요한 기술에 대한 지식의 개발을 조사하기
3. (개인 내적과 사회적 상호작용 수준 모두에서) 스트레스원을 조작하고 대처를 최대화하기 위해 필요한 인지 및 행동 기술을 교육하기
4. 스트레스 완충제(사회적 지지, 운동)의 효과적인 창조 및 사용과 관련된 지식, 기술, 그리고 습관을 획득하기
5. 급성 생리적 각성 감소 기술을 교육하기
6. 사람들의 일상 삶에 '예정된 회복'을 구축하는 구조, 습관, 그리고 지지적 신념을 개발하기

이 과제 목록은 주어진 순서대로 배열될 필요를 암시하는 것처럼 보인다. 그렇지만 처음에는 과제 1과 과제 2만이 최대 효율성과 효과의 지속성을 위해 목표되어야 할 필요가 있다고 여기에서 주장한다. 과제 1과 과제 2는 이후의 (특히 과제 3에서의 스트레스원 조작과 관련된) SM 교육 및 실무가 생태적으로도 타당한지를 보증하기 위한 수요 평가(needs assessment)를 대표한다. (과제 1과 과제 2로 대표되는) 개인의 수요 평가 또한 모든 SM 학습자가 과제 3부터 과제 6까지에 묘사된 각 분야에서의 실제 결함을 갖고 있지는 않다는 것을 드러낼 수도 있음을 명심하면서, 다른 목표 및 과제들은 아마도 어떤 특정 순서로 따질 필요가 없을 것이다. 개입요소들의 배열을 위한 필요성은 제4장에서 논의될 것이고, 여기에서는 결론과 제안점들이 제공된다. 이전에 사용된 스트레스관리 프로토콜의 검사(Ong, Linden, & Young, 2004)는 과제 1, 2, 6이 과거에 종종 무시되었고 개입 프로토콜에 그것들의 추가를 제안한 것은 새롭고 전망이 밝음을 지시한다.

연속적인 배열의 근거와 필요성을 이해하기 위한 또 다른 접근은 현재 사용되는 예방모형의 구조를 여기에서 사용된 스트레스 단계모형과 겹쳐 놓는 것이다. 스트레스원을 이해하고 조작하는 것(과제 1)은 **일차예방**(primary prevention)과 유사하여, 영향을 받지 않은 개인들이 스트레스원으로의 노출(혹은 스트레스 노출의 부정적 결과)로부터 보호된다. 과제 2의 적응적 처리를 위한 대처기술을 가르치는 것은 **이차예방**(secondary prevention)을 대표하여, 여기에서는 가장 영향을 많이 받은 사람들을 식별하여 스트레스원에 노출되어 온 것에 내재된 위험을 최소화하기 위해 치료를 하거나 기술을 가르지는 데 노력을 들인다. 완충제의 능동적 창조는 이차예방에 대한 귀중한 추가로 고려될 수 있다. 마지막으로, 각성 감소를 위한 기술을 가르치는 것은 삼차예방(tertiary prevention)을 대표하여, 여기에서는 스트레스에 영향받은 사람들이 '질병'(즉, 스트레스 노출)의 영향을 최소화하고, 회복과 재활의 속도를 최대화기 위해 '치료'된다.

종합적 스트레스관리 프로그램은 다양한 스트레스원에 개별적인 방식으로 반응하는 내담자의 독특한 소인에 대한 지식에 의해 풍부해지지만, 그것이 성취되기 위해서는 일대일 치료를 요구할지 모른다. 또한 변화에 대한 어떤 시도도 그 개인의 삶의 맥락, 우선순위, 그리고 의미들이 무엇인지에 대한 명확한 이해에 내재되어야 한다. SM 치료 대상 및 전략들을 개별화하는 데 암시된 필요성은 더 나아가 효과적인 대처를 행동과 독특한 상황적 요구의 상호작용으로 보는 스트레스 대처에 대한 문헌에 의해 지지된다. 특정 대처 행동이 범주적으로 '좋다'거나 '나쁘다', 적응적이거나 부적응적이라고 분류될 수 있다는 문헌 증거나 합의는 없다. 사실 적어도 스트레스관리에 대한 이런 설명의 목적을 위해서는 대처에 대한 연구 문헌들이 너무 불분명하고, 결정적이지 않으며, 유동적이라고 판단되어서, SM을 위해 규범적 조언의 관점에서 제공할 것이 거의 없었다.

대처 문헌은 SM 학습자들이 자신의 평상시 대처 양상을 이해하고, 대처 요구를 조직화하고 명명하며, 가용한 선택지들의 범위에 대한 인식을 높이는 것을 돕는 잠재력을 가진다. 배울 필요가 있는 중요한 기술은 효과적일 가능성이 있는 대처행동을 특정 상황적 필요에 일치시키는 방법이다. 이것은 가능한 각 대처 선택지 및 다른 사람들이 수행하는 촉진적(혹은 방해적) 역할의 동시적 고려와 관련된 가능한 결과를 예상하는 메타기술(meta-skills)을 포함한다. 이런 유형의 훈련은 이런 과정적 기술을 증진시키려는 문제해결훈련의 프로그램에 대처행동훈련을 내재함으로써 최적으로 행해질 것이다(D'Zurillia & Goldfried, 1971). 문제해결훈련은 선 대 악(good versus bad)의 대처에 대한 고정된 교육을 수반하지 않는다. 그것은 무한정한 숫자의 미래 문제 상황에 응용될 수 있는 과정기술을 구축하는 것을 지향한다.

확실히, 앞서 나열한 것과 같이 이렇게 광범위한 SM의 목표와 대상은 원대하다. 모든 스트레스관리 프로그램이 그렇게 광범위한 의무를 요구한다면, 획득하고 숙달하기 위해 수개월 혹은 심지어 수년이 들 수 있는 기술 획득을 요구하면서 장기심리치료와 동격인 프로그램을 효과적으로 포함할 것이다. '완벽한' 스트레스관리 프로그램을 위해 이렇게 광범위하고, 이상적이고, 도달하지 못할 수 있는 일련의 기대를 고려할 때, 관리할 수 있는 임상실무모형으로의 전환은 많은 의문을 낳는다.

- 그렇게 광대한 프로그램을 개발하고, 기술하고, 평가해 온 사람이 있는가?
- 대규모의 장기적 개입이 경제적으로 가능하지 않거나 대중에게 요구되지 않는다면, 적어도 전술한 여섯 가지 핵심 과제의 주요한 몇 가지 특징을 여전히 포착하는 축소된 버전이 있을 수 있는가? 그러한 수익 프로그램이 존재하며, 그것이 임상적

으로 의미 있는 혜택을 보여 주는가?

- 임상적으로 중요한 혜택을 얻기 위해 요구되는 최소한의 기법 세트가 있는가?
- 만약 그렇다면, 어떤 기법들이 가장 전망이 밝으며 다른 기법과 최소한으로 중첩되는가?
- 혜택이 명백해지기까지 SM 기간에 대한 최소 임계치(minimal threshold)가 있으며, 만약 SM 프로그램 기간이 연장된다면 수익이 감소하는 시점이 있는가?

다음 장에서 제공되는 다른 기법과 그것들의 적용 및 결과의 검토는 이러한 질문들에 답하려는 것이다. 전반적인 결론과 권고사항은 마지막 장에서 구체화되고 논의된다.

제**3**장

스트레스관리 개입에 대한 기술, 근거와 결과

STRESS MANAGEMENT

기술

제2장은 '휴식 두 꼬집, 지혜 두 컵, 그리고 통찰 세 티스푼을 잘 섞어서 45분 동안 적당한 열에 굽는다'와 같은 요리레시피처럼 보이는 스트레스관리에 대한 '바람직한 성분' 목록으로 마무리했다. 이 성분 목록은 스트레스과정 모형에서 도출되었다. 이 모형은 각 단계를 순서화하고 조절요인과 매개요인의 존재를 제안하며, 그 모형 각각의 구성요소의 중요성과 그 잠재성을 정당화하는 경험적 증거를 고찰함으로써 지지되었다. 제3장은 임상가와 연구자들이 실제로 작업하고 있는 이상적이거나 바람직한 모형과의 비교로부터 시작한다. 그런 다음 기법과 관련된 결과를 기술하려고 한다.

이 절의 제목은 '정의(definition)'가 아닌 '기술(description)'이라고 명명했는데, 그 이유는 문헌 연구가 스트레스관리에 대한 합의된 '고전적' 정의(Carlson, 1999)를 밝히지 못했기 때문이다. 그럼에도 정의를 내리려는 시도들은 많은 특징을 공유한다. "스트레스 감소 전략"(Feuersteinm Labbee, & Kuczmierczyk, 1986, p. 186), "스트레스 관리는 스트레스 각성을 줄이는 능력이거나 스트레스원에 유능하게 대처하는 능력이다"(Girdano, Everly, & Dusek, 1993, p. 7), 그리고 "스트레스관리의 목표는 자기 스스로와 자신의 스트레스 주기 (cycle)의 이해를 증진시키고 자신이 이 주기에 대한 통제력을 행사할 수 있도록 돕는 것이다"(Brehm, 1998, p. 8). Brehm은 스트레스 관리란 후속 스트레스 반응 경향성을 줄이기 위한 스트레스원 자제 변화를 포함한다'는 것 또한 인식하고 있었나.

최근의 교재는 대체로 Feuerstein 등(1986)의 견해를 채택하였는데, 저자들이 좋은 스트레스관리를 스트레스관리의 이론적인 주요 성분으로 정의했기 때문이다.

> 스트레스 감소는 개념상 세 가지 기본요소로 구성된다. ① 환경적 스트레스원의 물리적 변경(예를 들어, 공장을 산업지대로 재배치하는 것, 경영진이 자신의 능력 이상으로 승진한 경우 '쥐 경주'에서 제외되는 것), ② 개인의 인지적 귀인 변화(예를 들어, 덜 위협적인 방식으로 느낄 수 있도록 생각에 초점을 두거나 상황을 재해석하는 것), 그리고 ③ 행동과 생리적 반응성의 변화(예를 들어, 다양한 이완기법이나 또는 약물적 방법을 사용하는 것)(p. 186).

앞서 말했듯이, 이 책에서 제시하고 개발한 모형은 상당 부분 Feuerstein 등이 기술했던 것을 확장한 것으로, 경직된 성격 유형은 부적응적이고, 대처는 인지적이고 행동적이기도 하며, 각성 감소 전략은 비정상적으로 높아진 휴식 상태의 변화만이 아니라 급성의 생리적 반응을 변화시키려 하기도 한다는 가능성을 고려한 것이다.

스트레스관리의 정의를 찾는 또 다른 접근은 스트레스관리 연구자들이 정말로 임상 프로토콜을 따르는지를 체계적으로 분석함으로써 이루어진다. 이런 유형의 고찰은 Ong, Linden, 그리고 Young(2004)이 수행하였는데, 이들은 '스트레스관리' '스트레스 감소' '스트레스관리 프로그램' '스트레스 감소 프로그램' '결과' '효과성'이라는 핵심 단어들을 가지고 인터넷 과학 검색 엔진을 사용하여 153개의 연구를 수집했다. 이 조사는 지금까지 문헌에서 기술된 가장 큰 연구 풀(pool)에서 나온 결과이고, 확인된 모든 참고문헌은 'Ong, Linden, 그리고 Young(2004)에 의해 개관된 치료 결과 연구들'이라는 제목의 참고 절로서 이 책에 포함되었다. Ong과 동료들은 가장 많이 진행된 스트레스관리의 응용 연구로는 건강 문제(연구 표본의 40%), 직장 개입(22%), 학생 대상 연구[연구의 16%(그러나 이들은 또한 직장 연구라고 생각할 수 있다)] 스포츠 응용(3%), 정신과적 문제(3%), 그리고 기타(16%)라고 보고했다. 다른 범주는 노인 배우자 연구, 급성 의학 경과를 거치는 환자, 그리고 낮은 사회적 지지나 빈약한 문제해결 기술을 가진 개인들에 대한 연구를 포함한다. 프로토콜이 다양함에도 불구하고, 저자들은 스트레스관리에 대한 공통(modal) 유형이 존재하며 이것은 다음의 특징을 갖는다고 명시했다.

1. 집단치료 형식의 선호(연구 59%는 집단만, 18%는 집단 및 개별 회기)
2. 표준적으로 6~8개의 기법 교육
3. 6회차의 일반적인 치료 기간과 1.5시간의 평균 회차 기간

이론적 지향에 따라서 스트레스관리 연구를 분류하자면, 77%는 대략 '인지행동적 접근'을 사용했고, 85%는 이완을 가르쳤으며, 15%는 적어도 한 가지의 바이오피드백을 사용했고, 10%는 체계 모형을 기반으로 분류되었으며, 6%는 분류될 수 없는 것들이었다. 이들 백분율은 모두 합치면 100%가 넘는다. 왜냐면 거의 모든 연

구가 다중기법을 사용했고 이들은 종종 다양한 이론적 지향에서부터 나온 것으로 분류될 수 있기 때문이다. 이 같은 유사점이 있음에도 불구하고, Ong 등(2004)은 대다수가 이완과 인지적 및 행동적 대처기술에만 초점을 둘 뿐, 기법의 선택과 치료 기간에 있어서는 상당히 큰 변산성이 있음을 보고했다. 치료 문헌들의 고찰에서 일반적으로 볼 수 있듯이, 많은 연구는 설계의 질과 측정에 있어서 심각한 흠이 있는 것이 사실이다. 개입에 대한 설명은 자주 비밀스럽고 다른 연구자들이 반복하기(replicate) 어려운 것이었다. 특히 어떤 기법 설명과 명칭의 사용은 혼돈스러워서 ① 기법들은 정밀한 조사를 통해 실제로 비교할 수 있다 해도, 이들은 연구에 따라 달라지는 것 같고, ② 어떤 기법들의 설명은 무의미해 보일 정도로 모호했으며, ③ 범주화의 수준은 자주 혼돈스러웠다. 이런 관찰 결과는 다음에 보다 더 자세히 나올 것이다.

　일부 연구를 면밀히 조사했을 때(절약을 위해 모든 연구가 선택된 것은 아니다) 기법들에 대해 총 225개의 다른 용어가 사용되었는데, 이 수치 중 실제 다른 기법은 아마 극히 일부에 불과할 것임에도 불구하고 말이다(또한 이 장의 나머지 참조). 두 가지 용어가 의심의 여지 없이 같거나(예: Jacobson의 이완 대 점진적 근육 이완) 같을 것임(예: 횡격막 호흡 대 깊은 호흡)을 알 수 있다. 논문 심사자들이나 편집자들이 "창의성 기법이 사용되었다."거나 "다양한 방법이 전수되었다."와 같은 애매한 설명을 수용했다는 사실이야말로 이해하기 어렵다. 특히 넓은 대 좁은, 상위 대 하위 범주를 무분별하게 사용하는 것은 상당히 혼돈스럽다. 연구자들은 때때로 그런 것들을 '횡경막 호흡, 시간관리, 스트레스관리 기법'와 같이 사용하길 주장했으나, 이런 용어들이 하나가 다른 것에 포함되고 서로 다른 수준의 범주화를 나타낸다는 사실을 분명하게 인지하지는 못했다.

Ong 등(2004)이 내린 핵심 결론들은 다음과 같다.

1. 일부 실무자의 합의를 제시하는 스트레스관리 프로토콜의 공통 양식이 존재한다.
2. 반복 시도가 성공적인 경우를 제외하고는 개입 프로토콜은 전반적으로 빈약한 수준으로 보고되었다.
3. 만약 고찰가들이 스트레스관리라는 용어가 다양한 연구에서 실제 비슷한 의미를 지닌다는 개념을 무분별하게 받아들인다면, SM 프로토콜은 서로 천양지차라서 스트레스관리 결과 문헌에 대한 고찰은 무의미할 것이다.

Ong과 동료들은 논문 편집자들에게 SM 치료 프로토콜에 대해 훨씬 더 높은 표준을 설정하도록 촉구했고, SM 연구자들이 SM에 대해 합의된 이론모형을 개발하도록 요구했다. 스트레스 생리학을 기반으로 한 이 모형은 임상적으로 합리적이고, 최소한 부분적으로는 표준화 가능하며, 사회적으로 책임 있는 SM 치료 접근이다. 이 책 전체에서는 물론, Ong과 동료들이 제시한 이러한 도전에 대응하려는 시도이다.

스트레스관리 연구자들이 실제로 하는 일에 대한 이러한 관찰을 제2장의 끝부분에 열거한 '바람직한 성분들' 목록과 관련시키면, 의도적으로 긍정 감정 상태를 만드는 것뿐 아니라 체계적이고 예방적인 노력과 사회적 지지 완충제 구축은 전형적인 SM 프로토콜의 일부가 아니라는 사실이 명확해진다.

근거와 결과

이 절의 조직화

이상적으로, SM의 효과성에 대한 증거는 SM을 기술자(descriptor)
(모든 저자가 실제로 스트레스관리가 무엇인지에 대해 동일한 생각을 가
지고 있다면)로 포함한 통제된 시도 전체 문헌에서 나올 것이다. 결
과 분석은 이때 ① 연구된 모집단(예: 교사나 쓰레기 수거자), ② 스트
레스가 원인이 되었거나 스트레스로 인해 악화되었을 법한 질병의
범주(예: 이갈이, 고혈압 등), 또는 ③ 측정되어 왔던 특정한 종단점
(예: 자기보고 고통, 혈압, 자연살해 세포활동, 또는 장기 결근에서 SM의
효과)에 관하여 조직화될 것이다. 이들 세 가지 조직화 원칙은 더 나
아가 다른 조직화 원칙에 따라서 하위 분류될 수 있다. 다시 말해,
교사들의 SM 효과는 건강한 교사와 천식을 가진 교사, 고혈압을 가
진 교사, 두통을 가진 교사 등에 대해 각각 연구될 수 있다. 덧붙여
서, 이들 각각은 다시 측정 유형에 따라 세분화될 수 있을 것이다.

이 복잡한 3차원 범주 전략에 대한 검토는 그 범위가 엄청나다
는 것을 쉽게 알 수 있으며, 이것은 몇 가지 빠른 계산으로 강력하
게 입증된다. 직업스트레스관리에 중점을 두면서, Van der Hek과
Plomp(1997)는 24개의 연구(2004년, Ong 등이 모든 응용 분야에서 확
인한 153개의 SM 연구보다 훨씬 적음)를 검토했다. 이들 24개 연구는

14개의 다른 직업군을 연구 대상으로 삼았고(예: 교사, 간호사, 관리자, 병원 청소 직원) 33개의 다른 측정 도구를 사용했는데, 여기에는 15개의 심리적 구인(예: 자존감, 우울, 소진)뿐 아니라 여섯 개의 생리적 지표를 포함하고(예: 혈압, 피부 반응), 자기보고된(예: 직업만족도) 또는 객관적인 지표(예: 의료과실 주장, 병가)인 12개의 업무 관련 결과를 포함한다. SM 효과에 대한 이들 데이터를 단지 직장 연구에 대해 사용하려면, 적어도 14(다른 직장)×4(측정 가능한 종단점의 분류)=56 결과 셀이 메타연구에서 고려되어야 한다. 이것을 측정된 각 유형의 개념으로 세분화하면(유사한 결과 지수의 패밀리로 군집화하는 대신) 462결과 셀 연구가 나온다. 물론 세 번째 차원, 다시 말해 질병들을 포함하는 것은 수천으로 그 수치를 증가시킨다. 모든 셀에 대한 효과유지(fail-safe)[1] 통계량을 계산하고 결과의 안정성을 담보할 수 있으려면 각 셀마다 연구의 최소 숫자가 이용 가능해야 한다는 사실로 인해 광범위한 메타분석에 대한 시도는 훨씬 더 복잡해진다. 이에 덧붙여, 이들 가설적 '숫자 게임' 중 어떤 연구도 연구자들마다 스트레스관리를 다르게 조작화했다는 사실을 다루지 않았고(Murphy, 1996; Ong et al., 2004; Van der Hek & Plomp, 1997), 'SM'이라는 하나의 광범위한 명칭하에 있지만 상당히 다른 개입들을 대략적으로 집계했을 수 있다는 사실을 고찰에서 설명하지 않았다. 그러므로 출간된 문헌들을 조사했을 때, SM의 전반적

---

1) 역자 주: '효과가 있다' 혹은 '관계가 있다'고 나온 메타분석 결과를 무효화시키고 뒤집기 위해서 필요한 숨은(메타분석에 포함되지 못한) 연구의 숫자이다. 숫자가 클수록 그렇게 많은 연구가 숨어 있는 것은 불가능하며 메타분석의 결과를 믿을 만한 것으로 간주한다

효과에 대한 광범위한 양적(메타분석) 또는 서술적 고찰이 보이지 않았다는 것은 놀라운 일이 아니다. 그러나 좁게 정의된 응용 분야에서는 SM의 결과에 대한 고찰이 있으며, 전반적 표현인 'SM'에 해당하는 다양한 개별 기법의 효과에 대해서는 수많은 고찰이 있다.

개입 패키지로서 정의될 때 SM에 대한 고찰과 특정 집단이나 종단점에 미치는 SM의 영향에 대해서는 먼저 다루지 않았는데, 그 이유는 독자들에게 이러한 연구가 쉽고 의미 있게 집계될 수 있음을 암시할 수 있기 때문이다. 필자의 견해로 그것은 비판적인 시선으로 읽혀야 한다. 넓게 정의된 SM 개입 결과에 대한 절이 이 장 후반부에 나올 예정이긴 하나, 독자들이 모든 결과를 주의 깊게 해석하기를 강력하게 권고한다. 왜냐하면 이런 결과를 집계된 형태로 보고하는 것은 한 연구자의 SM이 다른 사람의 SM과 같지 않으며 어느 정도까지는 '사과와 오렌지'가 이 고찰에서 비교되고 있다는 이전 관찰을 저버리는 것이기 때문이다. 또한 SM 패키지의 결과에 대한 결론은 상대적으로 소수의 적절한 출간물에서 도출된 것임을 주목하라.

협소한 정의의 SM 기법 중에서 특정한 기법 응용에 대한 고찰과 그 결과들은 문헌에 널리 알려져 있으며 이 절의 상당 부분을 차지한다. 사실상 좁게 초점화된 고찰은 너무 많아서, 이 절은 단지 고찰의 고찰이거나 요약의 요약을 효과적으로 한 것일 뿐이다. Ong 등(2004)의 제안과 일관되게, 이들 고찰은 실제로는 서로 달라 보이는 기법이나 개입의 이름을 중심으로 조직화될 것이고, 기법 설명에서부터 시작한 다음 결과를 기술하는 것으로 전개될 것이다.

치료 결과 연구 고찰에 대한 일반적 전략과 원칙

　　연구 결과의 고찰 전략을 요약하는 것은 다양한 고찰로부터 도출한 결과와 결론을 해석할 때 취하는 입장을 이해하는 데 도움이 된다. 고찰은 일반적으로 세 가지 범주, 즉 서술적(narrative), 시합 결과(box-score) 검토 또는 메타분석(meta-analysis) 중 하나에 해당된다. 결과 문헌이 성장해 온 역사적 측면에서 보자면, 서술적 고찰은 비슷한 프로토콜로 수행한 최소한의 절대치의 연구를 요구하지 않기 때문에 주어진 결과 연구 분야에서 가장 먼저 수행되는 것으로 보인다. 서술적 고찰은 가장 포괄적이라는 분명한 이점을 지니는 것 같다. 광범위한 표집, 패턴 검색 및 향후 시험 가능한 가설의 도출이 뚜렷한(hard) 숫자, 효과크기 및 범주적 결론을 도출하는 것보다 중요하다는 점에서 그것은 본질적으로 질적인 연구이다. 흔히 서술적 고찰은 특정 가설의 형태로 임상 시도에서 시험되어 이후에 정량적 고찰에서 집계되기 위한 첫 번째 단계를 구성한다. 이 고찰의 약점은 정확히 같은 풀의 연구들을 분석할 때조차도 서로 다른 고찰가들이 각기 다른 측정치나 모집단, 처치 프로토콜의 특징에 초점화하고, 그로 인해 다양한 결론을 도출할 수 있다는 점이다. 서술적 고찰을 신뢰할 수 있으려면, 문헌에서 연구가 어떻게 검색되었는지, 검색 기준이 사용된 시기가 언제인지, 그리고 고찰자가 가장 관심을 보인 요소가 무엇인지에 대해 먼저 정확하게 설명해야 한다.

　　시합 결과 검토는 치료가 성공인지 아닌지를 결정할 절단점으로서 확률 준거(전형적으로 $p < .05$)를 엄격하게 사용한다. 그 이점은 결과를 정량화하여 (표 형태로 이름이 명시된) 표로 나타낼 수 있다는

점이다. 연구자들은 치료 x가 치료 y보나 우월하다는 것을 객관적으로 주장할 수 있다는 것인데, 왜냐하면 예로 암 치료 비교치 10개 중 8개에서 치료 x가 y보다 더 유의하게 강력한 결과를 양산해 냈기 때문이라는 것이다. 시합 결과 검토는 그들이 해석과 추론을 덜 요구한다는 점에서 서술적 고찰에 비해 향상되었다고는 하지만, 자주 통계적 검정력의 의문점을 무시한 채 통계적 유의성을 임상적으로 유의한 차이라고 비합리적으로 받아들인다는 오점이 있다. 불운하게도, 심리학자들은 심각하게 검정력이 낮은 연구를 수행하였고, 이는 다시 반복하기 어려운 치료 결과에 대해서 한시적인 결론을 내려 온 오랜 역사를 가지고 있다(Linden & Wen, 1990).

다른 한편, 메타분석은 각 연구에서 공유된 통계량을 수집하여 평균과 변산성 지수를 통합해서 효과크기를 계산하여 연구 전체에서 쉽게 비교할 수 있으며, 불균등한 표본크기로 인한 왜곡이 발생하지 않게 한다(물론 연구자는 표준 절차를 따르며 표집크기에 대해 효과크기를 차등화하여 가중치를 둔다; Rosenthal, 1984). 가장 흔하게 보고되는 효과크기는 Cohen's d와 r 계수이고, 다음 고찰에서 효과크기가 사용될 때마다 철자로 표기가 된다.

의미 있는 메타분석은 상당한 노력이 요구되는데, 연구자는 종합적으로 표집을 해야 하고 반복이 허락되게끔 세부적인 사항까지 설명하고 실제로 비교 가능한 연구만 서로 대조되게끔 해야 하기 때문이다. 더 나아가 측정치는 의미 있는 군들로 군집화될 필요가 있다. 궁극적으로 메타분석의 강점은 결론을 도출해 내기 위해 소수이지만 충분히 의미 있는 '뚜렷한(hard)' 수치를 제공하는 것이다. 이 결속(paring-down)과정은 또한 가장 큰 약점이기도 하다. 메타분석은 본질적으로 치료 프로토콜, 측정 도구의 선택 등에 있어 작아 보이지만 잠재적으로 중요한 차이를 설명하지 못하는 경우가 많다. 요약하자면, 모든 형태의 고찰은 고유한 결함과 강점이 있지만, 주의 깊은 노력과 객관성을 통해 이들은 최소화될 수 있다(비록 제거되지는 않아도). 시합결과 분석의 약점 중 일부는 메타분석 접근으로 극복되었으며 시합결과 보고를 계속할 가치는 거의 없어 보인다. 그러나 메타분석 고찰에 대한 서술적 고찰의 상대적 강약점은 서로 균형을 이루며, 과학적 진보를 위해서는 두 가지 모두를 보완적인 방식으로 계속 사용하는 것이 가장 좋겠다. 그럼에도 불구하고 스트레스관리에 대한 모든 관심 있는 연구 문제가 가능한 모든 고찰방식을 통해 검토되어 온 것은 아니며, 여기에 도출된 결론은 종종 적절한 고찰 없이 이루어지기도 했다.

다음에 제시된 결과의 고찰 해석을 돕기 위해 독자들은 고찰과 해석에 대한 나의 접근을 참고해야 한다. 결과에 대한 투명성이 높고 비교가능성도 높다는 점 때문에, 검색 전략은 일차적으로 양질의 메타분석 고찰을 찾는 것이었다. 서술적 고찰은 특히 그것이 성격상 광범위한 경우에 검색되었다. 문헌 검색은 인터넷 검색 엔진(이차적 소스의 검색뿐 아니라 ISI Web of Science, MedLine, 그리고 PsychLit)이 사용되었다. 합의된 준거를 적용하여 증거를 판단한 체계적인 고찰은 큰 주목을 끌었다. 때로는 어떤 체계적인 고찰도 행해지지 않았다. 따라서 여기에 제시된 자료는 이전에 이런 수준의 분석을 하지 않았던 주제에 대해 처음으로 체계적 고찰을 시도한 것이다(예: 시간관리 개입 및 용서치료에 대한 절).

결과에 대한 증거 존재 대 증거 부재가 극도로 다양하다는 점을 고려할 때, 이 장의 각 절에서 연구의 일반화와 신뢰성에 대해 언급할 것이다. 또한 분명한 부정적인 결과 증거가 있는 것(예: 엄격한 프로토콜 시도를 통해 SM의 비효과성을 입증)과 임상 결과에 대한 출간물 자체가 없는 것 사이를 구분해야 한다. 후자는 때로 접근의 독특성과 새로움(예: 용서치료)에 기인하지만, 이 믿음을 지지할 만한 중요한 증거가 별로 없다면 이것은 그 접근에 대해 유행하는 믿음이나 신화를 더 많이 반영한 것이다. 아래에서 보여주듯이, 유머요법과 시간관리는 그러한 신념을 정당화할 기존 데이터를 훨씬 앞질러 긍정적인 효과성을 믿는 주요한 예이다.

특정 기법, 근거, 그리고 결과의 효과에 대한 고찰

SM에 포함될 수 있는 수많은 기법을 고려하자면, 일부 범주의 개입은 이 절에서 좀 더 명료화할 필요가 있을 것 같다. 이 책에서 제안된 SM 모형의 일관성을 위해, 기법 및 그것의 결과에 대한 논의는 ① 자극 또는 환경적 조작, ② 대처기술의 교육, ③ 완충제(buffers) 만들기, ④ 각성 감소 개입의 제안된 순서모형에 맞는 개입으로 군집화된다.

자극 또는 환경 조작에 대한 기법

한 사람을 정말로 구하려면, 당신은 그가 살고 있는 지역사회를 바꾸어야 한다.
—사회개혁가 J. S. Woodworth, 1997(Colombo, 2000에서 인용)

SM의 특징적 영역으로서 스트레스원 조작 개입 또는 자극 조작 개입이라는 개념은 이전에는 최소한의 주목만 받아서 스트레스원 조작으로 분류된 개입 결과를 보고하는 문헌 고찰은 찾을 수가 없었다. 그럼에도 불구하고 많은 개입은 스트레스원(또는 스트레스 환경) 조작의 개념적 그늘하에 적합함을 알 수 있다. 그리고 이러한 방법론에 내재된 다양성은 이 목표를 달성할 수 있는 많은 창의적인 방법을 보여 준다. 연구의 대부분은 조직행동 연구에서 비롯되며, 일반적으로 하나의 작업 단위(공장, 사무실 등) 내에서 개입 전과 개입 후의 변화를 측정한 사례연구에 의존한다(Karasek, 1992). 이 연구 영역에서는 건강 연구에서 일반적으로 나타나는 무선할당을 통한 통제된 시도는 거의 알려져 있지 않다.

직무만족과 생산성에 영향을 미치는 스트레스 가능성의 중요한 지표는 높은 직장 결근율이다. 결근의 약 30~35%만이 질환 때문으로 기록된다. 평균 결근율의 10%는 과도한 스트레스 때문으로 보고되고 다른 10%는 '개인적 필요' 때문인데, 이것은 업무요구에 압도당한 또 다른 하위집단을 숨길 수 있는 모호한 용어이다. 자극 통제 시도와 (진정한 일차예방의 정신으로) 결근에 관해 탐색 작업을 한 좋은 예는 반복 작업으로 인한 스트레스성 상해에 관해 행해져 온 연장 근무이다. 손과 손목에 가해지는 반복적인 물리적 스트레스는 명백히 심리적 스트레스와 동일하지는 않다. 독자는 이것이 왜 여기서 논의되어야 하는지 의아해할 것이다. 이유는 곧 명백해질 것이다. 컴퓨터 작업의 연장 근무로 나타나는 많은 불편 증상은 특정적이지 않고(예: 시린 눈, 목 뻣뻣함, 허리 통증) 조기에 심리적인 스트레스 증상으로 분류되며, 이때 스트레스 대처에 대한 책임은 개별 근로사에게 주어시는 것 같나. 그러나 철저한 조사를 동해 반복 작업으로 인한 스트레스성 상해는 근로자와 고용주에게 실제 일어나는 일이고 비싼 비용이 든다는 것을 밝혀내었다(Grossman, 2000). 인체공학적 지식을 활용하여 작업장을 재설계했을 때, 거대한 생산성을 창출하고, 보상 청구는 감소되었으며, 직업만족도는 더 커졌다. 산업/조직 심리 교과서에서는 고용주가 어떻게 이 문제를 해결해 내었는지에 대한 수많은 창의적인 예를 제시한다(예: Aamodt, 2004).

이 책에서 스트레스원 조작이 정의되는 방식은 너무 새로워서 그러한 개입의 상대적 효과성 질문에 쉽게 답할 수 있는 문헌은 존재하지 않는다. 그럼에도 불구하고 직장 스트레스에 대한 문헌은 스트레스 감소 훈련을 제공함으로써 어떻게 고용주와 조합이 협동할 수 있는지에 관해 많은 예시를 제시한다. 2002년 조사에서 (Aamodt, 2004에서 인용), 고용주의 64%는 유연근무를 제안했고, 30%는 응급상황인 경우에 아이를 직장에 데려올 수 있도록 했으며, 68%는 근로자 지원 프로그램을 제안했다. 이 수치는 직장 내 스트레스 감소에 매우 환영받는 근로자 중심 접근법을 나타낸다. 불행히도, 보다 덜 근로자 중심적인 회사가 이 설문조사에 참여하지 않아서 이것은 정적으로 편향된 인상을 받게 된다.

스웨덴의 연구자 집단은 직장 스트레스와 해고 처리에 대한 두 편의 연구를 보고했다(Arnetz, 2003). 연구 1에서, 병원 직원들이 7년간 추적되었다. 직원의 20%는 연구 초기에 해고되었고, 병상도 약 20%까지 감소했다. 효율성을 높인 부서는 주관적인 스트레스 보고도 줄었다. 연구 2에서는 은행 직원들이 개별적으로 스트레스관리 기법을 배웠고 은행은 효율성을 높이기 위해 시스템 수준에서 개입을 하였다. 은행의 생산성이 높아짐에 따라 지각된 스트레스는 감소했는데, 이는 프로락틴[2])과 갑상선 자극 호르몬 수치의 감소와도 병행되었다. 불행히도, 이 프로젝트는 '스트레스관리' 교육을 통해 개인적인 수준에서 얻어진 혜택과 조직적인 변화를 통해 개인적인 수준에서 얻게 된 혜택을 명확하게 구분하지 못했다.

Johnson(1990)은 회사가 결근을 줄이기 위해 사용해 온 시스템 전략의 다양성에 대한 효과크기를 계산했다(개입 전후). 불행히도, 이들 개입은 통제집단이 사용되지 않았으므로 개입 전후 효과크기 계산만이 가능했다. 각각 효과크기에 기여한 연구 수는 상대적으로 적었다(4~12개 범위). 그러나 효과크기에서 나온 결과는 직장에서 무엇을 해야 하고 무엇을 하지 말아야 할지에 대해 명확한 그림을 그려 주었다. 스트레스 감소에 대한 이들 효과크기는 좋은 급여 $d=-0.86$, 유연근무 $d=-0.59$, 압축된 일과 스케줄 $d=-0.44$, 훈련 $d=-0.36$, 인식 $d=-0.30$, 건강 프로그램 $d=-0.18$, 상여 $d=-0.17$, 게임 $d=-0.08$이었다. 이들 전략은 예방 목적에 맞지 않게 많은 유관성 계약 전략을 가진 다소 혼합된 유형의 개입을 반영한다. 그럼에도 불구하고 인식 및 건강 프로그램은 직장의 본질을 변화시키는 전략을 대표하며, 이들은 그 영향에 대해서도 적어도 중간 정도로 긍정적이었다.

직장에서의 스트레스관리 접근방식이 시스템 대 개인 기반의 정도에 따라 크게 다르다는 점을 고려하면(Giga, Nobelt, Faragher, &

---

2) 역자 주: 뇌하수체 전엽에서 분비되는 호르몬의 일종이다.

Cooper, 2003), Karasek과 Theorell(1990)은 전 세계에서 수행한 19개의 사례연구와 고찰을 토대로 다른 전략에 대한 유용한 분류법을 개발했고, 대략의 정량적인 분석을 제시하였다. Karasek(1992)은 개입을 개인으로부터 시작해서 시스템으로 이동하는 4개의 수준으로 구별했다.

1. 개인 기반 개입(이완, 인지적 재평가)
2. 의사소통 양상 개입(대인 간 신뢰 구축, 갈등 유발 의사소통 제거)
3. 과업 구조 개입(직무확충, 자율적인 팀 형성)
4. 업무 조직화와 생산 과정 개입(관리 방식에서의 변화, 노동관리 대화, 참여적 상호작용, 사회공학적 설계 대안)

앞의 3과 4 수준의 개입은 다시 재구조화되어 전문가 주도형인지, 아니면 근로자 참여과정에 기반을 둔 것인지에 따라 구분된다. 이 분류법을 19개 사례에 적용하고 결과를 비교하여, Karasek(1992)은 개인중심 대처 향상 접근(예: 전형적인 SM프로그램이 하는 바)이 가장 효과가 적었다고 결론 내렸다. (과업과 대규모의 업무 재조직화인) 3과 4수준의 개입은 근로자의 적극적인 참여와 전문가 지도하의 과업 및 직장 재조직화의 결과로 더 큰 효과를 내는 것처럼 보였고, 중간 정도로 효과적이라고 판단되었다. 명백하게, Karasek이 분류한 3과 4수준의 개입만이 "스트레스원 조작" 및 일차예방의 노력으로 자격을 갖는다.

기술학습/대처기법

사회기술 훈련

사회기술 훈련은 의학적 문제(당뇨, 암)와 더불어 사회불안장애, 반사회적인 공격 행동, 거식증, 우울증, 알코올 남용, 성격장애, 조현병을 지닌 아동과 성인에게 널리 적용되어 왔다. 이런 응용 프로그램 중 다수는 SM의 결과를 평가하는 데 부적절하다. 비록 성인의 결과가 아동의 결과보다 더 유망해 보이기는 하지만, 수많은 고찰(서술적인 연구와 메타분석 연구)에서 사회기술 훈련의 효과에 대해 혼합된 결론을 보여준다. 우리가 찾은 어떤 연구에서도 사회기술 훈련을 스트레스 감소를 위한 특별한 방법으로 적용하지 않았음을 주목하라. 따라서 일부 독자는 사회기술 훈련 결과 연구에서 나온 논의가 스트레스관리에 중요하지 않은 것으로 간주할 수 있겠다.

아동 모집단에서 다양한 응용 분야에 걸친 사회기술 훈련 결과의 집계는 일관되게 작은 효과크기부터 중간 효과크기를 나타낸다[전반적 효과크기 $d = 0.40$(Schnider, 1992); $d = 0.47$(Beelmann, Pfingsten, & Losel, 1994)]. 보다 자세히 살펴보면, 효과는 단기간 내에 정적이고 일관적인 경향이 있다. 그러나 추후 연구를 살펴보면 시간이 지남에 따라 그 이득이 약해지고 새로운 환경에 잘 일반화되지 않음이 드러난다. 또한 아동의 연령이나 훈련 길이, 결과와 상관있는 연구 설계의 질과 무관하게, 수줍은 아동들은 공격적인 아동들에 비해 적응 수준이 상대적으로 더 향상됨을 보여 준다(Magee-Quinn, Kavale, Mathur, Rutherford, & Forness, 1999).

성인의 경우, 기술 유지에 대한 결과는 더 강력하다. Taylor(1996)

는 특히 사회불안장애에 직용된 사회기술 훈린 효과의 메타분석을 출간하였고, 기술 증진에 있어서 중간 정도의 효과가 있음을 보고하였다(비처치 통제집단에 대해 $d=0.13$인 데 비해 사전/사후 처치에 대해서는 $d=0.60$). 기술 훈련의 효과는 약물 처치나 주의 위약(attention placebo)의 효과($d=0.48$)보다 유의하게 더 컸다. 총 73개 연구의 메타분석은 발달적으로 지연된 집단, 정신증 집단, 비정신증 집단, 공격자 모집단(Corrigan, 1992) 각각에 대해 그 결과를 보고하였다. 사회기술 훈련은 기술의 습득에 대해($d=1.43$ 사전/사후), 전반적 적응에 있어($d=0.99$), 그리고 적응에서 얻은 이익을 유지하는데 있어($d=1.20$) 효과적인 것으로 보고되었다. 발달적으로 지연된 성인에게서 가장 혜택이 크게 나타났고($d=2.07$) 공격자들에게는 가장 혜택이 적었는데($d=1.06$), 이들은 기술을 배우기는 했지만 잘 일반화시키지는 못했다. 정신증과 비정신증 집단은 각각 $d=1.31$과 $d=1.33$ 사이에 있었다.

요약하자면, 성인에게 사회기술 훈련은 단기 개입과 일반화 모두에서 상당히 효과적인 것처럼 보인다. 그러나 아동에게는 뚜렷이 덜 효과적이다. 대부분의 사회기술 훈련은 SM 효과를 위해서는 제한적으로 사용된다. 스트레스 감소 도구로서의 사용 관점에서 보면, 광의로 정의된 사회기술 훈련보다는 협소하게 정의된 주장훈련에서 보다 더 강력한 근거가 있다. 그러나 불행히도 문헌들, 특히 메타분석은 주장훈련에 대한 구체적인 결과를 제공하지 않았다.

시간관리

'시간관리'라는 검색어를 사용해서 웹사이트를 빠르게 검색하면,

산업 현장에서 시간관리를 제공하는 거의 전적으로 상업적인 기업과 비즈니스 스쿨 및 대학에 제공되는 시간관리 과정을 설명하는 일부 추가 사이트를 포함해서 수많은 사이트를 확인해 낼 수 있다. 보다 상업적인 웹사이트를 숙독한다면 독자들은 시간관리가 주관적인 스트레스를 줄이고 조직의 능률 향상에 효과적임이 입증되어 왔다고 믿게 된다. 통제군과 비교 평가한 다음 장에서는 이들 시간관리 훈련 프로그램의 효과성에 대해 내재된 주장을 시험한 결과를 제공한다.

시간관리에 대한 강의개요와 출판물을 고찰해보면(인터넷 사이트와 SM매뉴얼에서 찾은 것처럼) 시간관리의 사용에 대해 제공한 근거는 상당히 동질적이고 유사하다. 또한 이 광범위한 개념하에 관례적으로 가르치는 기법과 단계도 그러하다. 이같이 높은 일치도는 물론 환영하며 이 책에서 설명된 다른, 훨씬 더 다양한 SM 기법 조작화와 더 호의적으로 비교된다. 따라서 이것은 시간관리 프로그램을 실제로 서로 비교 가능한 것으로 취급할 수 있게 하여 고찰자의 과제를 용이하게 한다.

시간관리 훈련에 대한 근거는 상당히 간단하다. 통제감이 없고 압도된다는 느낌, 마감일에 쫓기고 일처리 시간을 초과하는 업무량이 근로자들이 표현하는 일상적인 감정이다. 산업심리학자들은 또한 근로자들이 시간을 어떻게 사용하는지를 관찰하는 연구를 수행하면서, 직장에서 엄청나게 많은 시간이 생산적으로 사용되지 못한다고 지적하였다. 통제 상실감과 지속된 긴장에 기여하는 문제들은 역할 혼란, 명백한 우선순위의 부족, 잦은 방해를 처리해야 하는 것들이다. 객관적으로 업무부하(workload)가 높으면 업무 스트레스가 과도해진다는 것은 의심할 여지가 없지만, 사람들의 업무 습관과 조직화 기술의 부족이 이 문제를 더 악화시키는 것 또한 사실이다. 이들 관찰에 대한 반응으로 시간관리 전략은 근로자들의 관심을 오늘 해야 할 가장 중요한 일에 집중시키고, 현실적인 계획과 기대를 세우고, 이런 활동을 개인적(또는 조직적) 가치와 장기 계획을 검토할 때 포함시키도록 하고 있다. 시간관리의 핵심 구성 요소는 다음과 같다.

1. 단계 1은 개인 또는 조직의 장기, 중기 그리고 단기 계획에서 도출된 우선순위에 대한 체계적인 성찰이다. 우선순위 설정에서 필수 사항은 잘 개발된 단기활동 목록이 체계적인 장기 계획의 일부임을 깨닫게 하는 것이며, 이는 장기 결과에 대해 염려할 필요성을 줄이면서 당면한 가장 시급한 과제에 더 쉽게 집중하게 해 준다.

2. 시간관리에서 중요한 도구는 우선순위를 명료화함으로써 얻는 일일활동 조직화 목록이다. 주어진 작업을 완료하지 못할 경우 발생할 법한 결과에 근거하여 업무는 우선순위에 따라 상, 중, 하로 분류된다. 높은 순위에 있는 항목이 먼저 행해지는데, 이는 압박감을 줄이고 일을 미루는 것을 방지하기 위함이다.

3. 시간관리 기법 중 매일 적용하는 것에 대한 자세한 팁이 자주 제안되고 그런 팁은 어느 정도 직장에 특정적이거나 시간관리 구성원 개별 직업에 특정적인 것이다. 그런 팁들은 다음을 포함한다.

- 휴식을 건설적으로 사용하기
- 하루 중 그 사람의 가장 생산적이고 유일무이한 시간에 대해 알기(도전적인 과제에만 전념하도록)
- 짧은 이완을 하고 효과적인 동료 지지를 받기
- 방해받을 여지에 대해 합리적으로 예상하기
- 완벽주의적 태도가 비효율적임을 인지하기
- '모든 것을 단 한 번만 터치하기' 규칙(어떤 항목을 어떻게 할 것인가를 바로 결정하기 위해)
- 효과적인 대화를 위한 전략(메모, 전화, 이메일, 직접 접촉을 통해)
- 자조적(self-help)인 시간관리 프로그램에 참여하기(또는 그런 프로그램을 만들기 위해 인터넷 기반 자원 활용하기) 위한 상세 사항은 인터넷을 통해 쉽게 찾을 수 있다.

프로그램은 주로 집단 형태로 그리고 직장에서 제안된다. 상업적인 웹사이트에서 시간관리 워크숍을 완수하는 데 어느 정도의 시간이 걸리는지에 대한 설명은 확실치 않다. 시간관리 연구들은 대체로 두 가지 유형으로 나뉜다. 첫째, 이러한 기술들이 그들의 개인적인 삶을 조직화하는 데 도움이 될 수 있다거나 일과 가정생활의 적응적 균형을 이룰 수 있다는 희망과 기대를 가지고 다양한 직원에게 포괄적인 기법을 제공하는 유형의 개입이다. 두 번째 유형의 개입은 직장에 따라 다르며 성격상 반응적일 수 있고(예: 중대한 사건에 의해 촉발), 병동, 의료 현장이나 학교와 같이 기재가 갖춰진 직장의 고유한 요구를 먼저 체계적으로 분석하고 나서 진행될 수

있다. 이런 경우, 관찰된 혜택이 다른 장면으로 잘 일반화되지는 않
지만, 그 대상 조직에는 뛰어난 가치가 있다.

Hoff Macan(1992)은 두 건의 대규모 직장 내 설문($N=176$,
$N=177$)을 통해 시간관리의 공통 유형의 구성요소를 인과적 모델링
절차를 사용해서 경험적으로 검사하였다. 의도한 목표(목표/우선순
위 설정하기, 리스트 만들기, 조직에 대한 선호 발달시키기)에 대한 시간
관리 훈련의 효과는 다소 작다고 느껴졌지만, 우선순위 설정과 조
직에 대한 선호의 변화가 일어났을 때 이들 변화는 시간에 대해 지
각된 통제력의 크기와 강력하게 관련되었고, 이것은 다시 직무가
유발한 긴장을 감소시키고 직무만족을 더 높이는 것으로 나타났
다. 흥미롭게도, 직무수행 자체는 지각된 시간 통제로 인해 영향을
받지 않았다.

여러 과학적 인터넷 검색 엔진을 사용하여 '결과'나 '효과성' 또는
'개입'과 '성과'와 함께 '시간관리'를 주요어로 문헌을 집중적으로 검
색한 결과, 출간물 중 엄격한(hard), 스트레스 관련 지수에 대해 시
간관리 효과를 시험한 통제된 연구는 나타나지 않았다. 이런 결과
의 부재는 사전/사후 비교나 통제집단 설계나 마찬가지였다. 그러
므로 시간관리 전략의 효과에 대해 보고한 주장(claims)들은 대개
일화에 기반할 뿐이다. 이 결론은 거꾸로, 상업적인 시간관리 프로
그램 제공 업체가 자신의 상품을 잠재 고객에게 제공할 때의 열정
과는 극히 대조적인 것이다. 시간관리 프로그램에는 명확하게 설
명된 일련의 단계, 구체적인 학습이 가능한 기술 및 설득력 있는 이
론적 근거가 있다는 점에서 긍정적인 결과를 기대할만하며, 이것
은 연구의 부족을 훨씬 더 두드러지게 한다.

문제해결훈련

　문제해결훈련에 포함된 기본 단계는 이미 제2장의 행동적 대처 부분에서 기술하였다. 문제해결훈련은 보통 짧고 표준화된 요소로 구성되고 이는 효과적인 문제해결의 순서와 구조에 대해 사람들을 교육하는 것으로 구성된다. 반면, 더 크고 시간이 많이 걸리는 부분은 연습 및 숙제인데, 이는 학습자가 이러한 기술을 연마하고 습관화하도록 돕기 위해 고안되었다. 연습 단계는 주로 해결할 문제 유형에 맞게끔 구체적으로 구성된다. 예로 충동 통제가 어려운 아동들에게는 결과에 대한 예견 훈련이 있다. 또는 암의 위험에서 스스로를 보호하기 위한 습관의 개발이 있다. 두 단계 학습과정을 관찰하노라면 논리적으로 '기법적인' 문제해결 지식이 효과적인 문제해결 습관으로 바뀌려면 얼마나 많은 시간이 필요한지라는 경험적으로 시험 가능한 질문을 하게 된다.

　문제해결훈련은 자살 경향, 우울, 주의력 결핍, 충동 통제 문제, 암에 대한 대처 또는 암의 위험을 최소화하는 것, 흡연, 만성적인 정신과 문제, 스트레스와 불안, 학업 성취 미달감, 알코올중독, 직업적 미결정, 결혼 및 가족문제와 같이 다양한 표적 문제를 위해 적용되어 왔다(D'Zurillia, 1998). D'Zurilliar가 문제해결훈련의 이론, 역사, 연습, 결과에 대해 뛰어난 개관을 제공한 반면, 웹 기반 문헌 조사는 문제해결훈련의 효과성에 대해 체계적인 고찰을 밝히지 못했다(서술적 고찰이나 메타분석 연구 모두 발견되지 않았다). 수많은 저자(특히 D'Zurillia, 1998)가 앞서 열거된 다양한 응용 분야에 대한 문제해결훈련의 효과를 호의적으로 보고했기에 이 사실은 그저 놀라울 따름이다.

체계적인 고찰이 없지만, 적이도 몇몇의 통제된 시도를 예를 들어 요약할 수 있겠다. 젊은 수감자 표본을 문제해결훈련 또는 치료 통제 조건에 무선할당하였다(Biggam & Power, 2002). 훈련 후에 그들은 스스로 지각한 문제해결 능력에서의 향상과 함께 불안, 우울, 무망감의 감소를 보고하였다. 이런 혜택은 3개월 추후 연구 기간 동안 유지되는 것으로 보고되었다. 다음 두 연구는 암을 표적으로 삼은 것이다(Allen, Shah et al., 2002; Schwartz et al., 1998). Allen, Shah와 동료들의 연구에서 모든 참가자는 최근에 유방암을 진단받고 화학치료를 시작한 환자들이었다. 총 12주 동안의 개입에서 2회는 종양학 간호사와 면대면으로, 4회는 전화 회기로 상호작용하였다. 연구 참가자 149명(91% 완수율)은 4개월째에 정신건강이 더 좋아졌음을 보고하였다. 그 결과는 문제해결 기술의 초기 수준에 의해 매개되었던 바, 초기에 낮은 기술을 가졌던 환자들은 성과도 낮았음을 보여 주었다. 두 번째 연구의(Schwartz et al., 1998) 참가자들은 최근에 유방암 진단을 받은 여성의 친척들이었다. 문제해결훈련에 144명이 그리고 교육적인 정보를 들은 통제집단에 197명이 무선할당 되었다. 목표는 참가자들로 하여금 자신의 발병 위험을 줄이고 가족 구성원을 도울 전략적 방법을 고안하게 돕는 것이었다. 두 개입 모두 단일 회기로 두 시간 동안 진행되었고, 모든 참가자는 암 정보에 대한 포괄적인 지침서를 받았다. 두 집단 모두 암 특유의 고통과 전반적인 디스트레스가 줄어듦을 보여 주었다. 암 특유의 고통에 대한 문제해결훈련의 혜택은 훈련을 더 많이 받은 사람들에게서 명백히 드러났다.

문제해결훈련은 조현병 환자들에게 사회기술을 향상시켰고,

이것은 4개월 후 추후 관찰까지 유지되었다(Medialia, Revheim, & Casey, 2002). 조기 발병 품행 문제 아동 99명에게서도 광범위한 향상이 나타났다. 이들은 문제해결훈련 또는 대기 통제 조건에 무선 할당되었다(Webster-Stratton, Reid, & Hammond, 2001). 치료받은 아동들은 치료 후에 가정에서 외현화 행동 문제가 감소했고, 또래와는 보다 많은 친사회적 행동을 보였으며, 긍정적인 갈등관리 전략을 더 많이 보여 주었다. 일년 후 추후 관찰에서 대부분의 효과는 유지되는 것으로 나타났다.

간단하게, 한 시간짜리 문제해결 개입이 진행성 암 환자의 가족 보호자를 위해 개발되었다. 한 시간 개입에 덧붙여, 참가자들은 가정돌봄에 대한 상세한 지침을 안내받았고 추후 설문을 완수했다(Cameron, Shin, Williams, & Stewart, 2004). 연구를 완수한 34명의 보호자는 정서적 긴장이 감소되었고, 돌봄에 대한 자신감이 높아졌으며, 긍정적 문제해결 지향성을 더 많이 보고하였다.

요약하자면, 스트레스와 관련된 광범위한 문제 영역에 대해 문제해결훈련을 적용한 사례가 많았으며 그 결과는 주로 긍정적으로 보인다. 그러나 이런 낙관적인 결론은 문제해결훈련의 결과를 다른 적극적인 치료와 비교한 체계적인 고찰 없이 강화되었다.

인지적 재구조화

스트레스 감소를 특정 목표로 인지적 재구조화를 단일치료로 설계하여 그 효과를 결정할 체계적인 고찰은 없다. 이런 사실이 두 가지 이유에서 놀랍지는 않다. 첫째, 최근 모든 형태의 인지치료는 행동요소를 포함하고 대체로는 인지행동치료(CBT)로 가장 잘 묘사된다. 귀인 오류 및 과잉일반화를 시험하는 과정에서 다양한 사고 양상의 진위를 시험하는 목적으로 행동 실험을 포함하는 것이 인지 치료의 핵심이다. 따라서 CBT에 행동적 요소는 필수적이다. 사실상 잘못된 생각의 시험은 주로 행동 실험의 형태를 포함하기 때문에 행동치료와 인지치료를 구분하는 것이 거의 의미가 없다는 것은 설득력이 있다. 언어 지능이 매우 낮은 내담자(예: 매우 어린 영아, 자폐 또는 발달적 장애아)에게 조건적 행동 프로그램을 적용하는 것은 예외적 사례일 것이다.

훈련 중인 39명의 건강관리 종사자에게 비합리적인 생각을 직접 표적으로 하는 통제된 시험에서(Kushnir, Malkinson, & Ribak, 1998) 비합리성[Ellis(1962)의 합리적 정서모형 학파에 의해 정의된]은 치료 집단에서 뚜렷이 감소되었고 심리사회적 전문적 효과성은 그에 상응하여 향상되었다.

이러한 관찰이 있기는 하나 스트레스와 관련된 일반적인 감정은 불안, 화, 그리고 우울로, 이들 각각은 심리치료에 대한 광범위한 임상 시험의 주제였고, 그것의 장점을 판단할 수 있는 양질의 메타 분석이 이루어져 왔다.

범불안장애에 관한 CBT의 한계와 성공의 관점에서 내린 결론은 결과 문헌에 대한 고찰과 상당 부분 일치한다(Persons, Mennin, & Tucker. 2001). 범불안장애는 개인에게 상당히 고통스러운 장애로, 초기 트라우마를 밝힐 필요가 있는 것 같다. 그리고 CBT에 의한 심리사회적 치료의 혜택은 약물치료에 비견할 만하지만, 약물의 혜택은 약물을 지속하지 않았을 때 금세 사라지는 데 비해, CBT에 의한 심리사회적 치료의 혜택은 유지되는 것 같다. Barlow와 동료들

(Barlow, Raffa, & Cohen, 2002)은 더 나아가 가장 좋은 결과는 이완 훈련과 인지적 개입을 결합한 데서 나올 수 있다고 하였다. 일곱 개 연구의 결과를 기술한 작은 메타분석에서(Chambless & Gilis, 1993) 큰 효과가 관찰되었다. 자기보고 불안 감소에 대한 사전/사후 효과크기는 $d=-1.69$, 그리고 사전 검사 대 추후 관찰의 효과크기는 $d=-1.95$였다. Weston과 Morrison(2001)은 우울에 대해 $d=-2.34$, 공황에 대해 $d=-1.55$, 그리고 범불안장애에 대해 $d=-2.09$라는 집계된 효과크기들(사전/사후 치료)을 보고하였다. 사전사후 비교에서 나온 이 큰 효과들을 대기자 통제집단 또는 주의 위약집단과 CBT를 비교한 데서 나온 효과크기와 직접적으로 비교해서는 안 된다는 것을 주목하라. 여기서의 결과는 주로 훨씬 더 작다. 더 큰 표본을 기반으로 한 메타연구들은 혜택이 더 작은 경향을 보여 준다($N=61$ 불안장애에 대한 비교로 CBT에 대해서는 $d=-0.70$, 약물치료에 대해서는 $d=-0.60$; Gould, Otto, Pollack, & Yap, 1997). 불행하게도, 자원한 참가자들로 구성된 잘 통제된 임상 시험에서 나온 긍정적 결과의 혜택이 넓은 기반의 임상 현장으로 항상 전수되는 것은 아니다(Westen & Morrison, 2001). 임상 현장에서 초기의 치료적 혜택은 시간에 따라 약화되고 임상적 중요성은 제한된다.

범불안장애의 인지적 재구조화 효과를 논해 보자면, SM 결과의 평가에 준한다고 쉽게 생각할 수 있다. 불안을 유발 또는 유지시키는 비합리적 생각에 대한 인지적 재구조화는 강력하고 설득력 있는 근거를 지닌다. 그러나 자기보고 스트레스가 높은 사람들의 경우, 그 원인을 자신의 비합리적 생각 패턴에 얼마나 귀인할 수 있을지는 의문이다. 만약 그들의 스트레스 수준이 보류 중인 시험이나 또는 집세를 못 내서 퇴거당할 두려움과 같은 특정 사건과 연결되는 것이라면 그런 두려움을 비합리적이라고 하는 것은 이치에 맞지 않다.

가장 최근에 행해진 가장 광범위한 불안 치료의 메타분석은 57개의 출간물에 대한 고찰을 토대로 하는데, 이것은 92개의 치료를 포함하고 1,841명의 참가자에 대한 결과를 기술하였다(DiGiuseppe & Tafrate, 2003). 사후검사에서 분노 감소에 대해 $d=-0.71$이라는 전반적인 집단 간 차이를 효과크기 d가 보여 주었다. 이것은 전형적으로 큰 효과로, CBT에서 보통 관찰되는 효과에 근접하는 것이다. 자기보고 검사에서 공격, 태도, 긍정 행동의 더 잦은 사용은 가장 큰 향상을 나타낸 반면(각각 $d=-1.16$, -0.81, -0.83), 생리적 각성의 감소는 전반적으로 더 작았다($d=-0.52$). 비록 연장된 추후 관찰에서 효과가 약화되긴 했으나, 혜택은 상당부분 유지되었다. DiGiuseppe와 Tafrate(2003)는 다른 식의 치료에 대해 유사한 효과크기를 보고하긴 했으나, 그들 모든 개입의 대부분은 CBT 유형으로 시작했고 이론적 근거나 프로토콜도 충분히 다르지 않기 때문에 이 관찰에 대해서는 별다른 중요성이 없다고 보고했다. 수많은 중요한 조절변수들이 확인되었다. 매뉴얼과 무결점(integrity) 체크를 했던 연구들(단지 $n=3$)은 무결점 체크는 하지 않고 매뉴얼만 사용한 연구들($n=25$)과 비교할 때, 상응하는 d가 각각 $d=-3.51$ 대 $d=-0.91$로 더 큰 이점이 있었다. 개별치료($n=11$)는 집단치료($n=25$)에 비해 각각 $d=1.16$ 대 $d=-0.68$로 효과크기가 뚜렷이 더 컸다.

용서치료

만성적인 대인관계로 인한 스트레스는 다른 스트레스원에 비해 회복 속도가 더 느리다는 점이 입증되어 왔으므로 스트레스원들 중에서 특히 중요한 역할을 한다(제1장 참조). 만약 문제적 인물(예: 배우자나 직장 동료)과 매일 같이 생활해야 한다면 이런 종류의 상황은 특히나 만만치 않다. 이 경우, 매일의 사소한 일상에서 미해결된 갈등이나 과거의 잘못을 떠올리게 된다. 대인관계 스트레스는 전형적으로 오랜 기간 유지되고, 이것은 한쪽 또는 양쪽 모두가 자신은 그 문제에 대한 책임이 없고 상대만이 잘못했다고 믿을 때 더 치명적이다. 양쪽 모두 일방적인 지각을 유지하게 되면, 이것은 꽉 막힌 정체가 된다. 극단적인 경우, 사람들은 옳고 그름을 변별하려고 재판장에 호소할 수도 있다. 그러나 이것은 기껏해야 가장 느린 방편일 뿐, 보통은 여전히 불만족스러운 결론만을 갖게 될 뿐이다. 대안은 적어도 둘 중 어느 한쪽에서 과거 잘못의 시시비비를 가리느니 관계 유지가 더 중요하다는 결정을 하는 것이다. 그런 관점을 취할 수 있는 능력은 결혼생활을 유지시키는 중요한 특성임을 기억하라.

어떤 사람이 장기간 정서적 고통을 겪을 경우, 실제로 희생당한 경험(예: 강간이나 아동 학대)이 있을 거라는 추측이 가능하다. 그러나 아무리 공감을 많이 한다 해도 희생자의 정서적 해결이 없다면 이것은 광범위하게 건강을 해치게 된다.

그런 갈등을 해결하는 데 있어서, 또는 공격자를 향한 희생자의 응당한 분노를 줄이는 데 중요한 역할을 하는 것은 용서라는 개념을 도입하는 것이다. 이 용어는 최근에 와서 많은 관심을 받게 되었다. 갈등해결의 도구로서 용서가 갖는 주된 이점은 각각의 개인이 그것에 대해 완전한 통제권을 갖는다는 사실이다. 갈등 장면의 상대는 개입될 필요가 전혀 없다. 용서는 두 가지 주요한 구성요소―부정적 생각, 감정, 행동을 놓아주기와 공격자를 보다 동정적으로 이해하기―를 갖는 것으로 보인다(Thoresen, Luskin, & Hrris, 1998). Chapman과 동료들(2001)은 20단계의 학습 프로그램을 제안했고, 이것을 학대 경험을 당한 17명의 남성 환자를 대상으로 한 파일럿 연구에 적용했다. 치료 프로그램은 네 가지의 특징적인 장으로 진행된다고 설명되었다. ① 개방 단계(수치심 등 상처받은 감정을 다루는 작업을 통해 상처받은 감정을 다루기), ② 전념 단계(용서를 한 가지 선택사항으로 생각하면서 실패했던 과거 전략을 깨닫게 하기), ③ 작업 단계(공감 발달을 통해 잘못한 사람을 새로운 시각으로 보려고 시도하기), ④ 심화 단계(항복에 대한 의미 찾기, 혼자가 아님을 깨닫기, 부정 감정에서 긍정 감정이 지배하는 상태로 옮겨 가기). 결과는 아홉 명의 치료집단에서 용서와 희망이 자존감과 마찬가지로 (통제집단에 비해) 유의하게 증가했다는 점에서 변화가능성을 보여 주었다. 이런 유망한 초기 자료에도 불구하고, 용서에 대한 문헌과 용서치료의 결과는 너무 최근에 시작된 탓에 다른 개입 효과의 맥락에 영향을 줄 수 있는 치료 연구 결과가 누적되지는 못했다.

완충제 생성

유머요법
어떤 복잡한 심리적 이론도 매일 일상에서 유머를 사용하게끔

재미있는 (비록 주관적이나) 상황을 만들라고 하지는 않는다. 웃음
과 유머의 사용은 대개 보편적으로 스트레스를 감소시키고 건강을
향상시키고 삶의 질을 향상시키는 긍정적 행동과 경험을 이끈다.
또한 왕성한 웃음 뒤에 오는 근육 경련을 제외하면(심지어 이들은
무해하고 일시적이다) 유머를 사용하면서(또는 유머요법을 적용할 때)
생기는 역효과를 생각하기는 되레 어렵다. 유머 감각은 특히 사람
을 호감형으로 만들어 우정을 쌓게 하고 인간관계망의 지지를 촉
진시킨다. 좋은 농담은 그게 없었더라면 칙칙했을 법한 상황을 분
산시키는 덕에 환영받는다. TV 시리즈 〈M.A.S.H〉의 거의 모든 일
화를 보았기 때문에, 필자는 〈M.A.S.H〉 스태프가 유머(다소 블랙
유머)가 없었다면 끔찍했을 많은 순간을 어떻게 견뎌냈는지 생생하
게 기억한다. 극소수의 환자군을 대상으로 한 임상 연구 외에 유사
표본에서의 많은 실험적 연구들은 이런 전반적이고 일화적인 주장
을 지지한다.

　유머 감각이 일반적으로 안정적인 개인의 특성이라고 본다면,
어떻게 유머요법은 그 목적을 달성할 수 있을까? 유머요법이 둔하
고 상상력이 부족한 내향 성향을 파티형 성향으로 바꿀 수 있음을
의미하는 것인가? 아마도 그렇지는 않을 것이다. 유머러스한 활동
들은 수동적인 유머(잡지나 인터넷에서 농담을 읽거나 재미있는 비디
오를 빌리는 것과 같은)와 적극적인 유머 생산(재미있는 이야기 쓰기,
알맞게 강조하며 농담하기, 또는 동료 속이기 같은)으로 나눌 수 있다.
사방을 재미있는 사람들로 둘러싸는 것보다는 재미에 수동적으로
노출시키는 것이 명백하게 더 쉽다.

　"웃음은 만병 통치약이다."라는 표현은 수 세기 동안 전해져 왔

으나, 최근까지 이를 지지하는 증거는 없었다. Norman Cousins (1976)가 유머요법을 강직성 척추염 치료에 통합했을 때, 의학세계는 유머의 치유 능력과 그와 관련된 긍정정동에 눈뜨기 시작했다. Cousins의 전제는 다음과 같다. "만약 스트레스와 질병이 부정적인 생리학적 반향을 가진다면, 긍정 사고와 행동은 긍정정동을 생산할 수 있는가?" 이 질문에 대한 답은 Cousins의 보고서에서 찾을 수 있다. 그는 TV를 보면서 웃은 10분간은 회복에 매우 필요한 2시간의 무통 수면을 제공한다고 보고했다.

유머 조작의 결과를 고찰하기에 앞서, 스트레스관리하에 의미 있게 포함될 유머 개입의 구체적인 성격을 확인하는 것이 현명하겠다. 다음 절에서는 심리치료 과정에서 유머의 적용은 고려되지 않았는데, 그 이유는 이 적용이 SM 주제에서 너무 벗어난다고 보기 때문이다. 치료자들은 때때로 치료에서 농담을 한다. 이는 내담자가 표명한 문제와는 무관하되 환자와의 동맹을 강화하려는 의도이다(Franzini, 2000, 2001). 환자의 반응에서 유머를 찾을 수 있고 아이러니한 모순을 지적함으로써 해석을 보다 더 흥미롭게 하는 것도 가능하다. 그러나 후자의 적용은 재미있는 것의 정의가 다르고 환자가 자기비판적이고 개방적인 능력이 부족할 수 있기 때문에 역효과를 보일 수도 있다(사실상 건설적으로 자기비판을 할 수 없는 능력은 주로 정신병리의 일환으로 나타나는 것이다. 스스로를 웃게 볼 수 있는 환자는 치료 종결이 가까워졌다는 것이다). 이런 적용은 SM에 적합할 법한 유머요법과는 상당히 다른 것으로 보이고 그들의 유용성을 평가하는 것은 통제된 연구의 부족으로 인해 도움이 되지 않는다.

결과: 임상 유사 연구. 여기에서는 유머러스한 자극에 급성으로 노출된 주관적, 행동적, 생리적 반응을 평가했던 연구들의 고찰을 제시한다. 이 고찰은 창의적인 유머 유도 방법이 넘쳐남을 보여 주었고, 많은 종단점이 다양한 참가자 모집단으로부터 연구되었음을 보여 주었다. 유머에서 혜택을 입은 반응자들의 특징과 그 자극 자체의 중요한 특징에 대한 수많은 질문이 있었다.

일련의 소수 연구는 유사한 프로토콜을 사용해서 대학생들과 다른 건강한 자원자들을 다양한 유머 자극에 노출시키고 그에 따른 기분의 영향을 통제 조건하에서 시험하였다(Cann, Calhoun, & Nance, 2000; Cann, Holt, & Calhoun, 1999; Mueller & Donnerstein, 1977; Ribordy, Holes, & Buchsbaum, 1980; Singer, 1968; Trice, 1985). 유머 감각을 지녔다는 것(기질 타입으로서 이해)은 때로는 유머로 인한 혜택을 향상시키기는 하나(Cann et al., 1999), 이것이 유머의 영향을 평가한 모든 연구에 적용되지는 않았다(Cannet al., 2000). 유머 노출에 따른 공격성 감소는 여성에게는 적용되나 남성에게는 적용되지 않는다는 증거가 있다(Mueller & Donnerstein, 1977).

자기보고에만 의존했던 연구에서 의미 있게 추가된 사항은 관련 행동 및 생물학적 활동까지를 추적한 연구들이다. Weisenberg, Tepper, 그리고 Schwarzwald(1995)는 시간 한정적인 임상 유사 개입을 실험했는데, 냉압기 시험 동안(얼음물에 손을 담그는 동안 생리적인 반응을 시험), 중성적, 혐오적, 유머러스한 영화를 보여 주었다. 혐오 조건과 유머 조건에서 고통 감내가 증가되었다. 이는 유머 자극의 분산적 속성에 귀인된다.

Berk 등(1989; Berk et al., 2001)이 두 가지 연구에서 생리적 경로

를 시험하였다. 첫 번째 연구는 10명의 건강한 자원자들이 60분 동안 유머러스한 비디오를 보는 동안 신경 내분비계 변화를 추적 관찰한 것이었다(5명의 참가자는 중성 통제집단, 5명은 적극적으로 유머에 노출됨). 다소 작은 표본임에도 코르티솔, 도팍(도파민의 주요 혈청 이화산물), 에피네프린이 감소되고 호르몬이 증가되어 많은 유의미한 효과가 나타났다. 이 결과는 비교적 적은 유머로 강력한 생리적 효과가 나타남(과제 기간 전체에 걸쳐 나타나며 일반적으로 30분 정도 지속됨)을 시사하였다. 비록 연구에서 참가자들의 웃음이 객관적으로 기록되었는지 아닌지를 언급하지는 않았으나, 흥미롭게도 결과는 웃음(적극적인 행동)에 귀인되었다. Berk 등(2001)은 10명에게 웃음을 유발한 초기의 연구를 확장하여, 더 큰 표본($N=52$ 건강한 남자)을 대상으로 광범위한 면역 기능 지표를 포함하여 더 긴 추후 시험을 하는 것으로 초기 작업을 확장하였다. 유머는 자연살해세포활동, 면역 글로불린 수준, T세포활동, 사이토카인 인터페론을 강화했다. 그리고 그 효과는 유머 자극 노출 기간 너머까지 잘 지속되었다. 많은 지표는 노출 후 12시간 후에도 향상된 효과가 지속됨을 보여 주었다.

Martin과 Dobbin(1988)은 40명의 참가자를 대상으로 면역 글로불린 A를 지표로 삼아 성가신 일들(사소한 스트레스원이 누적되는 형태의)이 면역 기능에 미치는 영향을 연구했다. 여섯 주 동안 기분 수준을 추적했을 때, 타고난 특질로서 유머 감각이 높은 참가자들은 스트레스원 노출과 면역 변화 간 상관을 보여 주지 않은 반면, 유머 특질이 낮은 참가자들은 부적 상관($r=-.32$)을 보여 주었다. 이것은 유머러스한 특성의 부재는 부정정동이 높은 것과 연결됨을 시사한다. 유머 사용이 스트레스 완충 효과와 똑같은 패턴임은 세 가지 유형의 유머 측정에서 명백하게 나타났다. 연구들은 유머 노출이 스트레스를 완충시킨다는 가설에 대한 시험을 직접적이고 성공적으로 보여 주었다.

또 다른 연구 결과들이 스트레스 완충 근거를 보여 준다. Newman과 Stone(1996)은 치명적인 산업재해 이미지를 담은 비디오를 참가자들에게 보여 주었다. 과제는 보이는 그 사건을 객관적-중성적 관점으로 또는 유머러스한 방식의 해석으로 설명하는 것이었다. 이때 피부 전도 반응, 심박, 체온이 측정되었다. 이 인위적 환경에서조차 유머를 재현하도록 요구했을 때, 중립적 통제 조건에 비해 각성 수준이 감소되었다.

충격 예상 실험(Yovetich, Dale, & Hudak, 1990)에서 참가자들은 유머 유도를 통해 생리활동뿐 아니라 주관적 불안 평가가 감소되었다는 점에서 혜택을 보았으나(통제집단에 비해), 이 주효과는 또한 특질 유형의 유머 소인에 의해 조절되었다. 유사하게, 자기보고 및 안면 근육 활동(실제 웃는 행동을 반영)에서 나타난 것처럼, 유도된 우울한 기분은 유머 노출로 인해 변화되었다(Danzer, Dale, & Klions, 1990). 마지막으로, 세 가지 일련의 연구는 학생 자원 봉사자의 면역 글로불린과 유머 유도에 대한 주관적 반응을 추적했다(Lefcourt, Davidson, Katz, & Kueneman, 1990). 연구는 유머 유도를 통해 기분 혜택을 얻는 데 있어 특질 유형의 유머 감각이 중요한 조절변수임을 확인하였다.

결과: 현장과 임상 연구. 유머 유도의 장기 혜택에 대한 중요한 응

용 시험에는 총 네 편의 연구가 해당될 수 있다(McGuire, Boyd, & James, 1992; Vance, 1987; Ventis, Higbee, & Murdock, 2001; Witztum, Briskin, & Lerner, 1999). Vance의 연구는 교육 설계 영역이고, 유머 응용은 1학년 아동(N=58) 세 학급에서 시험되었다. 참가자들은 사전 선발이 아니었고 유머 조작은 학습과 유지의 효과 측면에서 시험되었다(기분 또는 고통이 추적되지는 않았다). Vance(1987)는 즉각 그리고 지연된 조건적 유머 모형을 시험하면서, 학습 전에 유머를 제시하는 것이 학습 유지를 가속화하나 학습 단위 내에 산재된 유머는 학습을 촉진시키지 않음을 발견하였다. 비록 어떤 사람은 학습에 대한 유머의 혜택이 이완된 태도로 인해 매개되고 학습에 대한 개방감이 유머 노출 덕이라고 주장함에도 불구하고, 엄밀한 의미에서 이 연구(본질적으로는 응용 연구 동안)는 스트레스 감소에 적절한 것은 아니다.

통제집단 설계를 한 진정한 임상 응용은 McGuire와 동료들(1992)이 수행하였다. 이들은 장기요양시설에 있는 노인들의 삶의 질 향상을 위해 재미있는 영화를 보여 주면서 장기간 유머에 노출시켰다. 연구자들은 긴 목록의 상업 영화에서 유머 수준을 주의 깊게 평가하여 그 수준에 따라 참가자들을 유머러스하거나 중성적이거나 또는 통제된 조건에 무선할당하였다. 모든 피험자는 적어도 6개월간 고통을 경험했던 사람들이었다. 유머와 중성 조건의 피험자들은 주당 3시간씩 12주 동안 영화를 시청하였다. 종단점은 자기 보고 건강과 정동, 그리고 진통제 요구였다. 재미있는 영화의 시청은 광범위한 기분 향상을 가져왔다. 지각된 건강에 관해서는 약하고 혼합된 결과가 나타났고, 진통제 요구에는 뚜렷한 이득이 나타나지 않았다. 또 다른 시도에서 40명의 거미 공포증 환자들은 무작위로 체계적인 둔감화, 유머 둔감화 또는 무처치 통제 집단에 할당되었다. 적극적인 치료 모두가 우수한 결과를 보이며 무처치 집단에 비해 향상을 나타냈지만 둘 간 효과에서는 차이가 나타나지 않았다. 유머 둔감화는 농담 또는 만화를 이용하거나 심상을 통해 무서운 거미를 우스꽝스럽게 묘사하라는 지시로 구성되었다. 마지막으로, 조현병 환자에게 통제군 없는 유머 개입은 어느 정도 혜택을 보여 주었다(Witztum et al., 1999). 조현병 환자 12명이 유머요법 3개월 전과 후에 연구되었다. 그 개입을 통해 행동적 증상이 감소되었다.

　　결론: 유머를 치료적 도구로 사용하는 것은 정신건강 전문가들과 일반인들에게 열정적으로 받아들여져 왔고 광범위한 장면(학교, 사무실, 병원 등)에 적용되고 있다. 유머러스한 소재는 정서적 대처를 촉진시키려는 환자군에게뿐 아니라 건강한 사람들에게 단순한 기분 전환용이나 기분 향상제로서 이용 가능하다.

　　요약하자면, 실험적인 문헌 고찰은 실험적으로 다양하게 고안된 고통스러운 상태(통증 유발, 수행 스트레스, 불쾌한 영화 관람)에서 유머 유도가 긍정 기분을 향상시키고 고통스런 정동을 최소화시킨다는 결과를 일관되게 보여 주었다. 자기보고에 근거한 증거가 압도적이긴 하나 잘 통제된 소수 연구에서도 생리적 각성 지표의 효과를 동일하게 보여 주었다. 면역 기능 향상에 대한 혜택은 작은 표본에서도 명백하게 나타나고 이것이 반복 가능하고 유머 노출 일화를 넘어서도 잘 유지되므로, 면역 기능 향상에 대한 효과는 특히 인상적이다(Berk et al., 1989; Berk et al., 2001). 제시된 증거를 보자면, 적이도 일시적인 유머 유발 경험에서 타고난 유머 감각이 기분 혜택을 파생시킴을 일관되게 강조하는 듯이 보이긴 하나, 이런 혜택을 위해 타고난 유머 감각을 지닐 필요는 없다. 혜택을 위해 실제 웃음이 필요하다는 명백한 증거도 없다. 자극은 수동적인 유머 노출 형태를 취하며 대체로는 영화를 사용한다. 연구 참가자가 적극적인 유머 생산자가 되게끔 독려받는 것인지, 아니면 효과적으로 유머를 배울 수 있는 것인지에 관한 자료는 없다(Martin, 2001). 유머를 적극 창출하는 능력(농담을 찾아 재생산하고 재치 있는 한마디를 하거나 장난을 치는 것)은 실제로 즉각적인 사회 장면에서 타인의 참여를 격려해서 상호작용을 이끌고 유지하는 더 큰 잠재력을 지닐 수 있다는 입장이다. 남녀 모두 유머 유도에 포함되었지만, 성차는 거의 시험되지 않았다. 또 성차가 시험되었을 때, 남녀 모두가 동등하게 혜택을 받는 것 같았다. 연구자들이 유머에 내재된 문화적인 특수성을 간과한 증거는 아직까지는 없다. 그리고 자주 사용된 유머 자극은 대부분 북미에서 만들어진 코미디이다.

유머의 급성 효과를 지지하는 비교적 좋은 유사 연구의 관점에서 건강한 집단이나 임상집단을 대상으로 유머를 사용해서 체계적으로 스트레스를 감소시키고 기분을 향상시킨 장기 효과에 대한 통제 연구는 없다. 가용한 연구는 표본이 작고 기껏해야 적당한 정도의 프로토콜을 갖는다. 임상 실무(암 병동에서 유머 자료 도서관의 형태로)는 실제로 이런 혜택을 뒷받침하는 문헌 기반보다 앞서 있다. 유사 연구는 긍정적 결과에 대해 지지적이나, 임상적 응용의 의례를 요구하기 위해 필요한 통제된 임상 시도는 딱히 존재하지 않는다. 결과적으로 이 격차를 해소할 수 있는 흥미로운 기회가 연구자들에게 있다.

사회적 지지 개입

지지의 존재는 혈압을 낮추고 사망률을 감소시키며 면역 기능을 향상시키는 것을 기반으로 장기적으로 건강에 유익하다는 결과가 반복되어 왔다(제2장 참조). 지지의 기민한 제공과 일반적 이용 가능성은 개인이 스트레스 노출의 부정적 효과를 받는 것으로부터 완충해 줄 수 있다. 그리고 이런 주장을 지지하는 강력한 실험 결과들이 있다. Hogan, Linden, 그리고 Najarian(2002)이 보여 주었듯이, 시간 제약이 있는 실험실에서의 급성 지지 프로토콜이 현실 세계의 지속적인 지지 창출로 쉽게 전환되지는 않는다. 그럼에도 불구하고 연구자들은 지지 창출을 위해 많은 독특한 접근을 고안해 내었다. 특히 전도 유망한 프로토콜은 다음 절에서 보여 줄 것이다. 이러한 개입에 대한 자세한 내용은 Hogan의 고찰 및 표 설명을 참조하면 되겠다.

사회적 지지 개입은 많은 형태로 상당히 다양한 모집단을 대상으로 수행되었다. 몇몇 지지 개입 유형에서 자연스러운 순서를 보려면 많은 중요한 특징의 개념에 대해 짧게 설명해야 할 것이다. 일반적으로 유지되는 중요한 특징들에는 보통 지지받는 사람이 느끼는 주관적인 지지뿐 아니라 사회적 연결망의 구조적 측면(예: 개인의 사회적 반경의 크기나 제공되는 자원의 수), 사회적 지지의 기능적 측면(예: 정서적 지지 또는 수용감) 그리고 부여된 지원(예: 고통에 때 맞춰 구체적인 지지 행동, 위로나 충고의 제공)이 있다(Lakey & Lutz, 1996). 제공자와 수취인 간의 상호교환으로서 지지가 대인관계적으로 정의될 때, 지지적인 사회적 상호작용의 세 가지 주요 유형은 정서적, 정보적, 도구적인 것이다(Antonucci, 1985; House & Kahn, 1985; Kahn & Antonucci, 1980). 정서적 지지는 돌봄과 관심에 대한 언어 및 비언어적 의사소통을 포함하고, 이것은 감정을 표현하게 끔 하며 자존감을 회복시킴으로써 디스트레스를 감소시키는 것으로 기대된다. 정보적 지지는 충고나 안내에 해당될 만한 정보를 제공하는 것으로 혼란감을 줄이고 그들의 어려움에 대처할 전략을 환자에게 제공함으로써 통제감을 향상시키는 것으로 기대된다. 도구적 지지는 물질적인 제공(예: 교통, 돈, 신체적 도움)을 포함하는 것으로 이것은 통제 상실감을 줄이도록 돕는다. 이는 지지가 스트레스 반응과정에서 급성적이고 지속적인 완충 기능을 할 수 있다는 설명으로부터 쉽게 이해된다.

  지지가 자연발생적인 것과 보다 공식적인 지지체계 모두에서 출현할 수 있다는 사실 때문에 때로는 사회적 지지의 본질을 이해하는 것이 헷갈린다. 자연발생적인 지지체계는 가족과 친구 관계 둘 다를 포함한다. 보다 공식적인 지지는 전문가들에 의한 (정신건강과 의학적 전문가와 같은) 비슷한 문제를 가진 집단에 대한 개입을 통해 그리고 사회적 또는 지역사회 연결을 통해(클럽이나 종교 집단 같은) 제공된다. 짐작컨대, 자연발생적인 지지 연결망이 보다 더 지속적인 지지의 원천인 반면, 다른 형태의 지지는 보다 일시적일 수 있다. 그러나 자연발생적 지지 또는 공식적인 지지 어느 것이 지지의 원천으로서 더 우월한지는 불분명하다. 개입 내에서 지지가 어떻게 개념화되고 조작되는지는 그 개입의 궁극적인 성공을 결정하는 데 중요할 수 있다.

지지 개입의 결과. 지지의 혜택에 대한 방대한 양의 문헌에도 불구하고, 지지 개입이 어떻게 작동했고 얼마나 잘 작동했는지에 대한 증거는 애매하다. 사회적 지지에 있어 유일하게 단일한, 체계적인 고찰을 찾을 수 있었다(Hogan et al., 2002). 컴퓨터화된 검색 전략을 이용해서 그러한 개입의 효과성을 평가한 100개의 논문이 확인되었다. 고찰과 평가의 목적에 따라 Hogan 등(2002)은 연구를 ① 집단 대 개인 개입, ② 전문가가 이끈 처치 대 동료가 제공한 처치, ③ 사회 연결망 크기를 키우거나 지각된 지지를 증가시키는 것이 개입의 일차 목표인가 대 사회적 기술(지지 창출을 촉진하는)을 쌓는 것이 개입의 초점인가의 세 가지 큰 군집으로 나누었다. 검색은 특정한 환자군에 제한되지 않았기 때문에, 그 개입은 광범위한 모집단, 정신과적 장애 또는 의학적 질병으로부터 고통받는 노인을 포함해서 일하는 여성, 흡연자, 약물 남용자, 요양사, 암 환자와 심장병 환자들 등이 대상이 되었다. 서로 다른 사회적 지지 개입과 대상 집단의 다양성 때문에 메타분석을 사용한 처치 결과에 대한 평가는 불가능했으므로 고찰은 근본적으로는 기술적 고찰이었다(즉, 의미 있는 비교를 허락하기에는 모든 결과 셀에서 연구가 충분치 않았다).

주어진 개입이 직접적으로 지지를 제공하는 것이 목표인지(예: 정서적, 정보적, 또는 도구적 지지를 제공하는 것 또는 제공되고 있는 지원을 증가시키는 것) 아니면 자연발생적인 지지에서(예: 자연 환경 내 지지가 증가하도록 사회기술을 발달시키는 것 또는 지각된 사회적 지지를 개선하거나 사회적 네트워크를 변화시키려는 전략) 변화를 유발하려고 한 것인지를 식별함으로써 지지가 개념화되는 방식에 세심한 주의를 기울였다. 이들 두 가지 다른 접근은 매우 다른 개념적 토대를 가지고 있다. 다른 사람이 제공하는 지지는 대처 자원을 강화하고 지지받는 느낌을 갖게 하며, 심리적 또는 전반적 건강 문제를 궁극적으로 감소시키는 것으로 여겨진다(Lakey & Lutz, 1996). 다른 한편, 사회기술 훈련을 목표로 하는 개입이나 자연스레 일어나는 사회 환경을 향상시키는 개입은 만약 그들이 필요한 기술들을 획득한다면 사람들이 지지체계(또는 이들 체계로부터 받는 지지에 대한 그들의 지각)를 유지하고 창출할 수 있다는 믿음에 기반한다. 지지 향상의 결과는 건강과 웰빙을 향상시키는 것으로 짐작된다.

마지막으로, 주어진 개입 내에서 지지의 원천을 결정하는 것은 중요하다. 이것은 지지를 제공하는 데 초점을 둔 개입에 가장 잘 적용될 수 있다. 가족 구성원, 친구, 또는 유사한 어려움을 지닌 타인(이하 '동료')이 제공하는 지지는 전문가(예: 의학 전문가, 심리학자, 간호사, 사회사업가)가 제공하는 지지와는 구별된다. 다른 개입들은 특정한 원천으로부터 사회적 지지를 구체적으로 제공하지 않지만, 참가자의 자연스러운 환경 내에서 받는 지지를 증가시키게끔 작업할 수도 있다.

가족 또는 친구들을 통해 제공되는 지지 집단 개입. 치료에서 친구 또는 가족 구성원을 포함한 지지 개입은 환자의 자연발생적인 지지체계를 이용한다는 이점을 가진다. 그러한 여덟 편의 연구가 규명되었다. 핵심적인 치료에서 얻은 혜택이 여덟 편의 연구 모두에서 관찰되었다. 세 편의 연구는 개입에 중요한 타인을 포함시킨 데서 부가적인 이득이 있었음을 보고하였다. 반면, 다른 두 편은 이를 입증하는 데 실패하였다. 추후 연구에서 평가했을 때, 그 효과는 지속되지 않는 경향을 보였다. 여덟 편의 연구 중 일곱 편은 지지의 측정치를 포함하지 않았다. 프로토콜의 다양한 변형가능성을 보여 주기 위해 특히 한 편의 창의적인 연구가 여기에 설명되어 있다. Wing과 Jeffrey(1999)는 집단 내 활동, 교대로 지지 주고받기, 집단 문제해결, 그리고 집단 간 경쟁을 포함한 광범위한 지지 개입을 시험하였다. 이 지지 개입은 참가자와 이전에 만난 적이 없는 다른 세 사람과 팀을 이루어 평가되었을 뿐 아니라 참가자들이 선택한 친구들과 팀을 이루어 평가되었다. 지지 조작은 두 팀 모두에 대해 체중 감량 유지를 향상시켰으며, 지지를 교대로 주고받는 것이 가장 유익한 것으로 나타났다.

　　동료를 통해 지지받는 집단 개입(자조 집단). 동료 지지 또는 '자조' 집단은 건강 서비스 시스템에서 큰 부분을 차지한다. 미국에서 전체의 3~4%가 1년 이상 자조 집단에 참여한 것으로 나타났다 (Kessler, Mickelson, & Zhao, 1997). 자조 집단은 참가자들이 지지(가장 자주는 정서적 지지)를 주고받을 수 있는 영역을 제공한다. 그리고 이 상호성은 보다 우호적인 웰빙을 육성할 것이라고 가정된다 (Maton, 1987). 더욱이 또래 지지 집단은 구성원에게 우정을 발달시키고 위기 후에 지속적인 사회적 연결망을 재확립할 기회를 제공한다. 그들의 광범위한 활용과 유행에도 불구하고 결과 연구는 거의 없다. 총 100편의 연구 중 여섯 편만이 이 범주에 해당된다. 비록 여섯 편의 연구 중 어떤 연구도 무선통제집단 설계를 하지 않았다는 점은 중요하고, 자조 집단을 자기가 선택한 것에 대한 우려로 결과의 일반화 가능성이 심각하게 위협받음에도 불구하고 여섯 편의 연구 중 다섯 편은 전반적인 웰빙이나 특정 증상의 향상을 보고했다.

덧붙여서 이 연구 집단은 가장 효과적일 법한 지지 프로토콜 유형이 어떤 것인지에 대한 결론을 허락한다. Maton(1988)은 서로 차별화되는 세 가지 자조 집단—자비심 많은 친구들(시간 한정적 스트레스), 다발성 경화증(만성 스트레스), 익명의 과식자들(행동 통제)—의 구성원들 사이에서, 웰빙에 대한 사회적 지지와 집단 평가 간 관계를 시험했다. 사회적 지지 측정은 세 가지 하위척도, 즉 지지 제공, 지지받기, 그리고 우정을 포함한다. 네 번째 하위척도인 양방향 지지는 지지 제공과 지지받기 척도 점수가 높은 사람들로 정의되었다(지지받기는 지각된 지지와 동등하다는 것을 주목하라). 지지와 우정을 제공하는 것은 웰빙 및 집단 평가와 정적인 상관을 보였고, 사회적 지지를 받는 것은 집단 혜택과 집단 만족의 지각을 증가시켰다. 양방향적 지지자들은 지지 수혜자나 지지 제공자에 비해 집단 평가와 웰빙을 훨씬 더 좋게 보고했다. 지지를 제공하는 것과 지지를 받는 것은 웰빙에 유익한 영향을 주는 것으로, 이들 결과는 동료 지지 집단 과정에 대한 통찰을 제공한다. 어느 한쪽에만 속하는 참가자들보다 양쪽에 속하는 참가자들이 더 좋은 결과를 보였다.

자조 집단은 특히 낙인찍힌 사람들(예: AIDS, 알코올중독자, 유방암, 전립선암)에게 특히 매력적일 수 있고, 똑같이 해롭지만 덜 '당황스러운' 질병(예: 심장 질환)을 가진 사람들에게 가장 낮다. 그 차이는 사소하지 않아서, 일례로 AIDS 환자들은 고혈압 환자들에 비해 자조 집단에 참여하려는 경향이 250배 더 높다.

사회적 지지를 제공하는 것에 대한 수단으로서 지지 집단. 열 여섯 편의 연구는 전문가들(예: 심리학자, 정신과 의사, 간호사, 또는 사회복지사)이 이끈 조직화된 지지 집단이었다. 이 집단에서는 보통 리더가 비지시적인 방식으로 집단 구성원의 개인적 경험과 정서적 문제를 논하게끔 촉진시킨다. 동료 지지 집단과 유사하게, 이들 지지 집단은 지지를 주고받을 기회 모두를 구성원들에게 제공한다. 공식적인 기술훈련은 이들 집단의 구성요소에 속하지 않는다.

열 여섯 편의 연구 중 여덟 편의 지지 집단 개입은 심리적, 의학적 결과 측정치들에 대해 우호적인 결과를 보고하였다. 더 나아가 네 편의 연구에서는 심리적 결과 측정에서만 중등도 향상을 보고하였다. 그러나 이 중 한 연구의 지지 집단은 스트레스관리 조건을 능가하지 못했다(Shearn & Fireman, 1985). 그리고 두 개의 다른 지지 집단은 치료 후 시점에서 인지행동치료(CBT) 조건보다 낮은 결과를 보였다(Bottomley, Hunton, Roberts, Jones, & Bradley, 1996; Edelman, Bell, & Kidman, 1999). 지지치료가 SM이나 CBT 통제군에서 발견된 것과 비슷한 결과를 낳는 데 실패했다면, 그것들은 또한 이론적 근거와 과정에서 본질적으로 다름에 틀림없다는 결론을 내릴 수 있다(즉, 여기서 작업할 때 비특정적 요인 이상이 있음).

사회 지지 기술 훈련 집단 개입: 사회기술을 초점으로 한 개입은 관계 형성 기술을 가르침으로써 자연스럽게 일어나는 지지 체계를 향상시킨다. 전문적인 집단 리더들은 지시적이고 정립된 커리큘럼을 따른다. 비록 집단 구성원들은 서로 지지적이도록 격려되기도 하지만, 주된 초점은 구체적인 사회 지지 기술을 가르치고 연습하는 것이나.

이 범주에 있는 13편의 연구 중 아홉 편은 사회기술 훈련의 성과를 보고했고 이 성과는 개인적 지지 네트워크의 증가에 의해 매개되었다. 그러나 그 성과의 상당수는 전문 간병인과의 접촉 증가 때문인 것으로 보였고, 전문가와 급성 접촉 단계를 넘어 일반화로까지 유지되는 것을 기약하지는 않았다.

다섯 편의 연구는 정신과 집단을 대상으로 했고, 기술 훈련 접근은 일관되게 주장성과 사회적 기능을 향상시켰다. 여기서 한 가지 특별한 연구는 자세히 언급할 만하다. Brand, Lakey, 그리고 Berman(1995)은 심리교육, 사회기술 훈련, 그리고 인지행동 기법을 결합하여 지각된 지지를 증가시키도록 설계한 치료 효과를 시험하였다. 이 치료는 그것의 주된 목표가 지각된 지지를 증가시킨다는 점에서 이 장에서 기술된 다른 처치들과 상당히 차이가 있다. 지각된 사회적 지지(잘 타당화된 측정 도구를 사용해서 측정)는 개입 집단 중에서 친구가 아닌 가족 구성원으로부터 지지를 받을 때 증가하는 것으로 나타났다. Brand 등은 자존감에서 관찰된 변화와 자기강화 빈도가 지각된 지지 증가를 매개했을 것이라고 제안하였다. 흥미롭게도, 자아-인지(self-cognition)에서의 변화는 지각된 지지에서의 변화보다 더 컸다.

사회기술 훈련과 지지 제공이 결합된 집단 개입. 사회기술 훈련과 지지 제공을 결합한 한 무선통제연구(randomized controlled trial study)가 검색되었다. 이것은 최근에 친구나 파트너를 잃은 HIV 혈청 반응 양성과 HIV 혈청 반응 음성인 남성 동성애자의 고통과 슬픔을 감소시키고 지지를 향상시키는 것을 목표로 삼았다(Goodkin et al., 1999). 기술적 구성요소는 사회적 지지 기술과 대처양식에 초점을 둔 한편, 치료의 지지적인 구성요소는 집단토론과 상호 지지 제공이었다. 치료집단은 HIV 혈청 반응 상태의 입장에서는 동질적이었다. 치료 후 개입을 받은 남성들에게서 전반적인 고통은 감소되었고 슬픔은 더 잘 극복되었지만, 우울이나 불안의 변화는 없었다.

가족이나 친구를 통해 지지를 제공하는 개인적 개입. 가까운 가족 구성원이나 친구들의 지지 제공에 대한 연구가 다양하게 있기는 하나, 여기서는 사회적 지지 향상을 치료의 명시적인 목표로 삼은 개입에 한하여 논의한다. 네 편의 연구 중 세 편은 개인치료에서 중요한 타인을 포함했을 때 혜택을 입었다고 보고하였다.

동료의 사회적 지지를 통한 개인적 개입. 개인 수준에서의 동료 개입은 많은 다양한 형태를 띤다. 그 결과는 고무적인데, 상당수의 연구와 주류의 연구들이 우호적인 결과를 보였기 때문이다(14편 중 9편). 동료 지지는 관상동맥 우회 수술을 기다리는 환자를 포함하여, 요양원 거주자, 류머티스 관절염 아동의 엄마, 만성 우울증 여성 등 많은 환자 집단에서 효과적인 것으로 증명되었다. 흥미롭게도, Scharlach(1988)는 지지 제공의 이점에 관한 증거를 제공하면서, 지지를 받은 사람뿐만이 아니라 지지를 제공한 동료 입장에서도 유익한 효과가 있음을 관찰했다.

잘 설계된 연구로서 특히 따로 언급할 만한 것은 학대하는 파트너가 있는 여성들에게 변호지원(advocacy service)을 제공했던 연구이다. 시시사들은 성서석인 지지를 제공하면서 여성들이 지역사회 자원에(즉, 도구적 지지) 접근하도록 돕는 데 주력하였다(Sullivan, Campbell, Angelique, Eby, & Davidson, 1994). 치료 후에 변호개입을 받은 여성들은 바라던 자원을 얻는 효과성이 증가했고, 지각된 사회적 지지도 증가했으며, 삶의 질도 향상되었다. 여섯 달의 추후 연구에서, 삶의 질의 증가분은 유지되었지만 지각된 사회적 지지는 감소하였다. 이것은 필요한 서비스를 제공하여 수정될 수 있었던, 제공된 지지의 단기적인 성격 때문일 수 있다.

전문가의 사회적 지지를 통한 개인적 개입. 대부분의 경우에 이 개입은 정서적 지지, 정보적 지지, 그리고/또는 도구적 지지의 조합을 포함하기 때문에, 여기에 전문가의 독특한 기여를 평가하기란 어렵다. 총 18편의 연구 중 아홉 편이 개인적 지지 개입을 전문적으로 이끈 것에 대해 전반적으로 긍정적인 효과를 보고하였다.

사회기술 훈련: 개인적 개입. 비주장적인 사람에게 연습, 모델링, 지시, 그리고 행동적인 피드백을 통해 사회기술을 가르치는 것은 실험실에서 효과적인 것으로 판명되었고 일곱 편의 연구는 사회적 지지를 직접 제공하기보다는 사회적 기술을 가르치는 데 주력한 개인적 개입을 평가하였다. 전반적으로 연구 결과들은 비주장적인 모집단과 특정한 진단군에게서 유망하고 치료 효과는 잘 일반화되는 것으로 보고하였다.

다른 유형의 개인적 지지의 치료 구조화에 대한 비교. 단지 한 편의 연구만이 서로 다른 형태의 개인적 지지를 비교하였다. Pistrang과 Barker(1998)는 유방암 환자를 대상으로 동료 환자와 자신의 파트너가 주는 정서적 지지의 효과를 시험했다. 참가자들은 자신의 개인적 문제를 논의하는 반구조화된 대화 과제에 참여하였다. 훈련된 관찰자는 동료 환자와의 대화가 파트너와의 대화보다 더 도움이 되고, 공감적이고 지지적이며, 덜 비판적이고 자기개방을 더 많이 하게 된다고 평가하였다.

　개인치료와 집단치료를 결합한 사회적 지지 개입. 여기에서는 일대일 지지와 집단 세팅을 결합한 개입을 설명한다. 많은 경우에 이 개입은 전문적인 리더십과 가족 구성원, 친구, 또는 자원자가 제공한 지지를 포함한다. 임상적으로 민감하고 생태학적으로 유망한 접근은 Hawkins, Catalano, 그리고 Wells(1986)가 평가하였는데, 이들은 '동료' 프로그램 이후에 시행한 사회적 지지 기술 훈련 집단이 약물 사용 감소, 재발에 대한 대처에 효과적이었고 치료 커뮤니티에 거주하는 약물 남용 집단의 사회적 상호작용의 향상, 대인관계 문제해결, 그리고 스트레스 대처에 효과적이었음을 발견하였다.

　집단 대 개인 개입. 집단과 개인 개입은 세 편의 다른 연구를 통해 비교되었으나 그 결과들은 불일치했는데, 아마도 검정력이 낮고 설계의 질이 낮았기 때문이었던 것으로 보인다. 보다 자세히 설명할 만한 가치가 있는 접근은 다발성 경화증 환자들(Schwartz, 1999)을 전화를 통한 동료 지지 집단과 사회기술 집단으로 나누어 비교한 연구이다. 참가자들은 사회기술 개입에 무선할당되어 목표 정하기, 인지적 결힘을 다루는 전략, 그리고 돌보미와 대화를 향상시키는 방법, 그리고 자신들의 정서적 어려움에 대해 논하는 것을 배웠다. 이렇게 이 참가자들은 자연스러운 사회적 연결망 구축과 대처 향상을 목적으로 하는 구조화된 기술훈련을 받았을 뿐 아니라 정서적 지지도 받았다. 동료 전화 지지 조건에 무선할당된 참가자들은 적극적인 청취훈련을 받은 자원자(다발성 경화증을 가짐)들로부터 비지시적인 정서 지지를 받았다. 그 결과는 동료 지지 개입이 외적 통재 소재를 증가시키지만 다른 변수에 영향을 주지 않는 반면, 사회기술 훈련 개입이 심리사회적 역할 수행, 대처 행동, 웰빙에서 이득을 양산함을 보여 주었다. 동료 지지 개입은 정서 증상을 가진 참가자들에게는 가장 유익하였다. 사회기술 훈련 집단의 성공 뒤에 감춰진 기제는 모델링, 재구조화, 참여의 증가, 그리고 집단의 지시적 성격을 포함한다고 Schwartz는 제안하였다. 돌보미와 의사소통이 향상되면서 지지가 증가했는데, 이것은 치료 결과에 역할을 한 것이었다. 흥미롭게도, 지지를 받은 환자군과 비교해서 전화 지지를 제공한 동료들은 긍정적 결과와 부정적 결과 모두에서 더 많은 변화를 보고하였고, 심리적 변수(예: 자존감, 우울)에서 향상을 보여 주었다. 이들 연구는 Scharlach(1988)가 보고한 연구와 결합해서 상호성을 북돋는 상호적 지지체계가 특히 효과적임을 시사한다.

논의. 100편의 연구 중 39편의 연구는 지지 개입이 무처치 또는 표준적인 보호를 받은 통제 집단에 비해 우월함을 보고하였고, 12편은 개입이 대안적(또한 성공적) 치료와 동등하거나 우월했고, 22편은 지지 개입의 부분적 혜택을 보였으며, 17편은 혜택이 없었고, 두 편의 연구에서는 치료받은 참가자가 더 악화되었다는 보고를 고려하자면, 시합 결과 형식(box-score format)의 결과를 대략적으로 요약할 때 지지 개입은 성공적이라고 볼 수 있겠다. 연구 중 여덟 편은 비교할 통제 집단이 부재하였다. 요약하자면, 92편의 연구 중 73편(83%)은 무처치 집단이나 적극적인 통제집단과 비교했을 때, 지지 개입으로부터 적어도 어느 정도의 혜택을 보고하였다. 불행하게도, 이 대략적인 요약은 다양한 다수의 개입과 전달양식, 모집단이 뭉쳐져 있기 때문에 사용하는 데 한계가 있을 것으로 생각되었다. 친구 또는 가족 구성원 그리고 동료들이 제공하는 지지는 유익한 것으로 보인다. 그리고 사회 지지 기술훈련은 특히 유용한 것으로 보인다. 이런 결과는 개인과 집단 개입, 동료 및 전문가 중심의 프로토콜 모두에 대해 유지되었다. 더욱이 지지를 받기만 하는 것이 상호교환만큼의 잠재력이 있지 않음을 시사하면서, 상호적인 지지(예: 지지 주기와 받기를 모두 한 개입)를 강조하는 개입이 보다 고무적인 결과를 증명했음에 주목하였다. 보고된 결과를 단순히 신뢰하기에는 개념적이고 방법론적인 문제가 걸림돌이 된다. 치료 결과의 고찰이 의례적으로 그들의 방법론적 결점을 비판하는 와중에 Hogan 등(2002)은 지지 개입 관련 문헌이 특히 심각한 문제를 지닌다고 판단하였다. 단연 가장 뚜렷한 문제는 지지 개입의 효과성을 시험하는 대부분의 연구가 사회적 지지의 측정치를 포함시키지 않았다는 것이다. 특히 연구자들이 다른 식으로 관찰된 이득이 지지 향상 덕분이라는 입장을 주로 취했기 때문에 이것은 더욱 놀라웠다. 사회적 개입 연구의 질을 향상시키려는 시도는 상황 유형과 지지 수여자 유형에 따라 지지 유형을 짝지을(matching) 필요를 면밀히 고려할 필요도 있다. 왜냐하면 어떤 지지 시도는 역효과를 보여 줬기 때문이다. 타인과의 친화적인 유대가 웰빙과 뚜렷한 상관을 보이는 것은 특정한 지지를 제공했을 때라기보다는 뚜렷이 그들이 긍정정동에 관여하고 친화성을 보일 때이다. 지지 시도의 실패와 관련된 염려는 최소화(즉, 문제의 존재나 심각성에 도전하는 것)와 극대화(즉, 문제를 파국화 또는 과하게 보호하는 것)이다(Dakof, & Taylor, 1990; Hemphill, 1997; Lehman & Hemphill, 1990). 흥미롭게도, Hemphill은 명백하고 정보적인 도움과 같은 일부 종류의 지지는 스트레스원(예: 신체적 불구, 통제권, 발달의 궤도)의 성격에 따라 특히 도움이 되거나 아니면 도움이 되지 않는 것으로도 인식됨에 주목하였다. 더욱이 두 편의 잘 설계된 연구는 지지가 결과를 악화시킬 수 있음을 보여 준다(유방암 지지 집단의 경우 Helgeson, Cohen, Schulz, & Yasko, 1999; 여성 심장병 환자의 경우 Frasure-Smith et al., 1997). 높은 수준의 지지로 시작한 동료 토론 집단에서의 유방암 환자들은 집단과정이 진행되면서 신체 기능이 저하되는 경험을 했다. 돌보미 지지를 받은 심장병 여성 환자들도 치료받지 않은 상대군보다 경과가 더 악화되었다. 여성은 특히 부정적 결과에 노출될 수 있어 보이며, 사회적 지지 개입이 무해한 것으로 간주되어서는 안 된다.

개입과 환자의 특징을 짝짓는 것과 관련해 논의한 문헌이 있다. Hogan 등(2002)은 실패가 예상되거나 지지 개입이 꼭 필요하지 않을 수도 있는 환자의 특징과 더불어 지지 개입과 상황의 유용성을 극대화시킬 수 있는 환자의 특징에 대해 긴 토론을 하였다. 다른 한편, 지지 개입이 환자가 유지할 사회 연결망을 만들어 내지 못할 것 같은 정신과적 진단(정신증, 성격장애)이 있고, 지지를 구하거나 지지를 받지 못하는 사람들이 있다. 지지는 특히 일시적인 스트레스 장면의 경우나 이전에 받던 지지체계가 급성적으로 와해된 경우에 유익하다.

온라인 지지의 유의성에 대한 질문은 시의적절하지만, '컴퓨터' 지지의 효과성을 평가한 연구는 없다. 그러나 인터넷은 채팅방과 온라인 지지 집단에 대한 접근을 제공함으로써 잠재적으로 매우 유용한 형태의 사회적 지지를 제공할 수 있다(Davison, Pennebeker, & Dickerson, 2000). 흥미롭게도, Davison과 동료들은 온라인 지지를 추구하는 자신들의 연구에서 지지 집단에 참여하기에는 신체적인 장벽이 있는 질병(예: 다발성 경화증과 만성 피로 증후군)을 지닌 사람들이 온라인 지지 집단 참가자 중 가장 높은 비율을 차지함을 보여 주었다. 그런 집단은 장애로 인해 움직임이 어려운 사람들에게, 시골 또는 다른 고립된 지역의 사람들에게, 무기명을 원하는 사람들에게 기회를 제공한다.

반려동물 소유

지난 십여 년간, 상당수의 문헌에서 반려동물 소유가 스트레스 감소에 혜택이 있음을 보여주었다. 비록 이런 연구는 누적된 통제된 임상 시도에서보다는 시간 제한이 있는 스트레스 조작실험에서 그 강점이 도출되었다. 반려동물을 갖는 것은 반려동물이 존재감이나 정서 지지를 제공한다는 점에서 특별한 사회적 개입의 형태이다(Allen, Blascovich, & Mendes, 2002). 그리고 이 근거는 쉽게 받아들여진다. 반려동물 소유의 혜택은 잘 훈련된 반려견이 주인의 슬리퍼를 물어오기나 냉장고에서 시원한 맥주를 가져오는 TV쇼나 할리우드 영화에서 일화적인 지지까지 유발한다. 하지만 불행히도 그런 묘사는 너무 할리우드식이다. 만약 실제로 그런 일이 일어난 다면, 그것은 반려견이 도구적인 지지를 제공하는 것으로도 볼 수 있는 것이다.

반려견의 지지적인 성격의 중요한 특징은 반려동물이 충성심이 강하고 비판단적이며 비요구적이라는 것이며, 이런 성질의 집합으로 인해 사람들은 스포츠카 범퍼에 "나는 강아지를 사랑해요."라거나 "사람들을 알아 갈수록 내 강아지를 더 사랑해요."(또는 고양이나 당신이 선택하는 반려동물에 따라 빈칸을 채울 수 있다)라는 문구를 붙이게 되는 것이다. 반려동물의 존재는 요구적인 실험 상황에서 급성적인 각성을 줄인다는 것을 지속적으로 보여 주어 왔다. 가장 자주 연구된 것은 혈압 반응이다. 연구의 대다수에서 주인은 자기 반려동물을 실험실로 데려왔고, 반려동물이 함께 있을 경우 친구나 배우자 또는 혼자 있는 등의 다양한 통제 조건들에 비해 실험 과제 수행 시 동반되는 생리적인 스트레스 반응이 더 낮았다(Allen, Blascovich, & Mendes, 2002). 반려동물을 소유한 주인들이 그렇지 않은 사람들에 비해 어떤 다른 성격적 소인을 지니고 있는지, 아니면 한 번도 반려동물을 갖지 않은 사람들에게 반려동물을 '처방' 하는 것이 똑같은 유익한 효과를 갖게 할 것인지에 대해서는 명확치 않다.

Allen과 Blascovich(1996)는 보행장애가 있는 사람들에게 애완견 서비스의 가치를 평가하였다. 심각하고 만성적인 보행 장애로 인해 휠체어를 사용하는 48명의 사람이 근무력증, 다발성 경화증, 외상성 뇌손상, 그리고 척수 손상 환자를 위한 변호 및 지지 집단에서 선발되었다. 참가자들의 나이, 성, 결혼 상태, 인종, 그리고 장애 심각도를 대응시켜 24쌍이 만들어졌고 각 쌍 내에서 참가자들은 무작위로 실험집단이나 대기집단에 배정되었다. 실험집단 구성원에게는 연구가 시작된 지 한 달 후에 훈련된 서비스 견이 주어졌고 대기 통제집단의 참가자들은 연구 13개월에 서비스 견이 주어졌다. 자료 수집은 2년 동안 6개월 마다 한 번씩 이루어져서 모든 참가자들이 다섯 번의 자료 수집 시점을 가졌다. 참가자들은 그들의 서비스 견을 제공받은 후 6개월 동안 자존감, 내적 통제 소재, 심리적 웰빙에서 실질적인 향상을 보여 주었다. 사회적인 면에서 모든 참가자는 지역사회 전체에서도 비슷한 향상을 보였고, 변화의 행동적 지표 또한 향상되었다(학교 출석, 시간제 고용, 유급 및 무급 고용 시간). 저자들은 신체장애인들의 독립생활에 훈련된 보조견은 상당히 유익하고, 잠재적으로 비용 효과적인 요소라고 결론 내렸다. 어떤 방식에서 이 연구는 SM의 범주에 딱 들어맞지는 않는다. 다른 한편으로 보자면, 이 환자들의 신체적인 움직임 제약은 스트레스원으로 보일 수 있고, 반려견의 도움은 운동성을 증가시킨다는 점에서 도구적으로 보일 수 있다. 또한 반려견의 존재는 (이런 유형의 프로토콜을 직접 평가하지는 않았지만) 은연중에 정서 및 존중감 지지를 제공하는 것 같다. 다르게 설명하자면, 환자의 정동 향상은 훈련된 반려견이 운동성을 촉진시킨 데 따른 반응이었을 수도 있다. 어느 쪽이든, 많은 다른 지표에서 개입의 혜택은 명백하고 상대적으로 연구의 표본이 작은 점에 비하면 놀랄 만큼 강력하다.

반려동물 소유의 부수적인 이점과 그것이 고유하게 지닌 스트레스 감소에 대한 잠재력은 ① 어떤 반려동물(특히 개)은 매일 걸어야 하므로 꾸준한 운동 기회를 만들고, ② 반려동물 돌봄은 규칙적인 의례를 요구하는데, 이는 어떤 사람에게 유익한 안정감과 책임감을 만든다.

시간관리와 유머요법 영역과 유사하게, 반려동물 소유와 그에 따른 건강의 혜택에 대한 인기는 단시간 실험 증거에 기반하나, 궁극적으로 비판적이고 통제된 무선 시도는 부족한 실정이다. 이것은 연구자들이 스스로를 구별할 흥미로운 기회를 제시하는 것처럼 보이지만, 사람들이 맨 처음에 반려동물을 원하는지 아닌지의 여부를 스스로 선택하기 때문에 그러한 연구를 수행하기가 쉽지는 않을 것이다. 아마도 반려동물을 받기로 결정한 사람들은 그렇지 않은 사람들과 형이상학적으로 다를 것이다. 사람들로부터 받는 사회적 지지가 부족하다는 자각은 반려동물을 가지려는 가장 강력한 동인이 될 수 있는 반면, 높은 지지를 받는 사람들은 반려동물을 갖지 않으려 할 수 있다. 거꾸로 지지도가 높은 사람들이 반려동물 소유 집단에 무선할당된다면(처음에 그들이 그렇게 동의해서) 그들은 반려동물이 채울 빈 공간이 없기 때문에 그로 인한 혜택을 입지 못할지도 모른다. 상응하게도, 반려동물 소유 집단 또는 통제집단에 무선할당되는 데 동의하고 따를 법한, 반려동물 없는 개인을 대표적으로 표집하는 것이 심지어 가능하지 않을 수도 있다.

운동의 심리적 효과

운동에 대해 알려져 있는 급성의 생리적 효과와 그것의 장기적 함의는 많은 문헌을 통해 알려져 왔고 생활 습관화되어야 할 강력한 이유를 제공하였다(Rastad & Long, 1996). 서술적 고찰과 메타분석 고찰은 SM 프로그램에서 운동요소의 유용성 평가를 돕기 위해 출간되어 왔다.

심장병 환자를 대상으로 한 운동치료의 심리적 혜택에 관한 메타분석은 운동 프로그램을 경험한 환자들에게서 심리적 변화까지 추적한 15편의 운동 재활 연구를 확인하였다(Kugler, Seelbach, & Krueskemper, 1994). 이들 연구자는 특정한 심리적 개입 없이 운동만 한 개입에서 불안(효과크기 $d=-0.31$)과 우울(효과크기 $d=-0.46$)이 감소했다고 보고하였다.

Long과 동료들(Flood & Long, 1996; Long & Van Stavel, 1995; Rostad & Long, 1996)은 부지런히 문헌을 고찰하였고, 스트레스에 대한 대처로 에어로빅을 지지하는 일관된 증거가 있다고 결론 내렸다. 메타분석에서 40편의 연구가 d로 표현되는 76개의 효과크기를 추출하는 데 사용되었다. 스트레스 감소에 운동은 $d=-0.45$라는 평균 집단 내 효과를 보였고, 집단 간 효과는 $d=-0.36$이었다. 이들 효과크기로 지수화된 결과는 자기보고 불안과 긴장이었다. 예상대로, 초기 불안이 더 높았던 참가자들은 또한 더 많은 혜택($d=-0.48$ 대 $d=-0.32$)을 보였던 한편, 남자에게 더 큰 혜택이 관찰된 것은 놀라웠다(여성은 집단 간 효과크기가 $d=-0.14$일 뿐인데 남성은 집단 간 효과크기가 $d=-0.49$로 나타남). Rostad와 Long(1996)의 보다 혼합된 표본에서 나온 자료를 Kugler 등(1994)이 심장병 환자의 불안 감소에 대한 메타분석을 비교했을 때 놀랍도록 비슷한 효과크기가 나온 점은 효과가 반복된다는 점에서 안심이 된다.

사람들은 이미 증명된 운동 습관의 혜택을 인식하고 있으므로,

긴깅 훈련자들의 주된 관심은 안정되고 지속적인 운동 습관을 기르도록 돕는 것이다. 불행하게도, 심지어 혜택을 확신하는 사람들 중에서 소수만이 실제 운동을 일상화하고 있어서, 연구자들은 사람들이 운동을 개시하고 유지하게 돕는 방법에 대한 학습을 강조해 왔다. 그런 노력의 결과는 메타분석에서 고찰되어왔다(Conn, Valentine, & Cooper, 2002). 그리고 연구자들은 행동적 개입이 신체적 활동을 늘리는 데는 도움이 되나 평균 효과크기는 작다($d=0.26$)는 결론을 내렸다. 결과에 대한 프로토콜 차이를 결과와 연결해 볼 때 많은 명확한 권고가 나온다. Conn 등(2002)은 환자군이 비환자군보다 처방된 운동 원칙에 더 잘 반응하는 경향이 있고, 만약 참가자와 개입 간의 강한 계약에 기반하여 그들이 행동(광범위한 건강교육보다), 통합된 자가점검, 집단 형식의 사용에 초점을 둔다면 환자 집단은 보다 더 성공적일 것이라고 결론지었다.

각성 감소 기법

다양한 방법 간의 차이점과 유사점이 다른 곳에서 광범위하게 논의되었으므로(Leher & Woolfolk, 1990; Linden, 1990; Vautl & Petermann, 2000) 이 절에서는 상이한 각성 감소 전략의 혜택과 근거에 대해서는 상대적으로 짧게 다루었다. 더 나아가, 다음에서 보듯이, 특정한 기법의 옹호자들은 고유성과 차이점을 강조하려고 하지만 결과는 차이점보다는 유사점이 훨씬 더 많았다(Benson, 1975). 각성 감소 방법의 주된 목적은 사람들이 교감적 각성을 감지하도록 돕고 그들에게 그런 각성을 감소시키는 기법을 인식하도록 돕는 것이다. 보다 최근에 응용 심리생리학 연구자들은 이완방법을 교감 및 부교감계 활동 간에 균형을 맞추는 도구로 보게 되었다. 기법 배우기에 더해서, 대부분의 이완방법(특히 명상과 자율훈련)의 지지자들은 숙련된 이완 훈련가들이 전반적인 각성 양상을 변환시키고, 잠재적인 스트레스 상황에 대해 좀 더 멀리 조망하는 관점을 채택한다는 점도 강조하였다.

연구자들이 각성 감소 전략 간의 공통점과 많은 유사점을 보게 되었을 때(예: 초점 수단, 외부 자극 제거, 편안한 자세, 스스로에 대한 초점 맞추기의 자각; Benson, 1975) 그들은 이완기법이 조용히 앉아 있기와 휴식하기, 클래식 음악 듣기와 같은 다른 정적 활동보다 많은 제공거리를 갖는다는 생각에 도전하기 시작했다. 그러나 Alexander와 동료들(Alexander, Robinson, Orme-Johnson, Schneider, & Walton, 1994)은 단순히 '눈을 감고 휴식하라'는 활동과 명상 간의 비교에서 명상 수련가들이 피부 전도 반응, 호흡, 혈장 젖산의 변화에서 3~4배 이상 영향이 있음을 보여 주었고 각성 감소 기법이 독특하고 귀중한 속성을 갖는 개념임을 지지하였다.

각성 감소 전략이 단순한 신체적인 비활동보다는 더 많은 것을 제공하기는 하나, 구체적으로 적용했을 때 특별한 전략을 통해 차별화된 혜택 그리고/또는 '이상적 대응(match)'을 보여 주는 것은 훨씬 더 어렵다. Benson(1975)은 모든 각성 감소 개입이 중요한 특징을 공유하며, 적어도 대부분에 있어서 그 혜택들을 설명한다는 입장이다. 이들은 근거를 제공하고 그 자체에 초점을 두게 하고 자극이 감소된 환경 내에서 시간을 보내게 하며, 주의 초점화를 용이하게 하는 수단을 사용하게 한다. 방법 간에 가장 다른 점은 주의 초점화 수난의 유형이다. 명상에서 이것은 만트라이고, 점진적 근육 이완에서 이것은 명료하게 구조화되어 다양한 근육체의 긴장 이완 단계를 따라서 순서화되며, 바이오피드백에서 이것은 생리적인 감찰의 활용가능성으로 그 기능을 명시하고, 자율훈련에서 이것은 특정 생리적 변화를 제안하는 공식에 주의를 기울이는 구조화된 순서다. 이들의 공통 목표는 뇌파 양상을 변화시키는 이완 반응을 만드는 것이고(즉, 알파 활동성의 지배력을 높이는 것) 혈압, 근육의 톤을 감소시키고 날숨과 들숨의 깊이를 동시에 증가시켜 호흡 빈도를 감소시키는 것이다. 생리적인 각성 감소와 별도로, 이 기법들은 주관적인 각성에서의 변화를 유도하는 것 같다. 그리고 이들이 항상 동시에 일어나는 것이 아니라면, 연구자들은 생물학적인 변화와 심리적인 변화를 각각 따로 측정하고 보고할 가치가 있겠다. 독특하고 유행하는 한 가지 각성 감소 기법은 마음챙김 스트레스 감소(mindfulness stress reduction) 기법이다(Davidson, & Kabat-Zinn, 2004; Grossmann, Niemann, Schmidt & Walach, 2004; Kabat-Zinn, 2003). 비록 마음챙김 스트레스 감소는 서아시아 일부 대륙에서 수련하는 명상에 어느 정도 그 기원을 두고 있지만, 마음챙김 명상이 수동적인 수용이 아닌 기민한 자각을 성취하는 데 초점을 두고 자신의 행동과 환경과의 상호작용을 판단 없이 수용하고 바라보는 능력에 초점을 두기 때문에 초월적 명상과 같은 전통적인 명상과 구별된다(Kabat-Zinn, 2003). 다른 각성 감소 방법과 비교해서 마음챙김 명상에 관해 논의할 때의 잠재적인 문제는 마음챙김 명상이 하나의 단일 기법 개입이라기보다는 다중요소 접근법이고, 개입 프로그램으로 더 간주된다는 점이다(Davidson, & Kabat-Zinn

2004; Smith, 2004).

각성 감소 방법을 선택함으로써 때로 특정한 결과를 낳을 수 있지만(Leher, Carr, Sargunarj, & Woodfolk, 1994), 그것은 치료자 및 내담자의 선호에 따라 나타난 것이라 보이고 포괄적인 스트레스 감소에 대한 중요도는 덜하다. 요실금의 처치로서 골반 심전도 피드백이 그러하듯이, 등가성에 대한 이 요구는 대상과 기법의 어떤 '이상적' 대응을 지원하지는 않는다.

가장 광범위하게 고찰된 각성 감소 영역 중 하나는 자율훈련(AT)이다. 이 기법과 결과는 구체적인 기법-결과 대응 효과를 설명하기 위해 보다 자세하게 기술될 것이다. 자율훈련에서 환자는 여섯 가지 공식 세트를 배우는데, 이것은 구체적인 자율 감각을 암시하며 부지불식간에 반복된다(임상적 절차의 자세히 기술은 Linden, 1990 참조). 이 여섯 가지 공식과 이들의 표적 대상 영역은 ① 내 팔은 무겁다(근육 이완), ② 내 팔은 따뜻하다(혈관 확장), ③ 나의 심박은 일정하다(심장 기능의 안정화), ④ 나는 숨쉰다(호흡의 정상화), ⑤ 나의 위장에 온기가 발산되고 있다(내장 기관의 정상화), ⑥ 내 이마를 통해 차가운 기운이 감돈다(머리의 혈액순환의 정상화)와 같다. 이를 지지하는 연구에서 이들 심상훈련을 연습할 때 측정 가능한 생리적 변화가 동반됨을 보여 주었다(개념적 이슈의 논의를 위해서는 Lichstein, 1988; Linden, 1990; Luthe, 1970 참조).

최근에 나온 두 가지 자세한 고찰이 자율훈련과 다른 비교 처치의 효과를 평가하였다(Linden, 1994; stetter & Kupprt, 2002). 이들 고찰은 둘다 영어와 독일어 연구로부터 도출되었다는 독특한 장점을 지니고 있다. 수량화된 결과는 자율훈련이 Linden(1994)

의 개관에서 사전 대비 사후 처치의 효과가 생물학적인 지표에서는 $d=-0.43$이고, 심리적인 지표에 대해서는 $d=-0.58$이며, Stetter와 Kupper(2002)의 고찰에서는 $d=-0.68$(생물학적인 지표)과 $d=-0.75$(심리적 결과)로 효과크기가 중간임을 시사하였다. 합동(pooled) 효과크기 추정값은 개별 표적 문제에 대해 행동적·심리적 효과에 있을 법한 상당한 변산성을 감춘다. 긴장성 두통과 편두통, 고혈압, 관상동맥 심장 질환 재활, 천식, 신체형 동통 장애, 레이노증후군,[3] 불안 및 수면 장애에 대해 중간 크기의 향상이 보고되었다.

다양한 각성 감소 전략의 지지자들은 다른 심리치료자들과 마찬가지로 그들의 과제와 특정한 이론적 지향에 대한 기본 이론과 철학에 종종 얽매여 있다. 긴장 감소 방법은 기원에 따라 서양 대 동양 기원을 중심으로(바이오피드백, 근육 이완 대 명상, 요가), 또 훈련이 심상화를 요구하는 정도를 중심으로(예: 명상에는 심상 능력이 상당히 필요하고 근육 이완 훈련에는 심상 필요도가 낮음) 조직화될 수 있다. 이런 맥락에 따라서 태극권(Sandlund & Norlander, 2000)의 스트레스 감소 속성에 대한 경험적 지지가 있다. 그러나 태극권이 주의 분산과 초점화 요소와 더불어 일부 신체적 노력이 결합된다는 점을 고려한다면, 그것이 각성 감소라는 '우산'하에 배치될지 아니면 신체적 운동의 범주하에 배치되는 것이 더 적절할지는 아직 불분명하다.

궁극적으로, 그러나 어떤 한 방법이 다른 방법보다 더 효과적

---

3) 역자 주: 혈액순환장애의 일종이다.

인지에 대한 경험적인 질문이 있고, 그 대답은 적어도 좋은 측면
에서는 이미 가용하다. 관찰된 효과크기 d뿐 아니라 결과의 병합
과 비교를 허락하는 일곱 가지 메타분석에서 나온 자료(Eppley,
Abrams, & Shear, 1989; Goldfrey, Bonds, Kraus, Wiener, & Toth, 1990;
Grossman et al., 출판 중; Hyman, Feldman, Harris, Levin, & Malloy,
1989; Linden, 1994; Luebbert, Dahme, & Hasenbring, 2001; Stetter &
Kupper, 2002)를 〈표 3-1〉에 제시하였다.

이완훈련에 특히 초점을 두어 응용한 경우는 Luebber와 동료들
(2001)이 암 환자들을 대상으로 한 이완훈련의 분석에서 기술한 것
이다. 총 15편의 연구가 확인되었고 그들은 화학요법, 방사선 치

표 3-1 각성 감소 전략에 대한 평균 효과크기

고찰	사전/사후	각성 감소 대 무처치	각성 감소 대 위약집단	각성 감소 대 다른 적극적인 처치
Hyman 등 (1989)	−0.51	−0.58	−0.66	해당사항 없음
Epply 등 (1989)	해당사항 없음	−0.63	해당사항 없음	해당사항 없음
Godfry 등 (1990)	−0.40	해당사항 없음	해당사항 없음	해당사항 없음
Linden(1994)	−0.53	−0.52	−0.37	−0.03
Stetteer & Kupper(2002)	−0.75	−0.61	해당사항 없음	−0.28
Leubbert 등 (2001)	−0.49	해당사항 없음	해당사항 없음	해당사항 없음
Grossmann 등 (2004)	해당사항 없음	−0.56	−0.54	−0.43

료, 골수 이식, 고열을 경험하고 있던 환자들의 정서적 디스트레스에 뚜렷한 효과를 보여 주었다. 결과는 생물학적 지표(혈압, 심박, 메스꺼움, 통증)로 군집화되었고, 그에 맞는 집합 효과크기는 사전/사후 비교에서 $d=-0.49$(표본크기에 따라 가중됨)였다. 주관적 디스트레스(우울, 긴장, 불안, 기분)에 대한 결과도 $d=-0.49$였다.

Hymann 등(1989)은 다양하게 응용한 이완기법을 총망라한 48편의 연구를 토대로 결론을 내렸다. Linden(1994)은 Stetter와 Kupper(2002)와 마찬가지로, 자율훈련($N=24$ 연구)의 평가에 초점을 두었다. Eppley 등(1989; $N=146$ 연구)은 불안 감소를 위한 다양한 이완기법의 효과를 평가했다. Linden의 고찰에서 독특한 점은 스트레스의 생물학적 지표와 자기보고 각성 감소에 대한 효과크기를 별개로 보고한 것이다. 사전/사후 비교에서의 효과크기는 각각 $d=-0.47, d=-0.58$, 적극적인 처치 대 통제 비교는 각각 $d=-0.36$, $d=-0.67$, 위약집단과의 비교에서 그 점수는 각각 $d=-0.51, d=-0.24$였다. 흥미롭게도, 상이한 통제군에 내재된 비특정적 효과 수준이 증가됨에 따라 자기보고 디스트레스에 대한 효과크기는 약화된 반면, 스트레스의 생물학적 지표에 대한 효과크기는 같은 수준으로 남아 있었다. 〈표 3-1〉에서 효과크기는 자기보고와 생물학적 지표에 대한 효과크기의 평균을 반영한 것임을 기억하라.

Eppley와 동료들(1989)은 그들의 연구를 이완, 명상, 그리고 다른 이완(예: 명상이나 근육 이완이 아닌)으로 하위 분류하였고 효과크기가 각각 $d=-0.61, d=-0.69$ $d=-0.58$임을 발견하였다(〈표 3-1〉에서 보고된 효과크기는 이들 세 가지 개별적 효과크기의 평균이다). Grossmann 등(2004)은 마음챙김 기반 스트레스 감소에 대한 경험적 논문 64편을 가져와서 통제 조건과 다양한 사전/사후 효과에 대한 효과크기를 계산하였다. 불행하게도 64편의 연구 중 단지 20편만이 방법론적으로 합당한 표준을 만족시켰고, 효과크기 비교에 포함될 수 있었다. 저자들은 마음챙김 스트레스 감소에 대한 평균 효과크기는 대략 $d=0.50$이라고 결론 내렸다. 〈표 3-1〉에서 지적하듯이, 이것은 적극적 치료와의 비교(평균 $d=0.43$)에서 모든 시험된 접근법 중에서 가장 큰 효과 우월성을 보여 주었으므로 다른 각성 감소 접근법보다 우수한 잠재력을 지닐 법하다. 그러나 그들은 다양한 모집단을 목표로 한 단지 소수의 연구만을 토대로 했기 때문에 그러한 주장은 주의 깊게 해석할 필요가 있다.

요약하자면, 〈표 3-1〉은 일곱 편의 모든 메타분석에서 일관되게 필적할 만한 중간 효과크기를 나타낸다. 기법을 하위 분류했을 때 의미 있는 차이가 나타나지는 않았고(Eppley et al., 1989), 사전/사후 변화에 대한 효과크기는 적극적인 치료와 무처치 통제집단에 대해 실질적으로 똑같았다. 뚜렷하게, 이들 자기보고 대 생물학적 지표로 나눈 결과에 대한 고찰은 일관적으로 생물학적 지표의 변화가 자기보고 지표만큼 크다는 것을 보고한다. 다양한 인지-행동적 치료에서 자기보고 고통의 변화가 생물학적 지표에 비해 2배나 컸던 점과는 놀라우리만큼 대조적이다.

메타분석의 집합 원칙이 때로는 무차별적인 '덩어리화(lumping)'임을 고려한다면, 어느 기법이 어떤 문제와 최적으로 잘 맞는지에 대한 질문이 여전히 남아 있다. 그러나 각성 감소 방법에 관한 문헌은 스트레스관리와 각성 감소 기법의 토론에 필요한 것보다 훨씬 더 광범위하다는 것을 주목하라. 심리적 스트레스로 인한 영향이 크다고 여겨지지 않는 응용 분야(수술 후 방광 제어, 신경근육 재활, 주의력 결핍장애)는 종종 놀라운 만큼의 긍정적인 결과(특히 몇몇 바이오피드백 적용에 대해서는)를 보여 줌에도 불구하고 여기서는 무시된다. Lehrer와 동료들(1994)은 각성 감소 전략에 맞는 응용 분야에 대한 효과적인 기법을 자세히 고찰하였다. 이 연구자들은 인지적 대 행동/자율적 강조점을 토대로 기법을 분류하면서 명상과 마음챙김은 스펙트럼 중 인지적인 차원의 극단을 형성하고, 자율훈련은 인지와 자율 근거 모두를 포함하는 것으로, 근육 이완과 바이오 피드백은 가장 생리적이고 자율 기법을 토대로 한 것으로 보고하였다. 스트레스, 불안, 그리고 공포(이 책에서 가장 적절한 응용)는 강력한 인지적 및 행동적 요소를 지닌 개입에 가장 반응적인 것으로 간주되었다.

특정 모집단에 대한 스트레스관리 효과

이런 종류의 고찰에서 모집단(population)은 어떻게 정의되어야 할까? 원칙적으로는 무한 개수의 하위 집단화가 가능한데, 어떤 사람은 건강한 사람들과 아픈 사람들, 남녀, 다양한 직업군에 속한 사람들, 노인과 젊은 참가자들, 그리고 별개의 다른 문화 집단들로 각각 이분화할 수 있을 것이다. 최근의 목적에 근거하여, 이 절에서는 건강한 다른 모집단에 대해서만 다룰 것이다. 기저 질환(천식이나 고혈압 같은)으로 정의된 표적 모집단에 대한 연구는 다음 절에서 기술될 것인데, 거기서는 표적 집단에 따라 연구가 조직화되었다.

정신이상이나 신체건강 이외의 특성을 근거로 모집단의 하위집단을 표적 대상으로(targeting) 하려면 이유가 필요하다. 모집단의 그 하위집단을 왜 연구하려는지를 사전 이론이나 관찰을 통해 정당화시켜야 한다. 여기에서 보여 준 것처럼, 일반적으로 그 이유와 근거를 찾기가 어렵지는 않으며, 다른 이론적 근거는 상응하게도 다른 프로토콜로 이어지는 경향이 있다. 건강한 사람들에게 SM을 가르치는 것은 일차예방적 정의에 의한 것이고, 이 경우 바닥효과(floor effect) 때문에 개입의 임상적 혜택을 보여 주기가 어렵다. 자기보고 스트레스나 근육 긴장은 많은 사례에서 뛰어난 결과 측정치를 보이는 것 같다. 그러나 만약 그 수치가 이미 낮다면 어떻게 그 사람이 '향상'했다는 것을 보여 줄 수 있겠는가? 그 대안은 SM을 일차예방 전략으로 생각하여, 참가자의 건강 변화를 수십 년간 추적하면서 비슷한 식의 도전적인 삶을 살면서 스트레스관리에 노출되지 않은 집단과 비교하는 것이다. 이런 유형의 전향적 접근은 현재까지는 실행되지 않았고, 혼입되지 않은 통제집단이 불가능하기 때문에 성공을 보장하기란 어렵다. 보다 실현 가능한 것은 물론 스트레스 관련 질병의 고위험 집단 또는 이 질병을 명백하게 보여 주는 집단에게 SM을 가르치는 것이다. 대안적으로 SM은 재활과정의 한 부분으로 제공될 수 있다. 다시 말해, SM은 이차 및 삼차 예방 노력의 일환으로서 기여한다.

비슷하게, 여성이 남성에 비해 다른 치료적 욕구와 선호를 가진다는 증거가 증가하기 때문에, 결과 연구에서 성차에 대한 논쟁을 제기할 수 있다(Crossette, Frasure-Smith, & Lesperance, 2001). 또한 기존의 자원과 도전(challenges)에 다양한 변산성이 이미 존재함을 고려한다면, 한 집단에서의 치료 결과를 SES 또는 인종/민족적 배경이 다른 집단에 쉽게 일반화하기는 어렵다.

마지막으로, 특정한 지역사회 구성원이나 같은 직장 사람들이 선발되고 치료 표적은 사전 환경 요구 평가에 맞추어질(또는 반응할) 수 있다. 지진과 같은 자연재해에 대처해야 하는 지역사회, 삭감 또는 합병으로 인적 구조의 급격한 변화를 본 기업들이 그 예가 될 수 있다. Van der Hek과 Plomp(1997)가 3(개입의 수)×3(결과 측정치의 수준) 격자로 배치하여 제공한 도식은 그런 연구들을 분류하기에 유용하다. 각 축은 개인, 개인-조직 상호작용 및 조직 자체에 초점을 두어 연속선상에 있는 연구를 구성한다. 이들 연구자는 또한 그들이 고찰한 24개 결과 연구들을 아홉 개 결과 셀에 따라 범주화한 표를 제공하였다. 그 결과는 사뭇 흥미롭다. 스물 네 개 중 두 개 연구만이 조직을 대상으로 했고 두 개만이 개인과 조직 간 상호작용에 좀 더 초점을 두었다. 연구 대다수는 압도적으로 개인을 목표로 한 것이었다. 그러나 연구들 중 거의 반은 조직에 영향을 준 결과 측정치(탈진, 결근 등)를 포함하였다. 유사하게, Giga 등(2003)이 스트레스관리에 관해 수행한 16편의 연구 고찰은 모든 개입의 81%가 개인을 향하는 것이고 19%는 체계적 변화를 표방한 것임을 보여 주었다. 새롭게 등장한 그림은 '스트레스 문제'를 분명하게 개인 내에 두어 회사의 효율성 강화를 위해 개인에게 더 좋은 SM 기술을 요구하는 직장문화에 대한 것이다.

건강한 모집단 하위집단을 대상으로 SM 결과의 출간물을 고찰했을 때, 여섯 편의 직장 개입에 대한 고찰이 드러났다. 그중 한 편은 메타분석이다(Godfrey et al., 1990). Van der Hek과 Plomp(1997)는 1987년과 1994년 사이에 출간된 24편의 직장 연구의 결과(서술식 고찰)를 고찰하였고, 그 결과가 너무 다양한 탓에 SM 효과에 대해서는 전반적인 결론을 정당화할 수 없다는 결론을 내렸다. Murphy(1996)는 64편의 직장 연구를 확인하였다. 그는 혜택이 전형적으로 명백하다는 점에서 Van der Hek과 Plomp(1997)가 했던 것보다 SM에 대해 보다 더 긍정적인 결론을 내렸다. 그리고 더 큰 혜택은 기법들을 결합했던 연구에서 보고되었다. 그러나 Murphy도 프로토콜, 측정치, 연구 설계의 질이 매우 다양하기 때문에 독자가 이를 경솔히 넘기는 것에 주의를 주었다. 더 나아가 그는 스트레스원 자체(예: 근무환경)를 표적으로 한 개입은 개인과 그들의 대처기술을 표적으로 한 것에 비해 더 유망하다고 주장하였다. 하지만 이런 종류의 작업은 특히 미개발 상태이다. 비슷하게, Jones와 Johnston(2000)은 실습 또는 수련 중인 간호사들로 행한 36건의 SM 시도에서 나온 결과치를 합산하였다. 이 연구 표본에는 유사통제(quasi-control) 조건을 가진 실험 전 개입이 포함되었다. 그들은 SM이 주관적 고통을 감소시키는 경향이 있기는 하나, 관찰된 통계적 향상치가 임상적으로 합당한 정도인지는 의문이라고 결론지었다. 놀랄 것도 없이, 그들은 가용한 연구가 종종 설계 결함이 있고, 내용이 매우 다양하며, 개인에게 주로 초점을 두고 개인-조직 상호작용은 무시하고 있다고 비판했다.

 의학 수련의에 대한 SM 개입의 고찰을 통해 600편의 적절해 보이는 연구를 확인하였다. 그중 24편은 정말로 개입 프로그램을 보고하였지만, 겨우 6편만이 프로토콜 신뢰성에 대한 과학적 표준을 만족시켰다(Shapiro, Shapiro, & Schwartz, 2000). 결과는 면역 기능의 향상, 불안과 우울 점수 감소, 영성과 공감의 향상, 스트레스 지식에 대한 향상, 갈등해결 기술의 증진을 보여 주었다. 비슷하게, 정신건강 전문가들이 수행한 체계적인 스트레스관리 개입에 대한 고찰은 실제 개입이 있었던 전체 세 편의 연구를 확인하였다(Edwards, Hanningan, Fothergill, & Burnard, 2002). 세 편의 연구에서 모두 긍정 결과를 보고했으나, 서로 다른 종류의 측정 도구를 사용하였다. 한 연구에서 직무만족이 증가했고 다른 두 연구에서는 소진이 감소했음을 보여 주었다.

전반적으로, 서술적 고찰에서 나온 결과들은 Godfrey와 동료들(1990)이 한 메타분석의 효과크기 계산에 반영되었다. 이들 연구자는 직장 스트레스 감소 노력에 대한 46편의 출간된 연구들을 추려 내어 19편만이 실제로 보고된 통계 결과였고, 다른 두 편의 결과들은 메타분석에 사용될 수 없는 불완전한 형태로 보고되었음을 발견하였다. Godfrey 등은 일차예방(대처기술 교육과 또는 스트레스원의 조작) 대 이차예방(즉, 각성 감소 전략을 가르치는 것만으로 구성)으로 하위 그룹화하여 연구 결과들을 보고하였다. 통제집단 설계가 거의 없다는 점을 감안할 때, 보고된 효과크기는 조건 내 사전/사후 변화를 반영한다. 일차예방 개입의 군집은 이차예방적 접근($d=-0.49$)보다 더 효과적($d=-0.80$의 감소)이었던 것으로 보고되었다. 그리고 이들 결과는 비록 치료 길이가 다름으로 인한 혼입효과가 있기는 하나, 단일 기법보다는 다중기법 프로토콜의 결과가 더 낫다는 점에 합의하였다. 추가로 하위분석을 실시하였지만 셀의 크기가 너무 작아서 결과는 그리 신뢰할 수 없다. 효과유지에 대한 통계치는 제공되지 않았음을 주목하라. 그러나 이차예방 노력을 한 하위 그룹 (n=7편의 연구)이 이완훈련에 대해 d=−0.40 효과크기를 보여 주었다는 점은 언급할 만하다.

건강한 모집단 대부분에 대한 SM 효과의 고찰은 바닥효과(floor effect)로 인해 변화가능성이 축소될 소지가 있음에도 불구하고 상당한 변화를 보고하는 경향이 있었다. 이것은 소위 건강한 사람들도 마찬가지로 자기보고 스트레스 수준 또는 관련 생물학적 및 행동 스트레스 지수를 개선할 여지가 있음을 시사하고, 비록 결과변수의 기저 점수가 특별히 상승되지 않았을지라도 변화를 이끌 영향력이 있음을 시사한다.

스트레스관리의 하위 유형은 스트레스 면역(stress inoculation)으로, 이것은 그 이론적 근거에서 진정으로 예방차원이며, 개인을 스트레스 접촉에 준비시키는 것이다. 여덟 편의 스트레스 면역 개입 프로토콜은 아동과 청소년에게 적용되었다. Maag과 Kotlash(1994)는 긍정적 결과 획득을 돕거나 아니면 방해가 될 법한 프로토콜 특징을 확인하였고, 여덟 편 중 어떤 것도 수련생의 특정 결함의 성격을 밝혔거나 개별 맞춤 개입에 적용하거나 일반화 프로그램을 사용하지는 않았다고 보고되었다. 스트레스 면역훈련과 같은 호소력 있고 합리적인 접근이 문헌에서는 질적 평가를 거의 받지 못한 점은 실망스럽다.

특정 종단점에서 스트레스관리 효과

과도한 자극에 대한 행동적 · 주관적 반응과 스트레스의 생리학에 관한 이전의 절과 일관되게, 이 절은 생리학적 측정치(다시 내분비, 면역 기능 그리고 심혈관 측정치로 하위 분류될 수 있는), 자기 보고 도구, 또래 또는 임상가의 관찰, 그리고 행동적 지표(알코올 섭취 또는 직장 결근 같은)로 구성될 수 있다. 한 연구 내에서 여러 영역의 종단점을 평가하는 것은 합리적이며, 이것은 스트레스의 정의를 너무 협소하게 또는 단순화시키는 것을 피하기 위해서도 권유되는 바이다. 특정 종단점에 대한 SM의 영향을 직접적으로 포함한 고찰은 거의 없다.

면역 기능. Miller와 Cohen(2001)은 면역 기능(immune function)에 대한 심리적 개입과 그 영향을 고찰하였다. 이 메타분석은 스트레스관리에 특정하여 초점을 두지는 않았지만, 다섯 가지 다른 유형의 개입을 비교한 결과를 제공하며, 그중 하나를 '스트레스관리'로 언급할 수 있다. 이 고찰을 논의함에 앞서 저자들이 심리적 개입을 조건화, 이완, 스트레스관리, 노출 개입, 그리고 면역 기능 암시를 통한 최면의 범주로 하위 분류했음을 먼저 언급할 필요가 있다. 그들은 이들 다섯 가지 유형의 개입이 겹치지 않는다는 점과 연구 범주가 안정적으로 반복될 수 있다는 점을 문서화하지는 않았다. 이완이 스트레스관리와 구별된다는 Miller와 Cohen의 주장은 문제시된다. 대조적으로, 이 책(그리고 SM에 관한 많은 다른 책)의 전반에 걸쳐 이완은 스트레스관리하에 포함되며 따로 구분되지 않는다. 유사하게, 노출(disclosure) 개입은 정서적 대처기술 훈련의 형태로 되어 있고 또한 광범위하게 스트레스관리하에 포함된다.

총 2,135명이 포함된 59편의 연구가 확인되었다. 이들은 무선화된 통제 조건을 갖춘 시험이었고 적어도 최소한의 설계 준거를 만족하였다. 면역 기능 지표 15가지가 추출되었다. 고찰 결과를 이해하려면, 치료할 특정 질병에 따라, 면역 기능 개입에서 바라는 목표는 억제이거나 활성화일 수도 있음을 말할 필요가 있다. 상대적인 효과크기 계산의 결과는 ① 이완기법과 스트레스관리가 본질적으로 면역 기능 지표에 대해 영향력이 없음을 나타내었고, ② 노출(disclosure) 개입은 사용된 지표에 따라 면역 기능의 작은 개선과 악화 모두를 암시함으로써 상당히 이질적인, 혼합된 결과를 초래했으며, ③ 면역 기능 심상을 이용한 최면과 조건화 연구는 중등도 혜택을 보여 주었다. 다시 말해, 면역 기능은 바라던 방향으로 변화시켰다. 그러나 억제 심상을 암시했던 연구들은 의도한 혜택($r = .27$)을 보인 반면, 면역 효과를 향상시키려고 설계된 최면적 심상은 효과를 보여 주지 못했음($r = .00$)을 주목하라. 조건화(conditioning) 개입의 효과는 상당히 컸으나($r = .57$), 종단점으로서 살해 세포활동만이 연구되어 왔다.

심혈관 결과. 고혈압에 적용된 심리치료와 심장 재활의 일부로 제안된 심리치료에 대해 수많은 고찰(서술적 그리고 양적)이 이루어졌다(Jacob, Chesney, Wiliams, Ding, & Shapiro, 1991; Linden, 2000, 2003; Linden & Chambers, 1994; Linden, Stossel, & Maurice, 1996;

Oldridge, Guyatt, Fischer, & Rimm, 1988; Sepnce, Barnett, Linden, Ramsden, & Taenzer, 1999). 이들 고찰에서 다룬 모든 개입이 구체적으로 스트레스관리라고 명명된 것은 아니나, 이 연구들의 근거를 조사하면 심리적 디스트레스의 감소가 이 환자 집단에 대한 주된 심리적 개입 목표임을 알 수 있었다. 따라서 이 연구들을 SM하에 포함시키는 것은 타당해 보인다. 질병 자체는 적응을 필요로 하는 스트레스원으로서 해석될 수 있고, 스트레스원으로서 이 질병의 존재란 잠재적으로 독보적이며 그 질병 이전에 존재한 스트레스 수준과 독립적임을 주목하라.

심장 재활에서 고통 감소의 결과. 심장 재활의 심리적 처치에 대한 많은 평가 결과는 SM 개입이라고 구체적으로 지칭되지는 않았으나, 그들은 SM 그늘하에서야 잘 맞는 기법 설명과 근거들을 지니고 있다. 연구들은 통상적으로 심장병 환자의 진단과 치료 과정을 대처가 필요한 주요한 스트레스원으로 보고 있으며, 정서적 디스트레스가 심혈관 질환의 발달에 기여하고 재활을 방해할 수 있다는 자료와 믿음이 증가하고 있다(Rozanski, Blumenthal, & Kaplan, 1999).

치료 결과는 서술적 분석과 메타분석 비교를 통해 주의 깊게 평가되었다. 심장 재활에 대한 심리적 효과 고찰은 성격상 예방적인 것 (즉, 심장 질환의 위험에 처해 있는 사람들을 대상으로 함) 대 심장 질환으로 확진된 환자 대상의 것으로 하위 분류할 수 있다. 심혈관 질환(CAD)의 일차 및 이차 예방을 위한 심리사회적 개입에 관한 메타분석 중, A형 행동(Type A behavior)의 수정가능성 및 그와 관련된 건강상 혜택에 특히 초점을 둔 연구가 있다(Nunes, Frank, & Kornfeld,

1987). Nunes 등이 개관한 18편의 연구 중 일곱 편은 심혈관 질환 (CAD)으로 기록된 표본이었던 반면, 다른 연구들은 건강한 사람들의 표본으로 이루어졌다. 효과크기는 개입이 적극적일수록 증가하는 것으로 나타났다. 통제집단(전형적으로 약물)과 비교한 심리사회적 처치 효과는 1년과 3년 시점에서의 치사율과 유병률로 평가되었다. 일 년 추적에서 사망률 감소에 대한 효과크기는 $d=0.34(ns)$, 재발성 심근경색 감소에 대해서는 $d=0.45$ ($p<.05$에서 유의), 재발성 심근경색과 사망률의 결합에 대해서는 $d=0.57(p<.05$에서 유의)이었다. 삼년 추적 시점에서 사망률과 유병률을 결합한 수치는 $d=0.97(p<.001$에서 유의)로 임상적 혜택이 더 향상되었음을 보여주었다.

경험적으로 볼 때, 스트레스 감소가 심장 보호에 일익을 담당함을 지지하는 한편, 영양이나 운동 개입과 비교하자면 심리적 개입이 가질 수 있는 고유의 효과에 관한 한 견해 차이가 있다. 우리 연구 집단은 이 같은 격차를 메우기 위해 관상동맥 질환 환자의 재활 치료에서 심리사회적 치료를 추가했을 때의 영향을 평가한 23개의 무선통제연구의 통계적 메타분석을 수행하였다(Linden et al., 1996). 총 23편 중 10편에서 재발 자료가 있었고 사망률 자료는 12편에서 구할 수 있었다. 추적 자료는 단기 추적(2년 이하)과 장기 추적(2년 이상)으로 군집화되어 개입의 장기 효과를 시험할 수 있었다. 이 분석에서 가장 길게 추적한 기간은 8년과 5년이었다. 평균 추적 길이는 2년 이하 범주에서 12개월이었고, 2년 이상 범주에서는 63개월(5.2년)이었다. 그 결과는 서술적 분석과 메타분석 모두를 포함한 앞선 고찰의 결과와 상당부분 일치하였다. 관찰된 승산비

(odd-ratio)는 2년 이하 추적에서 46% 재발 감소를, 보다 긴 추적에 서는 39% 재발 감소를 보여 주었다. 심리사회적 처치에 대해 사망 률을 시험 분석 했을 때(완전한 무선 연구 자료만 사용해서) 41%의 사 망률 감소를 보여 주었다. 이 년 이상 추적에서는 꾸준한 사망률 감 소 추세(26%)가 있었지만, 통계적으로 유의한 수준은 아니었다. 심 리치료 덕분에 심장 발작 재발이 감소한 규모 역시 매우 유사하였 고, 사망률 감소에서도 일치하였다.

심리적 고통과 생물학적 위험요인의 측면에서, 통제 조건하의 환자들은 거의 변화가 없었다(사전검사에 비교했을 때). 만약 있다 고 한다면 그들은 악화되었다. 다른 한편, 심리적 개입은 심리적 고 통($d=-0.34$), 심박($d=-0.38$), 콜레스테롤($d=-1.54$), 수축기 혈압 ($d=-0.24$)의 감소를 보여 주었다.

앞서 설명한 고찰은 심장병 환자에 대한 심리사회적 처치의 영 향에 대해 보다 긍정적인 결론을 제시하였고, 스트레스 감소가 다 중 건강 지표, 본질적으로는 심리와 생물학적 지표 둘 다에 도움이 되는 것 같다는 주장을 강조했다. Linden 등(1996)의 고찰이 출간 된 후에 또 다른 메타분석(Dusseldorp, Van Elderen, Maes, Meulman, & Kraail, 1999)과 네 개의 대규모 임상 시험이 발표되었는데, 이들은 심리치료가 유익하다는 주장을 훼손하는 것처럼 보였고, 심리적 개 입의 유용성에 대해 다소 찬반이 갈리는 모호한 결론을 내렸다.

Jones와 West(1996)는 대규모 시도로부터 2,328명의 심근경색 후 환자 표본을 대상으로 심리개입의 추가가 표준적인 간호와 대 조되었던 결과를 보고했다. 다중구성 스트레스관리 재활 프로그 램은 사망률, 임상적 합병증, 불안 또는 우울에 대해 추가적인 혜택을 명백하게 보여 주지는 않았다. 처치받은 환자들은 협심증과 약물 사용을 더 적게 보고하였다. 스트레스, 불안, 또는 우울의 상 승도에 관계없이, 모든 심장병 환자는 두 가지 처치 조건 중 한 가 지에 무선할당되었음을 주목하라. 두 집단 모두에서 12개월이 지 난 후에 사망률이 6% 정도였다는 사실은 중요하며, 낮은 기저율 때 문에 통제 처치로부터 실험 처치를 구분하기는 어려웠다. Frasure-Smith 등(1997)이 최근에 행한 또 다른 대규모 시도는 실망스러운 결과를 보여 주었는데, 이들은 전반적으로 심리적 치료의 뚜렷한 효과를 발견하지 못했고, 치료받은 여성에게서 사망률이 좀 더 증 가하는 경향을 발견하였다. 마지막으로 지금까지 심장 재활 환자 에게 수행했던 가장 큰 심리적 시도도 언급할 만하다(The Writing Committee for the ENRICHD Investigators, 2003). 설령 이 연구를 스 트레스관리의 한 시도로 생각하기는 적절치 않다 해도, 개입의 목 표가 우울증이고, 좀 덜한 정도로는 사회적 지지의 향상임을 감안 한다면 말이다. 무선화된 임상적 시도방법을 통해 여덟 개의 참여 센터에 등록된 2,481명의 심근경색을 겪은 환자(여성 1,084명, 남성 1,397명)가 실험 처치에 또는 일상적인 치료관리 통제집단에 배치 되었다. ENRICHD가 사망률 결과에 심리적 처치의 혜택을 보여 주 지는 못했지만, 일상적인 치료관리 조건이 실제로는 효력이 없는 상태(inert)가 아니라 최소한의 개입 통제를 대표함에도 불구하고, 우울증을 감소시키고 지지를 향상시키는 데는 성공적이었다.

이들 혼란스러운 결과는 표준 치료를 심리적 처치를 추가한 치 료와 비교했던 Linden 등(1996)이 수행했던 것과 같이 메타분석 (Dusseldorp et al., 1999)을 통해 명료해졌다. 연구자들은 치료 기간에 따라 6~52% 범위 내에서 심리적 처치로 인한 사망률 감소가 나타남을 언급하였다. 모든 연구를 종합해 볼 때, 심리치료는 심근경색증의 단기 재발에는 긍정적 영향이 유의하지 않았지만(−16%) 중기와 장기 추적에서는 41% 감소를 보여 주었다. 심리치료에서 심리적 변화를 양산하는 데 실패했던 연구와 성공했던 연구를 비교한 결과는 가장 놀라웠다. 심리적 디스트레스가 치료에 의해 감소되지 않았을 때(Jone & West, 1996의 연구에서 그랬듯이), 환자 사망률은 통제집단의 것보다 더 높았고(승산비 0.88:1) 심근경색증 재발은 영향을 받지 않았다(승산비 1.03:1). 그러나 심리적 디스트레스가 감소되었을 때, 사망률에 대한 승산비는 1.52:1이고 재발률은 1.69:1이었다. 이런 매개효과의 중요성은 Cossette 등(2001)에 의해서도 강조되었다. 그는 실망스러웠던 M−HART 결과를 재분석하였는데, 심리적 디스트레스가 효과적으로 감소할 때도 심장병에 대한 혜택이 일어날 수 있다고 결론지었다. 보다 구체적으로, 단기 불안과 우울 감소가 1년 후 상태(즉, 처치 반응 안정성)를 예언하였고, 디스트레스의 감소는 심장병적 원인으로 인한 사망률을 감소시키고 재입원 횟수도 감소시켰음을 발견하였다. 이런 결과는 어떤 환자들이 어떤 치료 접근을 통해 가장 큰 혜택을 입을지에 관한 질문에 관심을 갖게 만든다. 이런 주류에 따라서, 초기의 재활 연구는 거의 남성에게만 치료를 독점적으로 제공하는 경향을 보였고, 이 남성들은 대체로 여성 심장병 환자보다 젊은 편이었다. 더 나이든 환자(대부분은 여성)는 표준 치료 접근의 혜택을 덜 입었고, 치료는 남성이냐 여성이냐에 따라 달라질 필요가 있겠다. 이때, 나이 든 여성 환자는 치료 없이도 실제로 좋아질 수 있음을 배제할 수 없다.

심장병 환자들은 심장학적 치료 개선 덕에 심근경색 후 낮아진 사망률의 혜택을 입은 운 좋은 수혜자이다. 결과적으로, 연구자들은 다른 종단점을 가진 치료 프로토콜을 고려할 필요가 있는데, 이 종단점은 중요한 예후 지표이고 시간에 따라 바뀔 것 같다. 이러한 종단점은 본질적으로 심리적인 것(예: 디스트레스), 허혈과 같은 심장 정지 종단점, 조기 심실 수축 또는 심장 주기 변동일 수 있다. 후자의 접근은 스트레스관리 개입 시도에서 반영되어(Blumenthal et al., 2002; Blumenthal et al., 1997) 그 결과는 운동 통제 조건에서 나온 것들과 대조되었다. 이 처치는 작은 집단에 주당 1.5시간으로 16주간 지속된 인지행동적 개입이었다. 심리적 디스트레스가 높은 환자들로 선별된 것은 아니었다. 총 5년 추적 기간(Blumenthal et al., 2002) 동안, 일상적인 치료관리 통제집단(1.3사건)과 비교할 때 스트레스관리 집단은 재발 사건에서 0.6의 상대적인 위험만을 가졌다. 덧붙여 연구자들은 허혈 환자들의 장기 치료관리 동안 스트레스관리로 인해 비용절감이 뚜렷함을 보여 주었다(다른 조건에 비교해서). 또한 허혈환자는 운동보다도 스트레스관리로 인한 혜택이 더 많았다. 스트레스관리는 적대감 및 자기보고 스트레스 감소와 독특하게 관련되었지만, 우울이나 특성 불안 감소에 대해서는 독특한 이점을 보이지 않았다.

심장병 재활에서 심리적 스트레스 감소 영역의 결과가 혼돈스러운 면이 있으나, 스트레스감소 프로그램의 무선통제연구를 완료한 많은 환자와 종합적인 지식 기반을 면밀히 검토한 고찰을 고려할 때 꽤나 분명한 결론을 내릴 수 있다. 고통이 시작 시점에서 나타나지 않는 경우(바닥효과 문제), 모든 환자들이 동등한 혜택을 입

지 못할 경우(특히 고령의 여성은 혜택이 있다 해도 적다), 또는 치료기
간에 비례해서 더 좋은 결과가 나타나지 않는 경우라면 심장병 환
자에게 스트레스 감소를 기대하는 것은 무용지물이었다. 스트레스
감소가 실제로 이루어졌을 경우, 5년 관찰 기간에 달하는 추적에서
재발과 더불어 사망률도 감소되었다.

고혈압. 심리적 스트레스가 본태성 고혈압 발달에 기여한다고 인
식되고 있음에도, 그리고 스트레스-고혈압 연관성에 관한 역학적
증거가 매우 확실함에도, 스트레스가 어떻게 질병을 유도하는지를
설명할 생리심리학적 경로는 분명치 않다(Schwartz et al., 2003). 스
트레스와 고혈압을 연결시키는 연구 결과와 일관되게, 심리치료는
스트레스 감소를 위한 두 가지 방법 중 하나로 설계된다. 한 가지
접근은 이완훈련, 명상, 또는 바이오피드백을 통한 각성 감소를 강
조하는 것으로, 이들 모두는 개인의 자기조절기술을 향상시키게끔
설계된 것이다. 두 번째 접근은 스트레스를 촉발자, 대처 행동, 인
지, 그리고—마지막으로—생리적 스트레스 반응을 포함하는 다
중단계 과정으로 생각하는 것이다. 스트레스-혈압 연계성을 고려
한 이 두 번째 모형을 사용한 연구는 인지행동적 스트레스 대처기
술의 결핍을 목표로 삼는다.
치료 결과 보고와 결과된 합의 의견이 무비판적인 고찰로 집
계된다면, 효과는 작은 경향을 보인다. U.S 보고서(Joint National
Committee on Detenction, Evaluation, and Treatment, 1988)와 초
기의 캐나다 합의회(Canadian Consensus Conference on Non-
Pharmacological Approaches, 1990)는 최근의 캐나다 합의회(Spence

et al., 1999)와 고혈압 치료에 대한 비약물적 접근의 효과에 대한 메타분석으로 완결되었다(Andrew, McMahon, Austin, Byrne, 1984; Linden & Chambers, 1994; Ward, Swan, & Chesneym, 1987). 이와 함께, 긍정적인 추천이 강도에 있어서 상당히 다름에도 불구하고 이들 고찰은 다양한 연구 간의 일치점과 차이점에 대해 명시하였다. Andrew 등(1984)은 14편의 약물 연구를 표집하였고 37편의 비약물 연구의 결과를 비교하여 효과크기를 보았다. 약물은 가장 효과적인 비약물 접근보다 효과크기가 2배로 매우 효과적인 것으로 나타났다. 예를 들면, 체중 감소($d=1.6$), 요가($d=1.4$), 그리고 근육 이완($d=1.3$)이 있다. 다른 비약물적 접근은 위약(placebo) 관련 결과($d=0.6\sim0.7$)와 다를 바 없는 효과크기를 나타내었다. Andrew의 고찰에서 이완훈련 연구는 표준화된, 단일 기법 개입으로 언급되었음을 주목하라.

Ward 등(1987)은 높은 설계 기준을 만족시키는 연구들만을 포함하여 전체 12편의 연구를 남겼다. 집단 내 치료 전후 변화 또는 대기 통제집단과 적극적인 치료 간의 비교를 토대로 했을 때, 각성의 감소를 위해 설계된 치료의(압도적으로 이완) 효과크기는 수축기 혈압에 대해서 $d=0.54\sim0.65$였고 이완기 혈압에 대해서는 $d=0.40\sim0.58$이었다.

Jacob과 동료들(1991)도 고혈압의 이완치료에 관한 결과를 고찰하여(비록 전체 메타분석 접근을 사용하지는 않았지만), 75개의 통제된 임상적 시도를 확인하였다. Jacob 등은 설계 특징과 진입 기준이 관찰된 임상 효과에 얼마나 중요한 영향을 미쳤는가를 강조하였다. 치료 전 혈압 수치가 높았던 환자들은 치료를 통해 훨씬 더 향상되었음을 보여 주었다(수축기 혈압에 대해 $r=.75$, 이완기 혈압에 대해 $r=.64$). 치료 전 수준에서 차이가 나는 이슈는 두 가지 이전의 북미 합의회(Notrh Amraican consensus group)나 이전 고찰에서 고려되지 않아 왔던 것이고 심리치료에서 가능한 효과를 과소평가하게 할 수 있다.

Jacob 등(1991)의 서술적 고찰 접근은 후속으로 메타분석을 완수하였고, 훨씬 더 심리학적인 근거를 가진 치료 비교를 표집하였다(Linden & Chambers, 1994). 비록 약물치료가 효과적인 고혈압 치료의 표준으로 받아들여짐에도 불구하고 합의회(Consensus Conference) 보고서 중 어떤 것도 약물치료와 비약물 치료 효과를 직접적으로 비교하지는 않았다(Canadian Consensus Conference, 1988; The Joint National Committee on Detection, Evaluation, and Treatment of High Blood Pressure, 1988). 이에 따라 Linden과 Chambers(1994)는 서술적 고찰 결과가 약물학적 제제들과의 비교를 포함한, 정량적 메타분석 연구를 통해 확증될 수 있을지 여부를 조사하였다. 구체적으로 그들은 전체 혈압 변화량이 얼마나 약물치료 결과에 비해 비약물적 접근으로 획득될 수 있었는지를 알고 싶어 하였다. 이 고찰의 목적은 환자가 자신의 훈련가에게 "내가 가용한 치료 선택지를 취한다면 어느 정도의 혈압 감소가 가능한가?"라는 질문에 명백한 답을 주는 것이다.

Linden과 Chambers(1994)의 메타분석은 전체 166편의 연구를 포함하였는데, 이들은 세 종류의 약물, 체중 감소, 나트륨과 알코올 제한, 신체운동, 칼슘과 칼륨 공급, 단일구성 및 다중구성 이완치료, 그리고 개별화된 인지행동치료의 효과를 평가하였다. 비약물적 접근 중에서 체중 감소/신체운동, 그리고 개별화된 인지행동 심리치료는 특히 효과적이었고, 수축기 혈압 감소에 대해 관찰된 원점수 효과크기에서 약물치료와도 차이가 없었다.

Linden과 Chambers(1994)는 실제로 어떤 치료를 했는지에 무관하게 초기 혈압 수준이 치료 효과에 강력하게 영향을 미친다는 Jacob의 관찰을 재확인하였다. 초기 혈압 수준의 차이를 보정한 후에, 비약물치료의 효과크기는 증가했고, 수축기와 이완 혈압 감소에 있어서 개별 심리치료의 효과크기는 약물 치료의 효과크기와 대응(match)되었다. 이 연구들은 특히 치료 전 혈압 수준의 차이가 고려되었을 때 일부 비약물치료가 상당히 효과적임을 시사한다. 기법특정적 결과의 관점에서, 개인적 접근에 비해 표준화된 치료를 적용했을 때는 더 작은 혈압 감소가 나타났다(Linden과 Chambers, 1994).

앞서의 고려는 다른 종류의 임상적 시도, 다시 말해 보수적인 측정전략[종단점으로서 활동성 혈압(ambulatory blood pressure)], 높은 초기 혈압, 그리고 개별화된 일대일 치료를 사용한 연구(Linden, Lenz, & Con, 2001)에 대한 기반을 형성하였다. 치료를 통해 활동성 혈압이 뚜렷하게 감소되었고 6개월 추적에서 전체 변화는 각각 -10.8과 -8.5mmHg였다. 치료 초기의 혈압 수준은 혈압 변화와 상관있었다(각각 $r=.45$과 $.51$). 수축기 혈압 변화량은 심리적 스트레스의 감소($r=.34$) 및 분노 대처방식에서의 변화(r은 $.35\sim.41$ 범위)와 정적 상관을 보였다. 이 연구는 전문적 치료자가 제안한 개별화된 방식의 심리적 개입이 본태성 고혈압에 효과적인 치료가 될 수 있음을 시사하였다. 수축기와 이완기의 24시간 평균 혈압 모두에서 뚜렷하고 임상적으로 의미 있는 감소가 관찰되었다.

다른 건강 결과의 SM 적용. 스트레스는 많은 의학적 장애의 치료
와 재활에 기여하거나 역할을 한다. 디스트레스는 질병 진단에 대
한 예상 가능한 반응이며, 질환이 있음을 안다는 것은 증상을 악
화시키고, 보통 불안과 우울증의 형태로 정서적 고통을 유발한다.
Ong 등(2004)은 다양한 건강 문제에 SM을 적용한 153편의 연구 중
40%를 확인하였다. 고혈압, 심장 재활, 면역체계 향상에 이르기까
지 자주 연구되는 SM 응용 프로그램 외에, 체계적인 고찰이 이루지
지는 않았지만 전반적으로 많은 응용 분야에서 긍정 결과를 보여
주었다. 그런 긍정 결과들이 고무적이기는 하나 결정적이지는 않
기에, 고찰이 절실히 필요하다.
　암환자들이 미지의 두려움과 스트레스에 대처해야 한다는 사실
로 인해 수많은 연구자는 암 환자에게 고통 감소 노력을 제안하게
되었다. 이 연구들은 정동과 삶의 질 향상을 위해 스트레스관리가
의미 있음을 일관되게 지지한다(Fawzy et al., 1993; Jacobsen et al.,
2002; Schwartz, 1998; Speca, Calson, Goodey, & Angen, 2000). 암 환
자를 대상으로 하는 심리치료의 새로운 방향은 단순한 고통 감소
를 넘어서 환자들에게 질병 경험에서 얻은 잠재적인 혜택을 확인
하는 길을 찾게끔 '의미를 만드는' 차원을 추가한 것이다(Bower &
Segerstom, 2004). 의미 형성을 목표로 초기 유방암 환자에게 인지
행동치료를 한 개입에서는 고통 감소를 넘어 면역 기능 향상까지
보여 줌으로써 이러한 전망은 명백해졌다. 면역 기능 향상은 다시
의미 형성에서의 상대적인 성공과 상관되었다. 이것은 이렇게, 심

리치료와 질병 결과 간의 잠재적인 매개 경로를 시사한다.

류머티스 관절염에 대한 응용은 Savelkoul, de Witte와 Post (2003)의 고찰에서 설명되었는데, 이들은 관절염 환자에게 심리치료를 수행한 13편의 연구를 확인하였다. 그중 세 편만이 대처 개입을 기술하였고 한 편만이 긍정 결과를 지지하였다. 더 나아가 당뇨병(Henry, Wilson, Bruce, Chisholm, & Rawling, 1997; McGrady, Nadsady, & Schumann-Brzezinski, 1991), 섬유 근육통(Kaplan, Goldberg, & Galvin-Nadeau, 1993; Wigers, Stiles, & Vogel, 1996), 다발성 경화증(Schwartz, 1999), 피부염(Habib & Morrissey, 1999), 육상경기 선수의 부상과 질병 방지(Perna, Antoni, Baum, Gordon, & Schneiderman, 2003), 그리고 HIV 양성 환자(Antoni, 2003; Antoni et al., 1991; Lutgendorf et al., 1997; Lutgendorf et al., 1998)에 대해 개별 연구의 증거가 지지되었다.

스트레스관리 효과의 요약

문헌을 통해 검토된 방대한 양의 연구 결과가 스트레스관리의 혜택을 보여 주었다. 그들은 여기에서 범주별로 조직화되었고 요약되고 평가되었다. 이 장을 통해 본 결과와 앞선 고찰 연구(Ong et al., 2004)를 통해, SM에 대한 합의된 정의가 부족했던 점은 '스트레스관리'로 기술된 개입과 다중기법들을 하나의 패키지화한 개입을 의미 있게 비교함에 있어 장애요인으로 생각되었다. 그럼에도 적어도 비교를 위해 모집단 하위집단이나 응용 분야에 대한 SM 개입 결과를 앞에서 보고할 때 스트레스관리라는 용어는 의미 있게 받아들여졌다. 이 고찰의 첫 번째이자 가장 큰 부분은 이런 제약에서 자유로운데, 그 이유는 전반적인 용어 SM보다는 보다 구체적인 기법 설명자로 개입을 조직화했기 때문이다.

수많은 핵심 결론이 이 고찰에서 도출되었다.

- SM이 비효과적인 것으로 나타난 응용 분야나 모집단 하위집단은 없었다. SM은 해로울 가능성이 거의 없고 대개는 최소 중간 정도의 긍정 결과를 양산한다.
- SM은 치료 비교에서 다른 적극적인 심리치료에 거의 반대되지 않으며 사전/사후, 참가자 내 변화, 비처치 통제집단과의 비교로부터 압도적으로 긍정적 효과가 도출되었다.
- 대부분의 자극 조작(또는 환경 변화) 접근들은 직장에서 시험되었고, 그 결과는 개인의 각성 감소 전략보다 이러한 접근에 대해 우호적이다. 사회적 정책 변화를 체계적인 개입으로 평가한 의미 있는 문헌은 발견되지 않았으며, 이러한 유형의 개입에 대한 광범위한 메타분석도 발견되지 않았다.
- SM은 대개 활동적인 면역 기능을 억제시키는 데는 유용하지만 약화된 면역 기능을 항진시키는 데는 잠재력을 보여 주지 못했다.
- 가장 유망한 발견은 혈압 감소로, SM은 심혈관 문제에 유용한 것으로 나타났다. 심장 재활의 영역에서 남자는 여자보다 더 혜택을 입는 것으로 보였다.
- 대처 개입에 대한 문헌은 해석이 매우 어려웠다. 그 이유는 부

분적으로는 대처의 기본 분류법이 계속 변하고 있다는 사실에 근거한다. 스트레스관리를 용이하게 하는 대처 문헌이 제한적인 이유는 적응적인 대처가 상황-특질 상호작용 모형으로 가장 잘 설명되는데, 이 모형이 표준화된 무선할당 치료 프로토콜에서는 시험하고 가르치기 어렵기 때문이기도 하다.

• 유사하게, 문제해결훈련에 대한 문헌은 그 효과에 대해 일부 경험적 지지를 받지만 광범위한 고찰은 부족하다. 이러한 통합된 데이터베이스의 부재는 연구자들이 문제해결훈련의 기본 원칙을 공유하지만, 이 원칙을 다른 모집단과 문제영역에 적용하면 비교할 준비가 되지 않은 매우 다른 프로토콜이 생성된다는 사실에서 비롯되었을 수 있다. 예로 새로 진단된 암 환자에 대한 문제해결훈련은 충동 통제 문제를 가진 아동의 문제해결훈련과는 매우 달라야 한다는 것이다.

• 모든 연구가 매일의 기술 획득의 전수를 보여 주지 않는다 해도 사회기술 훈련은 성인에게는 일관되게(아동에게는 다소 덜한) 효과적이라고 보고된다.

• 일부 인기 있고 자주 실연되는 기법은 강력한 경험적 기반 근거를 지니지만 결과 평가에 대한 연구는 실질적으로 부족하다. 이것은 유머, 반려동물, 스트레스 접종, 그리고 시간관리의 사용에서 사실로 확인된다.

• 스트레스에 대해 알려진 많은 사전 소인적 요인들은 유전과 낮은 사회 경제적 지위를 포함하며, 이들은 최소한 심리학자의 사무실에는 잘 변화되기 어렵다.

• 완충 분야는 개념적 복잡성이 다소 혼합되어 있고 잘 알려지

고 수용된 개념(체력, 사회적 지지)뿐만 아니라 유망한 새로운 개념(일체감, 영성)을 포함한다. 대개 사회적 지지의 창출은 유익하다는 증거가 있고, 운동은 스트레스에 가치 있는 완충제라는 강력하고 일관된 증거가 있으며, 이는 반복 가능하고 중간 효과크기를 가진다. 긍정심리학하에서 추정될 수 있는 개념에서의 결과 연구는 대체로 유망하나 시험되지 않아 여전히 걸음마 단계에 있다.

• 각성 감소 전략의 관점에서 상당수 연구의 주된 결론은 많은 효과적인 기법이 유용하고 그 효과는 전반적으로 중간 범위에 있으며, 기법은 대개 효과적인 스트레스 감소 도구로서 상호 변화 가능하다는 것이다. 그러나 심리치료, 특히 인지행동치료와 달리, 각성 감소 전략은 스트레스에 대한 생물학적 지표와 정동에 대한 자기보고가 비슷한 크기의 효과를 보인다. 반면, 심리치료는 자기보고 고통 감소에서는 큰 효과를 보이나 그에 상응할 만큼의 생물학적 변화를 보이지는 않는다.

• SM의 단일 기법적 접근은 다중요소 개입만큼 적합하지 않다는 지지가 증가하고는 있지만, 이 관찰은 정의상의 문제가 다중요소 스트레스관리 개입 결과의 신뢰도를 방해한다는 사실과 이들 개입이 길수록 또한 더 좋은 결과를 만들어 낸다는 혼란스러운 설명 앞에 놓여 있다.

제**4**장

이제는 무엇을 할 것인가
−요약, 반영, 그리고 권고−

STRESS MANAGEMENT

의식이라는 작은 효소는 전체 문화에 큰 촉매 효과를 가져올 수 있다.
요거트를 만들어 본 어떤 누구라도 그 사실을 안다.
— 전 캐나다 대사 James George, 1995(Colombo, 2000에서 인용)

주된 결론

스트레스관리 구성개념 및 유용하고 반복 가능하고 투명한 개입 프로그램 설계를 위해 이 지식을 적용하기 위한 담론에 중요한 정보를 추출하고자 기초 생물학부터 역학을 아울러 사회 정책과 임상적 실무에 이르는 광범위한 문헌이 고찰되어 왔다. 이 책에서 제기된 핵심 질문에서 나온 결론은 먼저 소위 '실행적 요약'을 대표하게끔 압축적 형태로 열거되었다. 이들 요약 관찰에서 발생하는 임상 실무 및 연구에 대한 보다 상세한 토론과 시사점은 같은 순서를 따른다.

스트레스관리의 정의와 조작화

보통 실행되는 SM은 기법을 뒤죽박죽 섞어 놓은 것이다. 이들 대부분은 최소한의 피상적인 형태로만 가르쳐지며, 연구자들은 조작적 정의에 대해 의견 일치가 되지 않는다(Ong, Linden, & Young, 2004 참조). 기법 자체는 네 가지 범주로 조직화될 수 있다. ① 시스템 또는 환경적 개입(즉, 스트레스원 조작), ② 대처기술 훈련, ③ 스트레스 완충제의 생산(사회적 지지 같은), 그리고 ④ 각성 감소 기법이 그것이다. 보통 사용되었던 특정 기법 대부분은 기본적인 연구에 기반한 튼튼한 근거를 지니고 있다. 여기에는 수많은 통제된 임상 시도로부터 임상적 유용성을 지지하는 증거가 나와 있다. SM 프로그램에서 자극 재인과 조작은 논리적인 첫 번째 활동이고 이들은 SM과 밀접한 관련이 있는 일차예방 목표를 나타낸다. 원활한 의사소통을 위해서, 연구자들과 실무자들은 이들 SM 요소의 네 가지 범주를 구분하고 어떤 범주로 개입 프로토콜을 구성할 것인지를 분명히 설명해야 한다.

전반적으로 통제된 스트레스원 조작과 전체적인(systemic) 변화 연구는 이 문헌의 '고아'로서, 최소한의 그리고 잘 구조화되지 못한 관심만을 받아 온 방치된 아이들이었다. 북미인들이 스트레스 관리를 개인적 책임으로서 개념화하는 경향을 보이는 반면 유럽의 스트레스 연구자들이 같은 주제(변화에 대해서는 기회)를 사회적 주제로서 훨씬 더 크게 인식한 것은 주목할 만하다. 가장 잘 개발된 것은 직장 스트레스 영역으로 이것은 다른 응용 분야보다 조직적인 논쟁거리(즉, 스트레스원 환경)를 더 많이 다룬다. 그러나 유럽에서조차도 전체적인 변화를 자주 요구하지만 연구나 실행은 거의 드물게 나타난다(Giga, Nobelt, Faraghe, & Cooper, 2003). 또한 대인관계의 긴장을 최소화하기 위한 사회기술 구축 영역은 미개발 상태에 있으며, 이 책에 설명된 연구에서 대인관계 스트레스는 지속적이고 회복하기 어려운 것으로 밝혀졌기 때문에 이 같은 공백은 특히 주목할 만하다.

스트레스관리와 그것의 이론적 및 실습적 기반에 대한 이 담론

결과로서 다음과 같은 정의가 제안된다.

> 스트레스관리란 역경의 순간조차도 삶의 질을 극대화하기 위해 우리의 세상을 조형하고 조직화하고 주시하려는 시도뿐 아니라 상대적으로 디스트레스 감소를 위한 구체적인 기법 세트와 기술 구축 모두를 말한다. 이들 두 가지 핵심 특징은 스트레스관리에 대해 일관되고 단순한 정의를 손쉽게 만든 것이 아니다. 대신, 의미 있게도 그 정의는 사람들이 어떻게 서로 상호작용하는지를 반영하고, 그들이 그들의 환경을 어떻게 구성하는지 그리고 스트레스관리가 성격상 예방적이기도 하고 반응적이기도 함을 수용하는 넓은 시각을 포용한다.

스트레스관리에 대한 근거

대개 다양한 스트레스가 어떻게 질병을 유발하는지를 설명한 SM 기법의 근거는 생리학적, 행동적, 그리고 인지적 과정과 잘 맞아떨어진다. 설계상 가장 단순하면서도 알려진 병리생리학에 가장 잘 접근한 근거는 각성 감소 전략의 범주에서 발견된다. SM에 매우 중요하게 여겨짐에도, 대처 영역은 방대하기도 하고 언제 결론이 날지 모른다. 적응적 대처는 상황에 따른 행동 대응을 요구하는 것으로 여겨지는데, 이것은 표준 SM 접근방식의 집단 형식에는 적합하지 않다. 정서적 디스트레스를 인지하고 사회적으로 적절하게 이런 감정을 표현하는 것은 남성보다 여성에게 혜택이 더 큰 것으로 보인다. 비록 전체적인 개입에 대한 근거는, 특히 조직행동 문헌에서 잘 발달되긴 하나, 의도된 전체적 개입은 사회 정책 변화와 체계의 변화보다는 여전히 개인의 책임을 과하게 강조하는 경향이 있다.

출현하는 기조

전반적인 심리치료와 SM에 있어 유망한 기조는 고통 감소에 주목할 뿐 아니라, 지지적인 환경 창출과 긴장의 부정적 영향에 대항할 완충제로서 긍정 기분 상태를 주목하는 것이다. 긍정심리학의 출현은 단지 디스트레스의 반대로서가 아니라, 그 자체로 충분히 가치가 있음을 시사하는 강력한 연구 증거가 있다. 디스트레스의 부재가 자연스러운 즐거움의 존재, 의미 있음, 만족감과 동등한 것은 아니며, 유독 스트레스 감소에만 초점화하는 것은 사회적 지지, 일치감, 즐거움, 운동, 좋은 유머의 창출에 준하는 '항스트레스 백신'을 놓을 황금 기회를 놓치는 것이다. 더 나아가 완충제 창출의 뚜렷한 이점은 이런 노력들이 대체로 개인의 통제하에 있고, 활용이 쉬우며, 비용이 없거나 최소 비용이 들고, 거의 전문적인 개입이 필요치 않는다는 것에 있다. 이와 관련해서 사회적 지지 창출을 지지하는 일관된 연구 증거들은 있으나, 다른 긍정 심리 개념이 장기적인 건강 결과를 보인다는 연구는 거의 없다. 사회적 지지 창출 결과는 뚜렷이 긍정적 이점을 시사하나, 그것은 또한 복잡하고 때때로 혼란스럽다(Hogan, Linden, & Najarian, 2002). 스트레스를 받은 개인들에게 삶의 의미 또는 일치감을 부여하기 위해 쉽게 사용할 수 있는 프로토콜은 없다.

스트레스관리 개입의 결과

각기 다른 응용 프로그램과 모집단에 관한 모든 SM 결과를 종합적으로 검토한 단일 문헌 고찰은 없다. 제3장은 지금까지의 가장 광범위한 그런 노력을 대변한다. 상대적으로 대규모의 가용한 고찰은 직장 스트레스 감소 영역에서 있었고 이 SM 결과는 전반적으로 심리치료와 효과크기가 유사함을 보여 주었다. 직장 문헌은 일차예방 차원의 개입과 환경 변화 전략(또는 자극 조작)이 오로지 각성 감소만 목표로 한 개인적 개입보다 더 큰 효과를 양산함을 보여 준다.

결과를 포괄할 단일한 고찰이 없는 것은 적어도 부분적으로는 해당 분야의 규모에 기인한다. 그러나 보다 협소하게 정의된 개입 전략에 대한 수많은 고찰에서는 대개 심리치료 접근과 SM 접근이 유사한 효과크기를 나타낸다. SM이 효과가 없음을 체계적으로 연구한 SM 기법이나 응용 분야는 확인되지 않았고, 일관된 혜택에 대한 증거는 충분하다. 흥미롭게도, 가장 유행하고 유망한 기법 중에는 연구 결과가 드물거나 아예 없기도 하다. 특히 놀라운 예가 유머 요법과 시간관리 개입이다.

다른 종류의 개입과 SM 간의 의미 있는 비교, 또는 서로 다른 SM 개념화에 따른 비교는 SM에 대한 합의된 정의가 부족하다는 점에서 심각한 결함이 있다. 의심할 나위 없이 SM 효과를 개입이 없는 대기 통제집단의 효과와 비교하는 것은 합리적이다. 그러나 이 문헌에서 적절한 적극적 치료 통제 또는 주의 통제 조건이 무엇인지에 대해서는 분명한 그림이 나오지 않는다. 자주 SM 내용과 결과는 인지행동치료의 내용 및 결과와 중복되는데, 이런 점은 인지행동치료가 적극적 치료의 마땅한 대안이 되기에는 둘 간의 차이가 충분치 않음을 의미한다. 진정한 위약 비교는 거의 의미가 없는데, 그 이유는 아주 최소한의 치료에서도 어느 정도의 효과는 발생하고 참가자 또는 치료자의 맹검(blinding)은 합리적이고 확실히 취해질 수도 없기 때문이다.

스트레스관리 결과 측정에 있어 독특한 점은 개입에 참여하는 많은 사람들이 처음부터 건강하다는 것이고 그들의 종속변수인 점수는 거의 향상의 여지가 없는 채 바닥효과를 자주 반영하게 된다는 점이다. 그러므로 SM은 상대적으로 건강한 집단에 일차예방적 맥락에서 적용될 때 디스트레스가 심한 표본에서는 획득되었을 법한 효과크기가 과소평가된다. SM이 일차예방으로 사용될 때, 그 효과의 판단은 적어도 상당한 규모의 참가자들에게 질환이 발달하도록 충분한 기간을 둔, 수십 년에 이르는 매우 긴 추적의 전향적인 설계를 필요로 한다.

어떤 프로토콜이 최상의 결과를 설명하는가

SM 프로그램에 상당히 전형적인 또는 공통 유형이 있음이 확인되었던 반면(Ong et al., 2004), 양질의 SM 프로토콜에 필수적인 또는 충분한 특징에 대해서는 믿을 만한 지식이나 합의가 없다. 또한 공통 유형(modal) 프로그램은 효과성에 대한 기법 특정적 주장을 허용하지 않으면서 평균 여섯에서 여덟 개의 기법을 가르친다. 덧붙여, 최소한의 치료 기간, 치료자들/수련생들에게 필요한 자격, 특정 집단에 적합한 기법, 다중요소 개입의 우월성(또는 부족한 점), 가장 민감한 결과 측정치, 또는 가장 적합한 응용책에 대한 지식이 부족하다. 다중기법 패키지는 단일 기법 개입에 비해 우월한 것 같지만(Godfrey, Bonds, Kraus, Wiener, & Toth, 1990; Linden & Chambers, 1994; Murphy, 1996), 이런 주장을 지지하는 증거는 부족하다.

확인된 차이

SM의 결과를 위해 필요한 확실한 증거기반을 구축하려면 ① 임상가와 연구자들이 공유하는 이론적 토대, ② 알려진 스트레스 과정의 병리생리학에 대한 이론적 근거, ③ 적합한 개입 패키지를 무엇으로 구성할지에 대한 합의, ④ 다른 실무자들이 다양한 세팅에서 반복할 수 있게끔 충분히 잘 설명되어 있는 치료 프로토콜의 출간이 필요하다.

제2장은 많은 독자가 동의할 법한 광범위한 이론적 모형(그리고 그것의 구성요소에 대한 정당화)의 윤곽을 보여 주었다. 그것은 표면적으로는 정서-행동-생물학과 질환과 그들 간의 연계성(제1장)에 대해 알려진 상호 경로 개관에 토대를 둔다. 제2장 끝에 기법 순서를 제안한 것과 같이 개입을 위한 기본 목표 목록을 제시하였다.그에 상응하는 구조화되고 매뉴얼화된 개입 프로토콜이 만들어졌고, 그것은 최근 무선통제 임상 시도(Linden, 2002, 2003)에서 평가되었다. 이 프로토콜에 관해 보다 자세한 내용은 다음에 나온다.

스트레스관리를 정의하기와 근거를 질문하기

이전 절이 '실행적인 요약'이었다면 다음 절은 미래 연구와 임상적 실무를 제안하고 이들 결론의 핵심적인 함의를 보다 자세히 논하였다.

많은 방식에서 각성 감소 기법이나 전략은 '홈 잔디'이고 SM의 핵심을 대표한다. 각성 감소 접근은 Selye의 활성화와 소진 개념에 잘 맞고 이것은 McEwen의 항상성 개념과도 일치한다. 그리고 이들은 유용한 SM 도구로 간주되는 첫 번째 기법이다(Lehrer & Woolfolk, 1990; Vaitl & Petermann, 2000). 기존의 SM 프로토콜에서 각성 감소 시도를 포함하지 않은 것은 거의 없다(Ong et al., 2004). 다시 말해, 연구자들과 임상가들은 각성 감소 기술이 개입에 필요하다는 데 동의한다. 그러나 우리는 각성 감소 기법을 포함하지 않은 SM 기법 배터리가 그들을 포함한 배터리에 비해 덜 효과적이라는 증거는 아직 없다는 사실을 새길 필요가 있다.

각성 감소 기법은 회복을 용이하게 해 주고, 소진을 막으며, (적은 정도이긴 하나) 스트레스하의 개인에게 나타나는 경보 반응 준비성과 과도한 경계를 줄여 준다. 통제군을 가진 많은 임상 시도는 각성 감소 개입의 효과를 그 자체로 시험했고, 그 결과는 제3장에 기술된 많은 메타분석에 기록되었다. 대개 각성 감소 기법의 단일 응용에 대한 효과크기는 다중요소 인지행동치료에서 관찰된 것보다 작다. 하지만 심리치료 효과는 생물학적 측정치에서 보인 것보다 자기보고에서 주로 더 강력한 반면, SM에서 사용된 각성 감소 기법은 보다 주관적인 자기보고 각성 감소와 비슷한 생물학적 효과를 나타내는 경향이 있다는 사실은 주목할 만하다. 치료 결과 문헌은 특별한 각성 감소 전략이 다른 것에 비해 우월하다는 범주론적인 주장을 지지하지 않는다. 그러나 이 결론은 특정 기법과 응용 사이의 '이상적인 대응(matches)'을 배제하지는 않았다.

대처기술 훈련(행동적이건 인지적이건)의 근거는 각성 감소 전략에 비해 확실히 기저의 생리학적 근거로부터는 분리되어 있다. 더욱이 대처 행동이 생리학에 영향을 미치는 방법에 관해 가정된 경로는 덜 직접적인 식이다. 그들은 수많은 개인 내 그리고 대인 간 요인에 의해 매개된다. 필자는 대처에 대한 절을 쓰는 것이 가장 힘이 드는 작업임을 알았다. 그것은 서로 복잡하고 논쟁적인 글과 연속적인 흐름으로 분야를 묘사한 글 읽기를 요구했다. 결국 이러한 작업은 수많은 사람에게 적응적인 대처기술을 가르치기 위한 유용한 정보를 추출하는 작업에 약간의 도움을 주었다. 아마, 가장 중요한 결론은 다양한 맥락 내에서 대처 기술은 본질적으로 그리고 범주적으로 적응적이거나 부적응적인 것이 없다는 것이다.

독특한 상황 맥락과 가용한 개인 자원을 고려하지 않은 채 적응적 대처를 정의하는 것은 불가능하진 않다 해도 어려운 문제다. 그리고 대처 스타일의 지배적인 분류법은 계속해서 변해 가기 때문에 평가하기가 어렵다(Skinner, Edge, Altman, & Sherwood, 2003). Skinner와 같은 분류 체계의 특별한 강점은 의사소통의 실용성에 있는데, 이는 광대한 용어 목록을 관리하기 쉬운 삼차원 모형으로 축소시켰기 때문이다. 다른 한편, 심지어 Skinner 등이 대처 문헌에 대해 행한 재조직화는 무엇이 누구에게, 언제 적응적인지를 명확히 밝히려는 미래의 연구 노력을 도와준다. 그러나 그것은 아직 스트레스관리 실무자들이 '적응적 대처'가 무엇인지 답하는 데 도움이 되지는 않는다. 따라서 이 방대한 문헌에서 SM 처치 패키지의 일부로서 시간제한의 형태로 가르칠 대처 조언을 추출하기란 어렵다.

스트레스관리를 위해 효과적인 대처의 중요성을 인지하는 한편 개별 맞춤형으로 상황 의존적인 대처 기술을 개발하려는 필요성은 이미 매뉴얼화한 집단 기반의 SM 개입으로 그것들이 통합되는 것을 꺼린다. 필자는 여기에서 문제해결훈련과 대처훈련은 대개 중복된다는 입장이다. 둘 다는 모두 교육이나 표준화된 형식으로 제안되는 메타 또는 과정 기술(인지적 그리고 행동적)의 기본적인 훈련을 제공한다. 대처와 문제해결훈련을 가장 효과적인 것으로 만들려면 맥락 변수를 고려할 필요가 있는데, 이 방법들은 네 가지 융통성 있는 형식 또는 환경 중의 하나로서 가르쳐진다.

1. 개인의 역사와 과도한 스트레스 지수에 기인했을 법한 융통성 없는 성격 구조 또는 성격장애의 가능성을 평가할 경험과 훈련을 지닌 전문적인 치료자와의 일대일 설정에서
2. 공식적인 치료를 찾지 않지만 '코칭'을 추구하는 비교적 잘 적응하는 개인을 위해 채택된, 다르게 구조화되었으나 비슷한 접근을 통해서
   코칭이란 그들의 효율성을 최대화하고 직장에서 건전한 노력─보상 균형을 만들기 위한 방법으로, 일반적으로 일대일 기반으로 경영진에게 자문을 하는 심리학자의 새로운 접근이다.

3. 스트레스관리의 질병(또는 문제) 특정모형 내에서 작업하기 위해 명시적으로 모집된 동질적인 집단의 집단 개입을 통해서 예를 들어, ① 당뇨 청소년들이 비당뇨 청소년들에게 배척당하지 않고 식이요법을 고수할 수 있도록 주장훈련을 하게끔 하는 것, ② 스트레스 면역기술을 배운 경찰 사무관이 군중통제 시 스스로를 준비시키는 것, ③ 자기 질병과 복잡한 치료 프로토콜에서 보통 나타나는 모호하고 장기적인 안전감의 위협을 견뎌 내기 위해 정서적 대처 기술을 구축하고 싶어 하는 암 환자

4. 상당히 길고 체계적인 과제를 내어줄 수 있고 응집력 있고 신뢰할 수 있는 역동이 형성되어 개별화가 달성될 수 있는 작은 집단 형식(참가자가 10명 이하)을 통해서
이런 접근은 교육적이기만 하기보다는 훨씬 더 영적이고 방법적인 면에서 집단 심리치료 같은 양상이다.

스트레스원과 스트레스원의 성질이 스트레스 반응을 유발하거나 악화시킨다는 것에 대해서는 상당한 증거가 제시되어 왔다. 성공적인 스트레스 환경의 조작 자체는 통제된 스트레스 결과 연구에서 가장 일관성이 낮은 영역을 대표하고, 미래 스트레스 반응의 정도나 빈도를 최소화하기 위해 어떤 스트레스원 자체가 수정 가능할지의 정도에 관해서는 거의 알려져 있지 않다. 자극 환경이 경험하는 사람마다 상당한 정도로 달라진다는 점 때문에 이것은 불가피하다. 이런 맥락에서 낮은 판매 실적으로 인해 정리해고를 두려워하는 부하 직원은 권력에서 제외되어 있으므로 이런 위협을

효과적으로 없애기 어렵다. 다른 한편, 반항적인 십대로 인해 스트레스를 겪는 가족은 가족치료자의 도움으로 가정 환경을 변화시킬 수 있다.

환경 조작 설정이 어려운 경우에도, 스트레스원을(1단계 또는 스트레스 과정에서의 요소) 수정하면 다음의 이유로 잠재적으로는 큰 효과를 볼 수 있다. ① 그것은 스트레스 반응의 불필요한 촉발을 억제할 수 있다. ② 다중의 개인 또는 전체 모집단이 하나의 개입을 통해 이득을 얻을 수 있다. 그리고 ③ 수정된 또는 제거된 스트레스원은 더 이상의 대처나 활성화를 요구하지 않아서 소진 가능성을 줄인다. 사소한 소음을 낼 위험이 있지만 사무실이나 주방을 정리하거나, 주소와 전화번호 목록을 정리하거나, 중요한 컴퓨터 문서를 정기적으로 백업하는 것과 같은 간단한 환경 조작조차 스트레스 예방 노력으로서 의미가 있다.

스트레스원과 스트레스 반응에 대한 초기 연구는 동물모형을 사용했는데, 이 접근은 스트레스의 병리생리학적 지식을 상당히 증가시켰다. 통제와 예측가능성과 같은 중요한 자극 특징을 강조했고 동물모형에서 나온 수많은 연구가 빠르게 인간에게 적용되었다. 동물 연구는 또한 스트레스원의 노출부터 질병의 결과에 이르기까지 잠재적인 수많은 경로를 밝혀내었다. 다른 한편, 초기에 보여진 것처럼 환경 스트레스원의 수정이 별로 관심을 받지 못한 주요 원인이 동물모형을 강조한 연구 때문일 수 있다. 조지 오웰의 소설『동물 농장』에서만이 동물들이 실제로 그들의 지배자를 전복시키기 위해 모여서 음모를 꾸몄던 것이다.

환경 변화를 상대적으로 등한시한 두 번째 이유는 그것이 건강 전문가들의 전형적인 패턴에서 벗어나 있다는 점이다. 건강 전문가들은 정책가, 법령 제정자들에게 자문을 하기보다는 고통스러운 개인들과 작업을 하는 사람들이다. 이런 면에서 나온 한계점을 설명하자면, 스트레스원으로서 빈곤을 들 수 있다. 스트레스의 원천으로서 재정적 걱정은 설문조사에서 상위 서너 번째 걱정이라는 방대한 증거가 있다. 다른 지배적인 걱정에는 관계 문제, 업무 과부하, 그리고 육아가 있다. 어떤 경우, 금전적 걱정이 실제로는 양호한 현금 흐름을 가진 사람이 금전관리 능력이 부족한 탓에 나타난 결과일 수 있는데, 이 경우 성공의 희망을 안고 금전관리 기술을 가르치거나 훈련할 수 있다. 예를 들어, 때때로 지역 신문에서는 자신의 재정 상태를 보여 주며 재정 자문가와 자유로운 시간을 가질 가족을 모집한다. 이 자문가는 이때 가족의 수입, 지출, 습관, 기대, 그리고 현재 관심사를 평가하고, 건전한 계획뿐만 아니라 주관적 통제감을 돌려주도록 설계된 재무 계획의 윤곽을 보여준다. 이것은 좋은 저널리즘과 인간의 관심이 결합된 것에 더하여, 비슷한 입장에 처한 독자도 교육하게끔 설계되었다는 점에서 미디어를 활용한 스트레스 예방의 한 형태로 볼 수 있다. 세상 대부분의 사람이 가난하다는 점을 감안한다면 보다 더 큰 논점은 어떻게 가난이 제거될 수 있는가이고 이것은 건강 전문가들이 매일 하는 것을 훨씬 초월하는 거대하고 전반적이며 사회적이고 정책적인 이슈라고 볼 수 있다.

가난이라는 주제를 자세히 설명한 목적은 스트레스 연구자들이 전반적인 해결책을 요구하는(적어도 심각하고 공격적인 시도로) 전세계적인 문제로서 수많은 스트레스원을 얼마나 무시해왔는지를 보여 주려는 것이다(Gardell, 1980). 전쟁국가에서 평화를 달성하는 것, 이웃에서 범죄를 줄이는 것, 도로 위의 시민의식을 격려하는 것 또는 가난을 근절하는 것은 전체적인 변화와 강력한 정책적 의지가 필요한 것이다.

그러나 그러한 스트레스에 대한 폭넓은 견해와 그 원천에서의 수정가능성을 고려하더라도, 수십 년 동안 그래왔던 것처럼 스트레스를 개인적 수준에서 '교정'하려는 소망으로 반사적으로 되돌아가는 것 같다. 불행히도, 무릎 꿇는 그런 반응은 중재적인 수준에서 실제 개입할 가능성을 무시하는데, 가족이나 직장 같은 곳에서는 개인의 대처를 비난하거나 모든 책임을 개인에게 지우지 않고서도 일상적인 스트레스에 직접 영향을 미칠 수 있다. 병원 응급실 직원을 상담하는 심리학자가 자기 일을 싫어하는 내담자들이 자신의 감독자가 적대적 성향을 지니기 때문에 그렇다는 것을 알게 되면, 그들에게 적대감 대처 기술을 가르치는 것은 비효율적이고 어쩌면 도덕적으로 잘못된 것이기도 하다. 이 문제에서 '교정'이 필요한 것은 바로 그 감독자이다! 개혁적인 사고, 창의적인 해결책, 그리고 이전에 사용하지 않은 기술을 연마하는 것이 필요함에도 불구하고, 그런 '중재 수준'의 개입은 일상 속에서 정신건강 전문가 또는 인사 지원 전문가의 영향력 범위 내에 있다. 심각한 불면과 수면 문제를 보고했던, 정규 교육은 거의 받지 못한 젊은 여성의 사례가 떠오른다. 그녀는 세 명의 미취학 아동의 싱글맘이었고 아동의 아버지에게서 받는 정기 양육비와 복지 지원으로 생활하는 것 같았다. 그녀에게 가용한 복지 비율은 전남편에게서 양육비를 지원받는다는 이유로 감축되었다. 불행히도, 그는 양육비를 띄엄띄엄 보냈는데 그조차도 합의된 금액의 일부만을 비정기적으로 보내

곤 했다. 매달 첫 주에 지불해야 하는 임대료는 주된 스트레스 유발 요인이었다. 그녀의 불안과 불면 증상은 지속된 위협에 대한 반응으로 이해했기에 필자는 증상을 다루는 대신 그녀의 전남편에게서 안정된 양육비 제공을 확답받고 보다 더 '전체적인' 그리고 모든 '당사자' 간에 의사소통을 향상시키기 위해 법률가와 그녀의 사회복지사와 동맹을 형성하기로 결정했다.

제3장의 직장 개입에 관한 절에서 직장인 중심의 직장 변화가 스트레스 부하량에 어떤 영향을 미치는지에 대해 예를 들어 설명하였다. 이 접근들은 중재 수준의 개입을 대표하고 직무수행과 결근, 직무만족에 영향을 미친다. 구체적인 전략에는 직장 어린이집 설립, 유연근무 도입, 권한 부여 전략, 컨베이어 벨트 작업에서 팀워크로의 이동 등이 포함된다.

스트레스관리를 위해 필요하고 공유된 정의는 무엇인가

문헌에서 기술되었듯이, SM을 구성하는 구성요소 중 상당히 중복되고 또한 불일치하는 것들이 있음이 고찰을 통해 드러났다. 여기에는 여러 가지 해결안이 있으며 각 장단점에 대해 간략히 설명하려 한다.

다소 급진적이나 그럼에도 토론할 가치가 있는 생각은 SM이라는 용어를 영원히 포기하는 것이다. 모든 SM 접근은 대신 디스트레스에 대한 인지행동치료(CBT)로 불릴 수 있고, 이것은 모든 SM

접근을 정신과적 신난 없이 사람들에게 적용하는 CBT로 개념화함
으로써 가능한 일이다. 그러한 제안을 지지하는 논쟁을 만들기란
어렵지 않다. 많은 SM 기법은 심리 치료 기법에서도 자주 사용된
다. 인지적 재구조화, 이완훈련, 그리고 주장훈련, 각성 감소는 불
안장애(그리고 일부 성격장애에서)에서 보다 핵심적인 치료 접근이
다. 인지적 재구조화는 우울증, 범불안장애, 공황장애, 강박장애에
대해 유용한 치료로 기술되었다. 그리고 문제해결훈련은 행동 억
제가 부족한 아동과 청소년에게 제공되었다. 이 논쟁을 지지하는
것은 CBT가 다른 심리 치료의 형태와는 구별되는 일련의 뚜렷한
과정 조합으로 특징지어진다는 Blagys와 Hilsenroth(2002)의 고찰
과 결론이다. 이들의 뚜렷한 특징은 ① 과제의 사용과 회기 외 활
동, ② 회기활동의 방향성, ③ 증상에 대처하도록 환자가 사용할 기
술을 가르치는 것, ④ 환자의 미래 경험을 강조하는 것, ⑤ 치료, 장
애, 또는 증상에 대한 정보를 환자에게 제공하는 것, ⑥ 대인 내/
인지적 초점이다. 이들 CBT의 과정 특징을 제3장에서 기술한 SM
의 다양한 기법들과 비교하면 상당히 중복된다는 것을 알 수 있
고, SM이 CBT이고 역으로도 가능하다는 도발적인 '시험 사례(test
case)'를 지지함을 알 수 있다. 그러므로 논쟁은 단순히 SM과 모든
심리 치료가 동등하다는 것이 아니라, CBT가 개인의 행동 패턴에
대한 통찰을 도출하기보다는 기술 연마와 행동 변화에 중점을 두
고 있기 때문에 SM과 CBT를 동등하게 생각하라는 것이다. 심리치
료는 보다 더 정신역동적이고 대인관계적으로 지향된 치료적 특징
을 지닌다.
  또 다른 유사성에 대한 논쟁은 가설적 대체 실험에서부터 나온

표 4-1 심리치료와 스트레스관리의 핵심 특징 비교

특징	심리치료	스트레스관리
정신병리에 대한 가정	일차적으로 제시된 병리를 치료하기 위해 DSM이나 ICD 진단 코드에 따라 개인에게 적용하는 것이 일반적임. 목표는 통찰과 행동 변화를 추구하는 것임.	일반적으로 정신과적 진단 없이 사람들에게 적용되며 일부는 정서적 고통의 결과로 신체적 건강/심리신체적 문제를 지닐 수도 있음. 목표는 기술을 가르치는 것이고 교육적임. 혜택이 나타나는 데는 시간이 걸릴 수 있음.
의도: 반응적 대 예방적	대부분 반응적·전문적인 또는 자가 심리진단에 대한 반응임.	자주 예방적이고 그렇지 않으면 조직 내에서 확인된 문제에 대한 또는 신체적 질환의 진단에 대한 반응임.
전달 형식	대부분 일대일, 자주 매뉴얼에 기반, 대부분 자주 개별 맞춤식임.	집단 형식이 우세함. 일반적으로 표준화되어 있음.
이론적 지향	매우 다양하고 절충적, 치료자 훈련/선호와 내담자 필요에 의존하며 자주 통찰지향적임.	본질적으로 인지-행동적 지향이 우세함. 상당히 때로는 체계적 조망을 지니고 기술지향적임.
결과 측정	행동적이고 자기보고가 우세함. 드물게 생물학적 측정을 함.	자기보고가 우세함. 자주 생물학적 측정을 하고, 드물게 행동적 측정을 함.
개입의 길이	대부분 단기(1시간 회기로 5~20), 때로 필요하다면 장기로 진행함. 고통이 완전히 줄어들었을 때 종결함.	대부분 언제나 단기, 6~12시간 훈련으로 6~8회기에 나눠짐. 참가자의 진도에 무관하게 정해진 시간에 일반적으로 종결함.
과제 사용	자주, 특히 치료가 강력하게 인지-행동적인 지향이 강할 때 사용함.	표준화되고, 성공에 중요하다고 생각됨.
치료자/훈련자 자격	다양하나 대부분 정신건강에서 석사학위를 지닌 전문가들에 의해 제공됨.	매우 다양함. 때로 심리학적 지식이 없는 사람들이 가르치기도 함. 만약 의학적 문제에 적용된다면, 보통 정신건강 훈련을 받은 치료자가 제공함.

다. 스트레스관리라는 용어가 존재하지 않고 SM 기법의 편집본이
뚜렷한 명칭 없이 제공되어 왔더라면, 숙련되고 잘 훈련된 인지행
동 치료자들은 고통 감소나 소진된 느낌, 더 나은 대처 기술을 가르
치는 데 도움을 줄 충분한 도구를 자신들의 무기고에 가지고 있었을
것인가? 그 대답은 아마 '그렇다'일 것이고, 그런 통찰은 스트레스관
리 연구자들에게 SM의 '생명권'을 담보하기 위한 책임을 돌린다.

  앞의 가설적 대체 시나리오는 SM이 전혀 필요치 않다는 급진적
인 전제의 지지를 정당화하는 것 같다. 그러나 보다 균형 잡힌 시
각에서 심리 치료와 SM의 공통점과 차이점은 이미 3열의 표에 제
시하였다(〈표 4−1〉 참조). 이 표는 공유되는 특징 및 다양한 특징과
두 가지 접근방식의 뚜렷한 강조점을 설명한다.

  심리치료와 스트레스관리 간의 공통점과 독특성을 보여 준 이
세 열의 표는 만약 SM이라는 명칭을 포기할 경우 잃어버릴 중요한
것들에 대한 논쟁을 유발하였다. 두 가지 용어는 정신병리 연속선
상의 매우 다른 지점에 위치하고, 치료 장면에서 환자라는 낙인은
일부 사람에게 SM이 제공할 수 있는 학습 및 예방 혜택을 받지 못
하게 할 수도 있다. 만약 '환자'와 '치료'라는 명칭이 개입에서 사용
된다면 진정한 첫 번째 예방 도구로서 SM의 잠재력은 심각하게 약
화되거나 모두 함께 상실될 것이다. 심리 치료에 '반응하다'란 고통
스런 환자가 도움을 구하고, 치료자는 증상을 평가하고 나서 치료
계획을 협의해서 반응한다는 것이다. SM도 반응적일 수 있다. 특
히 스트레스가 증상 유지에 기여하고 재활에 방해가 되는 의학적
환자(당뇨병 또는 경색 후 환자처럼)에게는 그렇다. 동시에 그 의도
에 있어 그것은 훨씬 더 예방적이고 선제적이다. 만약 심리 치료가

인지행동 지향적이라면 현존하는 고통은 빈약한 학습 또는 빈약한 대처 때문이라고 가정한다. 이것은 개인의 문제를 더 큰 사회 맥락적 문제로 심각하게 보려고 하지 않고 환자의 환경을 바꾸려는 시도를 하지 않는다. SM(적어도 여기서 정의된 방식에서)은 환경 자극에 대해 배우기 시작하고 그런 다음 스트레스원이 되는 환경을 계속 변화시킬 기회를 생각한다. SM은 자신을 대신하여 개인에 의해 유발된 체계적 변화가 나중에 같은 환경의 다른 사람에게 혜택을 줄 수 있다(예: 직장에서 기능적 성추행 정책에 대한 실행을 통해서)는 권한 부여 요소를 포함하고 있다.

　인기 그 자체는 과학적인 논쟁거리가 아니기는 하나, SM 분야는 매우 인기가 있으며 오롯이 그 주제에만 전념하는 저널이 있다. '스트레스관리'에 대한 구글 웹 검색은 250만 개의 적절한 응답을 확인했다. SM 관련 서적은 학계에서 인기있고 많은 책이 3판 또는 4판을 출간하고 있다. 요약하자면, SM이라는 용어의 완전한 제거는 극단적이고, '쓸모없는 것을 없애려다 중요한 것까지 잃는' 접근법으로 쉽게 받아들여지지 않을 것이며, 다음에 제시된 바와 같이 재구성적인 접근법에 대한 다른 제안들과 양립할 수 없다.

　스트레스관리라는 용어 유지에 대한 찬반론을 면밀히 고려하건대, 필자는 그 용어를 버리지는 않지만—전반적이고 포괄적인 단일 명칭을 선전하거나 유지하려는 시도 대신에—스트레스관리 접근을 세 가지의 합리적인 범주로 나눌 것을 제안하고 있다. 새롭게 제안한 이 분류 결과는 상이한 스트레스관리 근거와 프로토콜의 의도에 있어서, 반응적 대 선제적, 개입 내용에서 개별화 대 표준화의 정도, 마지막으로 주어진 SM 개입이 전체적 차원의 개입인지 아니면 훈련받은 스트레스 전문가가 개인이나 소집단과 작업하는 전문적인 개입인지를 고려한 데서 나왔다. 이 결과 범주와 그들 고유의 성격(그리고 결함)은 일차적ㆍ전체적 스트레스 예방, 예방적ㆍ기술 학습적 스트레스관리, 그리고 반응적ㆍ문제해결적 스트레스관리이다.

일차적ㆍ전체적 스트레스 예방. 이 명칭은 시스템과 정책 변화를 통해 목표를 취하려는 SM의 일차예방에 적용된다. 이 변화들은 아마도 권한을 부여받은 개인에게서 촉발되나 보통은 정치가, 행정가, 관리자들에 의해 실행되고, 그들은 대개 직장과 사회에 영향을 미친다(Newton, 1995). 가난을 줄이기 위한, 공공 안전을 증가시키기 위한, 성, 인종, 종교 혹은 성적 선호로 인한 추행을 최소화시키기 위한, 또는 직무 안정성을 지원하기 위한 정부 프로그램이나 정책이 그 예가 될 수 있다. 이 접근은 심리학자가 보통 일상적인 토대로 착수하는 작업 유형은 아닌 반면, 이러한 전체적ㆍ예방적 활동의 정신은 실제로 많은 관할권 내 심리학자들의 윤리 강령에서 의무화되어 있으며, 건강 전문가의 사회적 양심과 해방 수준을 높이고자 함이다.

예방적ㆍ기술학습적 스트레스관리. 이 용어는 스트레스 감소에 대한 예방적 및 기술학습을 토대로 하는 접근을 말하는 것으로, 급성 디스트레스라는 진단이 앞서 필요하지는 않다. 그것은 상당히 표준화될 수 있는데, 부분적으로만 예상 가능한 잠재적인 스트레스를 지닌 다양한 미래 요구에 대해 개인을 준비시킬 필요가 있기 때문이다. 그것은 개인에게 융통성 있는 장비를 제공하는 것으로 철물점에서 살 수 있는 '초보자의 집수리 장비'로 비유할 수 있겠다. 비슷한 환경을 공유하는 사람들로 참가자를 선발함으로써 목표 대상의 일부를 좁힐 수 있다. 예로 학교에서 12학년 학생이나 회사의 모든 직원으로 목표 대상을 좁힐 수 있다. 다시 말해, 비유는 배관 작업의 기본 장비 대 목재 작업의 기본 장비가 될 수 있겠다. 다른 한편, 만약 참가자들이 모든 직종에서 나오고 다양한 연령군을 대표한다면, 이때는 광범위한 다중기법이 스트레스 감소에 최선책이다.

다중기법을 포함하는 개입 프로토콜은 '산탄총'이나 '정원 호스'와 같은 경멸적인 표현을 받아 왔지만, 예방 목적을 의도한다면 다중기법들을 교육하는 것이 마땅하다. 학습자들이 해결해야 할 특정한 문제, 즉 대응해야 할 촉발자가 제시되지 않는다면, 불명확한 미래를 위해서는 광범위한 도구를 확보하는 것이 훨씬 바람직하다. 비유하자면, 공중보건 전문가들이 앞으로 올 독감 시즌에 가능한 여섯 가지 변형 중 어떤 것이 가장 강력할지를 예측할 수 없을 때 여러 종류의 독감에 대항하는 백신을 쓰는 것이다.

주의사항은 순서대로이다. 산탄총 프로그램만을 사용하고 전반적인 결과를 범주적으로 평가하는 것은 SM에서 가장 효과적인 프로그램과 가장 효과가 적은 프로그램이 무엇인지를 결정하기 어렵게 만든다. 다양한 구성요소에서 잠재적으로 서로 다른 효과를 결정하는 것은 상당히 이론적이고 궁극적으로는 임상적 관심사이기도 하다. 여기서 제안하는 연구 전략은 이차치료 제안을 둘러싼 윤리 문제의 제기 없이 특이성(specificity) 평가를 허락한다. 다양한 방법과 다양한 도구를 사용하는 접근(큰 표본으로)에서, 연구자들은 각기 치료 구성요소에 대해 기술 획득과 목표 획득을 측정할 수 있다. 다음에 그들은 다양한 도구를 지닌 어떤 성공 패턴이 최상의 결과와 관련되는지를 다변량 통계로써 결정할 수 있다. 비슷하게, 문제 특징에 환자 특징을 짝짓는 최상의 대응(matching)을 결정할 수 있다. 심장 재활 분야에서 이런 종류의 접근은 Cossette, Frasure-Smith와 Lesperance(2001)가 작업하였다. 이들은 해결 지향적 · 교육적 개입을 받은 남자들이 뚜렷한 혜택을 받았던 반면, 여성들은 같은 종류의 개입에서 혜택을 보지 못했음을 보여 주었다.

 반응적 · 문제해결적 스트레스관리. SM의 세 번째 유형은 가장 반응적인 것이다. 이것은 대규모 해고나 유방암 진단과 그것의 길고 끔찍한 치료 프로토콜을 다루는 것, 적대적인 직장에서 생존하는 것, 알츠하이머 환자의 간병인이 직면하는 문제 같은 예측 가능하고 일반적으로 스트레스가 많은 상황에 적용된다. 이 접근은 SM을 필요로 하는 상황적 촉발인자에 맞춤식 개입을 요구하며, 이것은 참가자 선호와 개별적 맥락에 맞을 때 아마도 가장 효과적일 것이다. 심장병 또는 암 환자에게 지지적인 배우자가 있는 경우에는 추가적인 지지를 받을 필요가 없거나 개입으로 인한 혜택을 입지 못할 수도 있겠지만, 위험 감소에 대한 팁뿐 아니라 증상 및 경보 신호에 대한 정확한 정보를 통해 질환별 두려움을 진정시킬 수도 있다. 그럼에도 불구하고 잦고 전형적인 스트레스원과 스트레스원의 성격을 식별하기 위해 임상 경험과 정성적 및 정량적 연구를 수행할 수 있으며, 이런 지식은 치료 근거와 기법 선택으로 구축될 수 있다. 또 다른 집 수리 비유를 사용하자면, 특정한 부품이나 도구 없이 집을 방문하기보다는 방문 전에 부서진 기구의 모형과 종류를 아는 것이 수리를 하는 사람의 입장에서 훨씬 더 효율적이라는 것이다.

의사소통에 대한 반영

　매뉴얼과 조사 연구로 SM 프로토콜을 설명하게 될 때, 앞 절에서 제공했던 세 종류의 설명을 사용하면 이전에 사용했던 접근을 적용하고 이해하는 것이 훨씬 더 쉬울 것이다. 덧붙여, 필자는 다른 여러 저자들에게 어떤 구체적·예방적·시스템 변화 조작이 사용되었는지, 어떤 대처 기술이 훈련되었고 어떤 완충제가 만들어졌고 어떤 각성 감소 전략이 가르쳐졌는지를 자세히 설명하도록 촉구했다. Ong 등(2004)과 이 책의 이전 절들 모두에서는 개입 내용에 관한 용어를 혼돈스럽게 사용했던 수많은 예를 제시하였다. 보다 더 의미 있는 명칭을 만들기 위해, 단순히 각성 감소만을 의미하거나 시간관리만 가르치는 개입은 '스트레스관리' 또는 '스트레스 감소'라고 지칭해서는 안 된다. 협의의 개입은 그들이 정말로 얻고자 하는 것에 가장 근접한 이름(각성 감소 또는 이완 훈련, 또는 당뇨 관리를 위한 문제해결훈련)으로 칭해져야 한다. 매뉴얼의 생성 및 사용에 의해, 또 연구자과 실무자 간에 매뉴얼을 공유하도록 함으로써 다양한 실무진과 표본 사이에서 SM의 비교 가능성을 향상시킬 수 있다. 모든 저자, 고찰가들, 그리고 저널 편집자들은 분명하고 의미 있는 용어, 자세한 설명, 그리고 가능하면 반복이 쉽도록 공유 가능한 매뉴얼을 사용하도록 촉구했다.

스트레스관리를 위한 효과적인 요소 및 전달모형

　　이 시점에서 그 부가가치가 입증되지는 않았지만, 이상적인 프로그램에는 완충제 생성을 포함해야 하고, 참가자들로 하여금 회복 습관과 스케줄이 내장(built-in)된 전반적인 라이프스타일을 발달시키도록 도와야 한다. 긍정심리학의 어떤 특징이 구조화된 개입을 통해 생성될 수 있는지와 그런 개입이 얼마나 많은 혜택을 만들어 낼지에 대한 조사 문헌은 확실히 비어 있는 상태이다. 특히 대인관계적인 스트레스원은 만연되어 있고 오래 지속됨에도, 사회기술 확립에는 최소한의 관심만이 주어져 왔다.

　　표준화 대 개별 맞춤식 개입 및 그에 따른 결과에 대한 질문으로 더 많은 연구자적 관심을 돌릴 필요가 있다. 개별 맞춤식이 결과를 향상시켰다는 증거가 있다(예: Linden, Lenz, & Con, 2001). 표준화 대 개별화의 이점과 약점은 잘 정립되어 있다. 개별 맞춤식은 ① 치료 실무자들이 매일 무엇을 하고, ② 치료 결과를 향상시키고 보다 오래 지속시킬 것 같으며, ③ 치료자와 치료법(또는 SM 프로그램)의 비교를 어렵게 하고, ④ 자주 집단 개입의 경제적 이점을 잃는다. 완전히 표준화된 프로그램(특히 무선통제 임상 시험에 포함된 경우)은 치료자와 내담자 변수를 무선화해야 할 단순한 오염(noise)으로 취급한다. 그러나 치료와 내담자 변수를 통제하면서 기법의 차별화된 효과성을 비교하려는 것은 이상적일 따름이다. 또한 만약 동기가 높은 내담자가 자신이 선택한 유능한 치료자와 짝지어지고 그들이 이론적인 제한이 있는 사전 개념이나 매뉴얼 절차에 구애 없이 함께 최상의 해법을 찾아간다면 그 결과로 나오는 긍정적인 결과의 정도는 평가절하되는 것이다.

혹여 인지행동치료와 스트레스관리를 다르게 받아들인다 해도 그 둘 간에 엄격한 경계를 설정하는 것은 거의 무의미한 일이다. 확장된 일기 쓰기와 회기 내 개인사 고찰을 통해 개인적 스트레스 촉발자를 철저히 평가하게 되면 정서적 소진이 장기적 · 부적응적 패턴에서 유발될 수 있음을 알게 된다. 만성적으로 낮은 자존감은 학대적인 배우자를 만나는 습관을 배양할 수 있다. 통제에 대한 불안은 만연된 긴장을 유발하고 친구를 떠나가게 만든다. 완벽주의는 '완벽한' 목표를 달성할 수 없기 때문에 강렬한 긴장을 유발한다. 이런 환경에서 인지치료와 사고 패턴의 변화는 대처 기술 훈련과 스트레스원 조작 간의 결합을 반영한다. 어떤 경우에 개입은 정신역동적 조망을 취할 필요가 있다.

치료 결과 조사 문헌은 비용 효율적이면서도 권할 만한 SM 교육 기간을 결정하는 데 유용한 자료를 제공한다. 그럼에도 이 정보는 주의 깊게 해석될 필요가 있다. 왜냐하면 통제된 시험을 통한 잘 연구된 문헌에서 나온 효과크기와 임상 현장에서 도출된 조야한 추정 사이에는 해결이 어려운 간극이 있기 때문이다. 치료 길이는 임상 실무에 따라 상당히 달라지지만, 가장 많이 연구된 형태의 임상 활동 결과는 제3의 지불인의 보호하에서 일하는 임상가들의 경우이다. 여기서 평균 회차 수는 5회, 연구된 환자들의 약 20%만이 뚜렷한 향상을 보여 준다(Hansen, Lambert, & Forman, 2002). 통제된 연구 환경에서 대규모 고찰의 평균 관찰 길이는 12.7회차였고(대략 동등한 노출 시간으로 변환하면), 환자의 58~67%가 임상적으로 유의미한 향상을 보여 주었다(Hansen et al., 2002). 그러므로 제3자가 지불하는 치료(third-party-paid treatment) 환경에서 전형적인 치료에 너무 짧게 노출되는 것은 피하는 대신 개입 기간은 약 10~20시간 노출을 목표로 하는 것이 적절하겠다. SM이 개별적으로 교육되는지 또는 집단 형식으로 교육되는지에 따라 기간에는 다소의 차이가 있다. 개별로 수행될 때 치료 노출 시간이 다소 짧은 것으로 보인다. 개입 기간에 특정 회차를 제시하는 것은, 합병증이 있는 환자와 만성적인 성격 문제가 있는 환자는 개별치료에서 치료 효과가 가장 좋고 단기 개입의 혜택을 보기는 어렵다는 한계에서 필요하다. 숙제 부여에 대한 메타분석에서는 중간 정도의 큰 효과크기를 보여 주었고, 이는 놀랄 것도 없이 차별적 숙제 준수에 의해 조절되었다는 점에서(Kazantzis, Deane, & Ronan, 2002), 숙제 부여를 체계화하는 것은 (SM에서 전형적이듯이) 결과 향상에 도움이 된다.

독자들은 SM 표준 개입 기간이 보통 6회차 내 9시간임을 기억하고 싶을 런지 모르겠다(Ong et al., 2004). 따라서 현재 공통 유형 전달 형식으로는 잠재적으로 성취 가능한 혜택을 완전히 얻지 못할 수도 있고, SM 개입이 더 길어진다면 다소 더 큰 효과크기를 기대할 수도 있겠다. 상식과 임상 경험을 통해 볼 때, 아마도 참가자 피로가 시작되고 지속성이 떨어진다는 사실 때문에 용량반응 곡선이 어느 시점에서는 평평해질 것이고, 궁극적인 비용대비 혜택도 이때 또한 줄어들 것이라고 본다.

실행 계획

이 책의 목적은 스트레스관리 문헌에 대한 중요한 분석을 제시
할 뿐 아니라 새로운 기회와 생각을 제안하는 것이었다. 독자들은
건설적인 해결안을 요구할 것이다(또는 적어도 한눈에 보기에). 수많
은 제안과 실행 계획은 이 마지막 장을 통해서 제안되었다. 제2장
끝부분에 적절한 실험 연구와 이론의 고찰 후에 넓은 바탕의 SM 프
로그램이 어떻게 제시되어야 하는지에 대한 편집본을 제시하였다.
나는 최근에 고혈압의 심리 치료로 무선통제 시도에서 세 가지 적
극적인 치료 조건 중 하나로서 평가된 프로그램을 개발하였다. 이
것은 10주 프로그램으로 계획되고 매뉴얼화되어 범주 2 프로토콜
을 대표하며(다시 말해, 기술 설립, 예방적인 SM 유형이 제안되었다) 다
음을 포함한다.

1. 일반 용어로 스트레스가 무엇인지, 어떻게 인식될 수 있는지
   에 대한 간략한 설명이 제공된다.
2. 스트레스원 인지(일기 사용 포함)가 교육되고 스트레스원 조작
   을 위한 전략 토론이 포함된다.
3. 각성 감소 기법(즉, 점진적 근육 이완)이 SM 프로토콜 초반부에
   도입되어서, 참가자들은 훈련을 시작하고 많은 훈련 회기 동
   안 진전을 보고할 수 있다. 훈련 테이프 동반도 제안된다.
4. 시간관리에 대한 대처 기술, 사회기술, 문제해결을 먼저 지침
   형식에서 교육시킨 후, 개별적 숙제가 부여되어 다음 개입 회

차에서 고찰된다.

5. 사회 지지와 완충제 창출에 대한 일부 지침이 제공되며, 참가
   자들을 격려하여 자기 생활과 선호에 맞는 많은 활동을 선택
   하고 활성화하게끔 한다.

6. 마지막으로, 참가자들은 각 단계의 성공 또는 실패, 이득을 유
   지하고 안정적인 내장형 완충제 및 복구 기회가 있는 생활방
   식 계획을 검토하도록 권장된다.

이 프로그램이 매뉴얼화되고 최소한 부분적으로는 표준화되었
다는 점을 고려하면, 경험적으로 지지된 치료로서의 시험 기준을
충족시킨다. 이러한 특정 접근법이 궁극적으로 경험적으로 지지되
는 치료로서 자격이 되는지 여부와 대상 문제 또는 대상 모집단에
대해 자격이 되는지를 입증할 필요가 있다.

스트레스관리 패키지와 특정 기법의 효과를 살펴본 고찰에서는
자주 사전/사후 검사 자료를 비교하거나 SM 기법을 대기명단 또
는 수동적인 다른 통제군과 비교할 때, 중간에서 큰 효과크기가 나
타난다는 점을 들어 치료의 효과크기는 대개 심리 치료와 비슷하
다는 낙관론을 조심스레 제기한다. 앞서 인용된 문헌은 여러 다른
SM의 정의가 혼입되어 있으므로, SM이 다른 적극적인 치료에 비
해 일관성 있게 열등한지, 아니면 동등하거나 우수한지 여부는 결
정되어야 한다. 현재의 이질적인 형태에서는 다소 혼합된 결과가
도출되므로 신뢰하거나 의미 있는 해석을 하기가 어렵다. SM하에
포함될 수 있는 많은 기법에 대한 결과 데이터는 그 혜택의 질과 신
뢰성 차원에서 매우 다양하다. 대체로 인지행동치료는 불안과 우

울을 감소시키고, 신체운동, 바이오피드백, 그리고 다른 자기조절 기법이 효과적이라는 것은 무선통제집단을 가진 시도로부터 상당히 강력하게 지지된다. 다른 영역에서, 비록 이들 접근이 자주 전도 유망하게 보일지라도 결과 자료는 부족하거나 아예 없다. 일부 예로서 그 이유는 연구 영역이 상대적으로 참신하기(예: 용서치료 또는 반려동물의 활용) 때문일 수 있다. 다른 예로는 주어진 치료가 실제로 무엇으로 구성되었는지(예: 사회적지지 개입)의 조작화와 관련된 개념적 문제 때문이다. 그리고 마지막으로, 치료법을 뒷받침하는 효과 연구 기반을 훨씬 능가해서 인기를 얻고 있는 많은 연구 분야가 있다. 이들의 주요 예는 유머요법 및 시간관리이다. 후자의 두 경우에는 이를 사용하기 위한 통제된 시험이 놀랍게도 없다. 이 같은 통제된 연구의 부족은 두 개입이 모두 널리 사용되고 있으며 본질적으로 매력적이고 인기 있고 유망해 보인다는 점에서 특히 놀랍다.

SM 이론화, 연구, 실행이라는 다중적인 측면을 위해 실행 계획이 여기에서 제안되었다. 의사소통 측면에서 어떤 SM 절차가 사용되었는지를 충분하고 명확하게 설명하는 정책을 채택하고 준수함으로써 많은 것을 달성할 수 있다. 세 가지의 SM 유형 분류법을 사용하면 SM 결과 연구의 비교를 용이하게 할 수 있다. 그 목표는 미래의 고찰, 특히 메타분석적인 고찰을 돕기 위한 목적으로 비교가능성과 투명성을 극대화할 뿐 아니라 다른 연구자와 실무자들이 행한 프로토콜 반복가능성을 향상시키게끔 하는 것이다. 연구자들은 다음 중요한 질문에 대해 논쟁하길 원할 수도 있다.

- 프로토콜을 표준화 대 개인 맞춤형으로 할 때 효과성은 얼마나 영향을 받는가?
- 매뉴얼은 개인의 욕구에 민감한가? 만약 개인 맞춤형이 도입되면 불가피하게 비교가능성은 손실되는가?
- 임상적으로 의미있는 고통 감소를 위해서 최소한 필요한 치료 기간은 어떠한가?
- 심리치료자로서 훈련은 필요하거나 유익한 점이 있는가? 또는 상식이 있는 대인관계 기술이 좋은 평범한 사람이 최소한의 훈련으로 그 일을 할 수 있는가?
- SM 기법을 배울 능력에서 있어서 개인적인 차이에 대해 알려진 것은 무엇인가? 프로토콜은 참가자 특징(다른 연령 집단, 지능, 통찰력, 문화 차이 같은)에 대해 어떻게 적용될 수 있는가?

미래는 멋진 나라이다. 당신은 거기에서 어떤 일이든 할 수 있다.
—Hamilton Southam, 2000, Bebefactor(Colombo, 2000에서 인용)

우리 자신의(직계가족 및 지역사회의) 미래를 주장함으로써만
인간 정신이 우선한다.
—Peter C. Newman, 1996, 정치 기자이자 작가
(Colombo, 2000에서 인용)

부록

Ong, Linden 그리고 Young(2004)이
고찰한 치료 결과에 대한 문헌 목록

Aeschleman, S. R., & Imes, C. (1999). Stress inoculation training for impulsive behaviors in adults with traumatic brain injury. *Journal of Rational-Emotive and Cognitive-Behavior Therapy, 17*, 51-65.

Albright, G. L., Andreassi, J. L., & Brockwell, A. L. (1991). Effects of stress management on blood pressure and other cardiovascular variables. *International Journal of Psychophysiology, 11*, 213-217.

Alexander, C. N., Schneider, R. H., Staggers, F., Sheppard, W., Claybourne, B. M., Rainforth, M., Salerno, J., Kondwani, K., Smith, S., Walton, K. G., & Egan, B. (1996). Trial of stress reduction for hypertension in older African Americans II: Sex and risk subgroup analysis. *Hypertension, 28*, 228-237.

Alexander, C. N., Swanson, G. C., Rainforth, M. V., Carlisle, T. W., Todd, C. C., & Oates, R. M., Jr. (1993). Effects of the Transcendental Meditation program on stress reduction, health, and employee development: A prospective study in two occupational settings. *Anxiety, Stress, and Coping, 6*, 245-262.

Anshel, M. H., Gregory, W. L., & Kaczmarek, M. (1990). The effectiveness of a stress training program in coping with criticism in sport: A test of the COPE model. *Journal of Sport Behavior, 13*, 194-217.

Antoni, M. H., Baggett, L., Ironson, G., LaPerriere, A., August, S., Klimas,

N., Schneiderman, N., & Fletcher, M. A. (1991). Cognitive-behavioral stress management intervention buffers distress responses and immunological changes following notification of HIV-1 seropositivity. *Journal of Consulting and Clinical Psychology, 59*, 906-915.

Arnetz, B. B. (1996). Techno-stress: A prospective psychophysiological study of the impact of a controlled stress-reduction program in advanced telecommunication systems design work. *Journal of Occupational & Environmental Medicine, 38*, 53-65.

Astin, J. A. (1997). Stress reduction through mindfulness meditation: Effects on psychological symptomatology, sense of control, and spiritual experiences. *Psychotherapy & Psychosomatics, 66*, 97-106.

Avants, S. K., Margolin, A., & Salovey, P. (1990). Stress management techniques: Anxiety reduction, appeal, and individual differences. *Imagination, Cognition and Personality, 10*, 3-23.

Barrios-Choplin, B., McCraty, R., & Cryer, B. (1997). An inner quality approach to reducing stress and improving physical and emotional wellbeing at work. *Stress Medicine, 13*, 193-201.

Barry, J., & von Baeyer, C. L. (1997). Brief cognitive-behavioral group treatment for children's headache. *Clinical Journal of Pain, 13*, 215-220.

Batey, D. M., Kaufmann, P. G., Raczynski, J. M., Hollis, J. F., Murphy, J. K., Rosner, B., Corrigan, S. A., Rappaport, N. B., Danielson, E. M., Lasser, N. L., & Kuhn, C. M. (2000). Stress management intervention for primary prevention of hypertension: Detailed results from Phase I of Trials of Hypertension Prevention (TOHP−I). *Annals of Epidemiology, 10*, 45-58.

Birk, T. J., McGrady, A., MacArthur, R. D., & Khuder, S. (2000). The effects of massage therapy alone and in combination with other complementary therapies on immune system measures and quality of life in human immunodeficiency virus. *Journal of Alternative and*

Complementary Medicine, 6, 405-414.

Black, D. R., & Frauenknecht, M. (1997). Developing entry-level competencies in school health educators: Evaluation of a problem solving curriculum for stress management. *Education and Treatment of Children, 20*, 404-424.

Blumenthal, J. A., Jiang, W., Babyak, M. A., Krantz, D. S., Frid, D. J., Coleman, R. E., Waugh, R., Hanson, M., Appelbaum, M., O'Connor, C., & Morris, J. J. (1997). Stress management and exercise training in cardiac patients with myocardial ischemia: Effects on prognosis and evaluation of mechanisms. *Archives of Internal Medicine, 157*, 2213-2223.

Boardway, R. H., Delamater, A. M., Tomakowsky, J., & Gutai, J. P. (1993). Stress management training for adolescents with diabetes. *Journal of Pediatric Psychology, 18*, 29-45.

Bond, F. W., & Bunce, D. (2000). Mediators of change in emotion-focused and problem-focused worksite stress management interventions. *Journal of Occupational Health Psychology, 5*, 156-163.

Brand, E. F., Lakey, B., & Berman, S. (1995). A preventive, psychoeducational approach to increase perceived social support. *American Journal of Community Psychology, 23*, 117-135.

Bunce, D., & West, M. A. (1996). Stress management and innovation interventions at work. *Human Relations, 49*, 209-232.

Burnette, M. M., Koehn, K. A., Kenyon-Jump, R., Hutton, K., & Stark, C. (1991). Control of genital herpes recurrences using progressive muscle relaxation. *Behavior Therapy, 22*, 237-247.

Cady, S. H., & Jones, G. E. (1997). Massage therapy as a workplace intervention for reduction of stress. *Perceptual and Motor Skills, 84*, 157-158.

Cary, M., & Dua, J. (1999). Cognitive-behavioral and systematic desensitization procedures in reducing stress and anger in caregivers for the disabled. *International Journal of Stress Management, 6*, 75-87.

Castillo-Richmond, A., Schneider, R. H., Alexander, C. N., Cook, R., Myers, H., Nidich, S., Haney, C., Rainforth, M., & Salerno, J. (2000). Effects of stress reduction on carotid atherosclerosis in hypertensive African mericans. *Stroke, 31*, 568-573.

Cherbosque, J., & Italiane, F. L. (1999). The use of biofeedback as a tool in providing relaxation training in an employee assistance program setting. *Employee Assistance Quarterly, 15*, 63-79.

Clark, D. M., Salkovskis, P. M., Hackmann, A., Wells, A., Fennell, M., Ludgate, J., Ahmad, S., Richards, H. C., & Gelder, M. (1998). Two psychological treatments for hypochondriasis: A randomised controlled trial. *British Journal of Psychiatry, 173*, 218-225.

Cunningham, A. J., Edmonds, C. V. I., & Williams, D. (1999). Delivering a very brief psychoeducational program to cancer patients and family members in a large group format. *Psycho-Oncology, 8*, 177-182.

de Anda, D. (1998). The evaluation of a stress management program for middle school adolescents. *Child and Adolescent Social Work Journal, 15*, 73-85.

de Anda, D., Darroch, P., Davidson, M., Gilly, J., & Morejon, A. (1990). Stress management for pregnant adolescents and adolescent mothers: A pilot study. *Child and Adolescent Social Work, 7*, 53-67.

de Jong, G. M., & Emmelkamp, P. M. G. (2000). Implementing a stress management training: Comparative trainer effectiveness. *Journal of Occupational Health Psychology, 5*, 309-320.

De Wolfe, A. S., & Saunders, A. M. (1995). Stress reduction in sixth-grade students. *Journal of Experimental Education, 63*, 315-329.

Donnelly, J. W., Duncan, D. F., & Procaccino, A. T., Jr. (1993). Assessing anxiety within a weight-management setting: Impact of a stress management seminar. *Psychology, 30*, 16-21.

Ehlers, A., Stangier, U., & Gieler, U. (1995). Treatment of atopic dermatitis: A comparison of psychological and dermatological approaches to relapse prevention. *Journal of Consulting and Clinical Psychology, 63*, 624-635.

Eller, L. S. (1995). Effects of two cognitive-behavioral interventions on immunity and symptoms in persons with HIV. *Annals of Behavioral Medicine, 17*, 339-348.

Emery, C. F., Schein, R. L., Hauck, E. R., & MacIntyre, N. R. (1998). Psychological and cognitive outcomes of a randomized trial of exercise among patients with chronic obstructive pulmonary disease. *Health Psychology, 17*, 232-240.

Fawzy, F. I., Fawzy, N. W., Hyun, C. S., Elashoff, R., Guthrie, D., Fahey, J. L., & Morton, D. L. (1993). Malignant melanoma: Effects of an early structured psychiatric intervention, coping, and affective state on recurrence and survival 6 years later. *Archives of General Psychiatry, 50*, 681-689.

Fawzy, F. I., Fawzy, N. W., & Wheeler, J. G. (1996). A post-hoc comparison of the efficiency of a psychoeducational intervention for melanoma patients delivered in group versus individual formats: An analysis of data from two studies. *Psycho-Oncology, 5*, 81-89.

Faymonville, M. E., Mambourg, P. H., Joris, J., Vrigens, B., Fissette, J., Albert, A., & Lamy, M. (1997). Psychological approaches during conscious sedation. Hypnosis versus stress reducing strategies: A prospective randomized study. *Pain, 73*, 361-367.

Fontana, A. M., Hyra, D., Godfrey, L., & Cermak, L. (1999). Impact of a peer-led stress inoculation training intervention on state anxiety and heart rate in college students. *Journal of Applied Biobehavioral Research, 4*, 45-63.

Forbes, E. J., & Pekala, R. J. (1993). Psychophysiological effects of several stress management techniques. *Psychological Reports, 72*, 19-27.

Freedy, J. R., & Hobfoll, S. E. (1994). Stress inoculation for reduction of burnout: A conservation of resources approach. *Anxiety, Stress, and Coping, 6*, 311–325.

Fricdman, E., & Berger, B. G. (1991). Influence of gender, masculinity, and femininity on the effectiveness of three stress reduction techniques: Jogging, relaxation response, and group interaction. *Journal of Applied Sport Psychology, 3*, 61–86.

Gallacher, J. E. J., Hopkinson, C. A., Bennett, P., Burr, M. L., & Elwood, P. C. (1997). Effect of stress management on angina. *Psychology and Health, 12*, 523–532.

Garcia-Vera, M. P., Labrador, F. J., & Sanz, J. (1997). Stress-management training for essential hypertension: A controlled study. *Applied Psychophysiology and Biofeedback, 22*, 261–283.

Germond, S., Schomer, H. H., Meyers, O. L., & Weight, L. (1993). Pain management in rheumatoid arthritis: A cognitive-behavioural intervention. *South African Journal of Psychology, 23*, 1–9.

Godbey, K. L., & Courage, M. M. (1994). Stress-management program: Intervention in nursing student performance anxiety. *Archives of Psychiatric Nursing, 8*, 190–199.

Goldenberg, D. L., Kaplan, K. H., Nadeau, M. G., Brodeur, C., Smith, S., & Schmid, C. H. (1994). A controlled study of a stress-reduction, cognitive behavioral treatment program in fibromyalgia. *Journal of Musculoskeletal Pain, 2*, 53–66.

Goodspeed, R. B., & DeLucia, A. G. (1990). Stress reduction at the worksite: An evaluation of two methods. *American Journal of Health Promotion, 4*, 333–337.

Greco, C. M., Rudy, T. E., Turk, D.C., Herlich, A., & Zaki, H. H. (1997). Traumatic onset of temporomandibular disorders: Positive effects of a standardized conservative treatment program. *Clinical Journal of Pain, 13*, 337–347.

Habib, S., & Morrissey, S. (1999). Stress management for atopic dermatitis.

Behaviour Change, 16, 226-236.

Hahn, Y. B., Ro, Y. J., Song, H. H., Kim, N. C., Kim, H. S., & Yoo, Y. S. (1993). The effect of thermal biofeedback and progressive muscle relaxation training in reducing blood pressure of patients with essential hypertension. *Image: Journal of Nursing Scholarship, 25*, 204-207.

Hains, A. A. (1992). A stress inoculation training program for adolescents in a high school setting: A multiple baseline approach. *Journal of Adolescence, 15*, 163-175.

Hains, A. A. (1992). Comparison of cognitive-behavioral stress management techniques with adolescent boys. *Journal of Counselling and Development, 70*, 600-605.

Hains, A. A. (1994). The effectiveness of a school-based, cognitive-behavioral stress management program with adolescents reporting high and low levels of emotional arousal. *School Counselor, 42*, 114-125.

Hains, A. A., Davies, W. H., Parton, E., Totka, J., & Amoroso-Camarata, J. (2000). A stress management intervention for adolescents with type 1 diabetes. *Diabetes Educator, 26*, 417-424.

Hains, A. A., & Ellmann, S. W. (1994). Stress inoculation training as a preventative intervention for high school youths. *Journal of Cognitive Psychotherapy, 8*, 219-232.

Hains, A. A., & Szyjakowski, M. (1990). A cognitive stress-reduction intervention program for adolescents. *Journal of Counseling Psychology, 37*, 79-84.

Henry, J. L., Wilson, P. H., Bruce, D. G., Chisholm, D. J., & Rawling, P. J. (1997). Cognitive-behavioural stress management for patients with non-insulin dependent diabetes mellitus. Psychology, *Health and Medicine, 2*, 109-118.

Heron, R. J. L., McKeown, S., Tomenson, J. A., & Teasdale, E. L. (1999). Study to evaluate the effectiveness of stress management workshops on response to general and occupational measures of stress. *Occupational Medicine, 49*, 451-457.

Hostick, T., Newell, R., & Ward, T. (1997). Evaluation of stress prevention and management workshops in the community. *Journal of Clinical Nursing, 6*, 139-145.

Irvine, M. J., & Logan, A. G. (1991). Relaxation behavior therapy as sole treatment for mild hypertension. *Psychosomatic Medicine, 53*, 587-597.

Jay, S. M., & Elliot, C. H. (1990). A stress inoculation program for parents whose children are undergoing painful medical procedures. *Journal of Consulting and Clinical Psychology, 58*, 799-804.

Jin, P. (1992). Efficacy of tai chi, brisk walking, meditation, and reading in reducing mental and emotional stress. *Journal of Psychosomatic Research, 36*, 361-370.

Johansson, N. (1991). Effectiveness of a stress management program in reducing anxiety and depression in nursing students. *Journal of American College Health, 40*, 125-129.

Johnson, U. (2000). Short-term psychological intervention: A study of long-term-injured competitive athletes. *Journal of Sport Rehabilitation, 9*, 207-218.

Johnston, D. W., Gold, A., Kentish, J., Smith, D., Vallance, P., Shah, D., Leach, G., & Robinson, B. (1993). Effect of stress management on blood pressure in mild primary hypertension. *British Medical Journal, 306*, 963-966.

Jones, D. A., & West, R. R. (1996). Psychological rehabilitation after myocardial infarction: Multicentre randomized controlled trial. *British Medical Journal, 313*, 1517-1521.

Jones, M. C., & Johnston, D. W. (2000). Evaluating the impact of a worksite stress management programme for distressed student nurses: A randomised controlled trial. *Psychology and Health, 15*, 689-706.

Kabat-Zinn, J., Massion, A. O., Kristeller, J., Peterson, L. G., Fletcher, K. E., Pbert, L., Lenderking, W. R., & Santorelli, S. F. (1992). Effectiveness of a meditation-based stress reduction program in the treatment of anxiety disorders. *American Journal of Psychiatry, 149,* 936-943.

Kabat-Zinn, J., Wheeler, E., Light, T., Skillings, A., Scharf, M. J., Cropley, T. G., Hosmer, D., & Bernhard, J. D. (1998). Influence of a mindfulness meditation-based stress reduction intervention on rates of skin clearing in patients with moderate to severe psoriasis undergoing phototherapy (UVB) and photo-chemotherapy (PUVA). *Psychosomatic Medicine, 60,* 625-632.

Kagan, N. I., Kagan, H., & Watson, M. G. (1995). Stress reduction in the workplace: The effectiveness of psychoeducational programs. *Journal of Counseling Psychology, 42,* 71-78.

Kaluza, G. (2000). Changing unbalanced coping profiles—A prospective controlled intervention trial in worksite health promotion. *Psychology and Health, 15,* 423-433.

Kaplan, K. H., Goldberg, D. L., & Galvin-Nadeau, M. (1993). The impact of a meditation-based stress reduction program on fibromyalgia. *General Hospital Psychiatry, 15,* 284-289.

Kawakami, N., Araki, S., Kawashima, M., Masumoto, T., & Hayashi, T. (1997). Effects of work-related stress reduction on depressive symptoms among Japanese blue-collar workers. *Scandinavian Journal of Work, Environment and Health, 23,* 54-59.

Keinan, G., Segal, A., Ma, U. G., & Brenner, S. (1995). Stress management for psoriasis patients: The effectiveness of biofeedback and relaxation techniques. *Stress Medicine, 11,* 235-241.

Kiselica, M. S., Baker, S. B., Thomas, R. N., & Reedy, S. (1994). Effects of stress inoculation training on anxiety, stress, and academic performance among adolescents. *Journal of Counseling Psychology,*

41, 335-342.

Kolbell, R. M. (1995). When relaxation is not enough. In L. R. Murphy, J. J. Hurrell, Jr., S. L. Sauter, & G. P. Keita (Eds.), *Job stress interventions* (pp. 31-43). Washington, DC: American Psychological Association.

Leahy, A., Clayman, C., Mason, I., Lloyd, G., & Epstein, O. (1998). Computerised biofeedback games: A new method for teaching stress management and its use in irritable bowel syndrome. *Journal of the Royal College of Physicians of London, 32*, 552-556.

Lee, M. S., Ryu, H., & Chung, H. T. (2000). Stress management by psychosomatic training: Effects of Chun Do Sun Bup Qi-training on symptoms of stress: A cross-sectional study. *Stress Medicine, 16*, 161-166.

Lee, S., & Crockett, M. S. (1994). Effect of assertiveness training on levels of stress and assertiveness experienced by nurses in Taiwan, Republic of China. *Issues in Mental Health Nursing, 15*, 419-432.

Lin, M. L., Tsang, Y. M., & Hwang, S. L. (1998). Efficacy of a stress management program for patients with hepatocellular carcinoma receiving transcatheter arterial embolization. *Journal of the Formosan Medical Association, 97*, 113-117.

Linden, W., Lenz, J. W., & Con, A. H. (2001). Individualized stress management for primary hypertension: A randomized trial. *Archives of Internal Medicine, 161*, 1071-1080.

Lindop, E. (1993). A complementary therapy approach to the management of individual stress among student nurses. *Journal of Advanced Nursing, 18*, 1578-1585.

Littman, A. B., Fava, M., Halperin, P., Lamon-Fava, S., Drews, F. R., Oleshansky, M. A., Bielenda, C. C., & MacLaughlin, R. A. (1993). Physiologic benefits of a stress reduction program for healthy middle-aged Army officers. *Journal of Psychosomatic Research, 37*, 345-354.

Long, B. C. (1993). Aerobic conditioning (jogging) and stress inoculation interventions: An exploratory study of coping. *International Journal of Sport Psychology, 24,* 94–109.

Lopez, M. A., & Silber, S. (1991). Stress management for the elderly: A preventive approach. *Clinical Gerontologist, 10,* 73–76.

Lutgendorf, S. K., Antoni, M. H., Ironson, G. I., Klimas, N., Kumar, M., Starr, K., McCabe, P., Cleven, K., Fletcher, M. A., & Schneiderman, N. (1997). Cognitive-behavioral stress management decreases dysphoric mood and herpes simplex virus–type 2 antibody titres in symptomatic HIV–seropositive gay men. *Journal of Consulting & Clinical Psychology, 65,* 31–43.

Lutgendorf, S. K., Antoni, M. H., Ironson, G., Starr, K., Costello, N., Zuckerman, M., Klimas, N., Fletcher, M. A., & Schneiderman, N. (1998). Changes in cognitive coping skills and social support during cognitive behavioral stress management intervention and distress outcomes in symptomatic human immunodeficiency virus (HIV)–seropositive gay men. *Psychosomatic Medicine, 60,* 204–214.

MacLean, C. R. K., Walton, K. G., Wenneberg, S. R., Levitsky, D. K., Mandarino, J. V., Waziri, R., & Schneider, R. H. (1994). Altered response of cortisol, GH, TSH and testosterone to acute stress after four months' practice of Transcendental Meditation. *Annals of the New York Academy of Science, 746,* 381–384.

Maynard, I. W., & Cotton, P. C. J. (1993). An investigation of two stress management techniques in a field setting. *Sport Psychologist, 7,* 375–387.

Maysent, M., & Spera, S. (1995). Coping with job loss and career stress: Effectiveness of stress management training with outplaced employees. In L. R. Murphy, J. J. Hurrell, Jr., S. L. Sauter, & G. P. Keita (Eds.), *Job stress interventions* (pp. 159–170). Washington, DC: American Psychological Association.

McCain, N. L., Zeller, J. M., Cella, D. F., Urbanski, P. A., & Novak, R. M.

(1996). The influence of stress management training in HIV disease. *Nursing Research, 45*, 246-253.

McCarberg, B., & Wolf, J. (1999). Chronic pain management in a health maintenance organization. *Clinical Journal of Pain, 15*, 50-57.

McCraty, R., Atkinson, M., Tomasino, D., Goelitz, J., & Mayrovitz, H. N. (1999). The impact of an emotional self-management skills course on psychosocial functioning and autonomic recovery to stress in middle school children. *Integrative Physiological and Behavioral Science, 34*, 246-268.

McCraty, R., Barrios-Choplin, B., Rozman, D., Atkinson, M., & Watkins, A. (1998). The impact of a new emotional self-management program on stress, emotions, heart rate variability, DHEA and cortisol. *Integrative Physiological and Behavioral Science, 33*, 151-170.

McCue, J. D., & Sachs, C. L. (1991). A stress management workshop improves residents' coping skills. *Archives of Internal Medicine, 151*, 2273-2277.

McGrady, A., Bailey, B. K., & Good, M. P. (1991). Controlled study of biofeedback-assisted relaxation in type 1 diabetes. *Diabetes Care, 14*, 360-365.

McGrady, A., Conran, P., Dickey, D., Garman, D., Farris, E., & Schumann-Brzezinski, C. (1992). The effects of biofeedback-assisted relaxation on cell-mediated immunity, cortisol, and white blood cell count in healthy adult subjects. *Journal of Behavioral Medicine, 15*, 343-354.

McNaughton-Cassill, M. E., Bostwick, M., Vanscoy, S. E., Arthur, N. J., Hickman, T. N., Robinson, R. D., & Neal, G. S. (2000). Development of brief stress management support groups for couples undergoing in vitro fertilization treatment. *Fertility and Sterility, 74*, 87-93.

Michie, S. (1992). Evaluation of a staff stress management service. *Health Manpower Management, 18*, 15-17.

Michie, S., & Sandhu, S. (1994). Stress management for clinical medical students. *Medical Education, 28,* 528-533.

Miller, J. J., Fletcher, K., & Kabat-Zinn, J. (1995). Three-year follow-up and clinical implications of a mindfulness meditation-based stress reduction intervention in the treatment of anxiety disorders. *General Hospital Psychiatry, 17,* 192-200.

Nelson, D. V., Baer, P. E., Cleveland, S. E., Revel, K. F., & Montero, A. C. (1994). Six-month follow-up of stress management training versus cardiac education during hospitalization for acute myocardial infarction. *Journal of Cardiopulmonary Rehabilitation, 14,* 384-390.

Nicholas, P. K., & Webster, A. (1996). A behavioral medicine intervention in persons with HIV. *Clinical Nursing Research, 5,* 391-406.

Orth-Gomer, K., Eriksson, I., Moser, V., Theorell, T., & Fredlund, P. (1994). Lipid lowering through work stress reduction. *International Journal of Behavioral Medicine, 1*(3), 204-214.

Parker, J. C., Smarr, K. L., Buckelew, S. P., Stucky-Ropp, R. C., Hewett, J. E., Johnson, J. C., Wright, G. E., Irvin, W. S., & Walker, S. E. (1995). Effects of stress management on clinical outcomes in rheumatoid arthritis. *Arthritis and Rheumatism, 38,* 1807-1818.

Peters, K. K., & Carlson, J. G. (1999). Worksite stress management with high-risk maintenance workers: A controlled study. *International Journal of Stress Management, 6,* 21-44.

Pistrang, N., & Barker, C. (1998). Partners and fellow patients: Two sources of emotional support for women with breast cancer. *American Journal of Community Psychology, 26,* 439-456.

Pruitt, R. H., Bernheim, C., & Tomlinson, J. P. (1991). Stress management in a military health promotion program: Effectiveness and cost efficiency. *Military Medicine, 156,* 51-53.

Reynolds, S. (1997). Psychological well-being at work: Is prevention better than cure? *Journal of Psychosomatic Research, 43,* 93-102.

Reynolds, S., Taylor, E., & Shapiro, D. (1993). Session impact and outcome in stress management training. *Journal of Community and Applied Social Psychology, 3*, 325-337.

Roger, D., & Hudson, C. (1995). The role of emotion control and emotional rumination in stress management training. *International Journal of Stress Management, 2*, 119-132.

Ross, M. J., & Berger, R. S. (1996). Effects of stress inoculation training on athletes' postsurgical pain and rehabilitation after orthopedic injury. *Journal of Consulting and Clinical Psychology, 64*, 406-410.

Roth, B., & Creaser, T. (1997). Mindfulness meditation-based stress reduction: Experience with a bilingual inner-city program. *Nurse Practitioner, 22*, 150-176.

Rowe, M. M. (2000). Skills training in the long-term management of stress and occupational burnout. *Current Psychology, 19*, 215-228.

Rudy, T. E., Turk, D. C., Kubinski, J. A., & Zaki, H. S. (1995). Differential treatment responses of TMD patients as a function of psychological characteristics. *Pain, 61*, 103-112.

Russler, M. F. (1991). Multidimensional stress management in nursing education. *Journal of Nursing Education, 30*, 341-346.

Rutledge, J. C., Hyson, D. A., Garduno, D., Cort, D. A., Paumer, L., & Kappagoda, C. T. (1999). Lifestyle modification program in management patients with coronary artery disease: The clinical experience in a tertiary care hospital. *Journal of Cardiopulmonary Rehabilitation, 19*, 226-234.

Rybarczyk, B. D., & Auerbach, S. M. (1990). Reminiscence interviews as stress management interventions for older patients undergoing surgery. *Gerontologist, 30*, 522-528.

Saam, R. H., Wodtke, K. H., & Hains, A. A. (1995). A cognitive stress reduction program for recently unemployed managers. *Career Development Quarterly, 44*, 43-51.

Sartory, G., Müller, B., Metsch, J., & Pothmann, R. (1998). A comparison of psychological and pharmacological treatment of pediatric migraine. *Behaviour Research and Therapy, 36*, 1155-1170.

Scharlach, A. E. (1988). Peer counselor training for nursing home residents. *The Gerontologist, 28*, 499-502.

Schaufeli, W. B. (1995). The evaluation of a burnout workshop for community nurses. *Journal of Health and Human Services Administration, 18*, 11-30.

Schneider, R. H., Staggers, F., Alexander, C. N., Sheppard, W., Rainforth, M., Kondwani, K., Smith, S., & King, C. G. (1995). A randomized controlled trial of stress reduction for hypertension in older African-Americans. *Hypertension, 26*, 820-827.

Schneider, W. J., & Nevid, J. S. (1993). Overcoming math anxiety: A comparison of stress inoculation training and systematic desensitization. *Journal of College Student Development, 34*, 283-288.

Schwartz, C. E. (1999). Teaching coping skills enhances quality of life more than peer support: Results of a randomized trial with multiple sclerosis patients. *Health Psychology, 18*, 211-220.

Schwartz, C. E., & Sendor, R. M. (1999). Helping others helps oneself: Response shift effects in peer support. *Social Science & Medicine, 48*, 1563-1575.

Shapiro, S. L., Schwartz, G. E., & Bonner, G. (1998). Effects of mindfulness-based stress reduction on medical and premedical students. *Journal of Behavioral Medicine, 21*, 581-599.

Shearn, M. A., & Fireman, B. H. (1985). Stress management and mutual support groups in rheumatoid arthritis. *American Journal of Medicine, 78*, 771-775.

Sheppard, W. D., II, Staggers, F. J., & John, L. (1997). The effects of a stress-management program in a high security government agency. *Anxiety, Stress, and Coping, 10*(4), 341-350.

Shulman, K. R., & Jones, G. E. (1996). The effectiveness of massage therapy intervention on reducing anxiety in the workplace. *Journal of Applied Behavioral Science, 32*, 160-173.

Smarr, K. L., Parker, J. C., Wright, G. E., Stucky-Ropp, R. C., Buckelew, S. P., Hoffman, R. W., O'Sullivan, F. X., & Hewett, J. E. (1997). The importance of enhancing self-efficacy in rheumatoid arthritis. *Arthritis Care and Research, 10*, 18-26.

Snodgrass, L. L., Yamamoto, J., Frederick, C., Ton-That, N., Foy, D. W., Chan, L., Wu, J., Hahn, P. H., Shinh, D. Y., Nguyen, L. H., de Jonge, J., & Fairbanks, L. (1993). Vietnamese refugees with PTSD symptomatology: Intervention via a coping skills model. *Journal of Traumatic Stress, 6*, 569-575.

Sowa, C. J. (1992). Understanding clients' perceptions of stress. *Journal of Counseling and Development, 71*, 179-183.

Speca, M., Carlson, L. E., Goodey, E., & Angen, M. (2000). A randomized, wait-list controlled clinical trial: The effect of a mindfulness meditation-based stress reduction program on mood and symptoms of stress in cancer outpatients. *Psychosomatic Medicine, 62*, 613-622.

Speck, B. (1990). The effect of guided imagery upon first semester nursing students performing their first injections. *Journal of Nursing Education, 29*, 347-350.

Stachnik, T., Brown, B., Hinds, W., Mavis, B., Stoffelmayr, B., Thornton, D., & Van Egeren, L. (1990). Goal setting, social support, and financial incentives in stress management programs: A pilot study of their impact on adherence. *American Journal of Health Promotion, 5*, 24-29.

Stephens, R. L. (1992). Imagery: A treatment for student anxiety. *Journal of Nursing Education, 31*, 314-320.

Stetson, B. (1997). Holistic health stress management program: Nursing student and client health outcomes. *Journal of Holistic Nursing, 15*, 143-157.

Sullivan, C. M., Campbell, R., Angelique, H., Eby, K. K., & Davidson, W. S., II. (1994). An advocacy intervention program for women with abusive partners: Six-month follow-up. *American Journal of Community Psychology, 22*, 101-122.

Taylor, D. N. (1995). Effects of a behavioral stress-management program on anxiety, mood, self-esteem, and T-cell count in HIV-positive men. *Psychological Reports, 76*, 451-457.

Teasdale, E. L., & McKeown, S. (1994). Managing stress at work: The ICI-Zeneca Pharmaceuticals experience 1986-1993. In C. L. Cooper & S. Williams (Eds.), *Creating healthy work organizations* (pp. 134-165). London: Wiley.

Thomason, J. A., & Pond, S. B., III. (1995). Effects of instruction on stress management skills and self-management skills among blue-collar employees. In L. R. Murphy, J. J. Hurrell, Jr., S. L. Sauter, & G. P. Keita (Eds.), *Job stress interventions* (pp. 7-20). Washington, DC: American Psychological Association.

Timmerman, I. G. H., Emmelkamp, P. M. G., & Sanderman, R. (1998). The effects of a stress-management training program in individuals at risk in the community at large. *Behaviour Research and Therapy, 36*, 863-875.

Tolman, R. M., & Rose, S. D. (1990). Teaching clients to cope with stress: The effectiveness of structured group stress management training. *Journal of Social Service Research, 13*, 45-66.

Toobert, D. J., Glasgow, R. E., Nettekoven, L. A., & Brown, J. E. (1998). Behavioral and psychosocial effects of intensive lifestyle management for women with coronary heart disease. *Patient Education and Counseling, 35*, 177-188.

Toseland, R. W., Labrecque, M. S., Goebel, S. T., & Whitney, M. H. (1992). An evaluation of a group program for spouses of frail elderly veterans. *The Gerontologist, 32*, 382-390.

Trzcieniecka-Green, A., & Steptoe, A. (1994). Stress management in cardiac patients: A preliminary study of the predictors of improvement in quality of life. *Journal of Psychosomatic Research, 38*, 267-280.

Trzcieniecka-Green, A., & Steptoe, A. (1996). The effects of stress management on the quality of life of patients following acute myocardial infarction or coronary bypass surgery. *European Heart Journal, 17*, 1663-1670.

Tsai, S. L., & Crockett, M. S. (1993). Effects of relaxation training, combining imagery, and meditation on the stress level of Chinese nurses working in modern hospitals in Taiwan. *Issues in Mental Health Nursing, 14*, 51-66.

Turk, D. C., Rudy, T. E., Kubinski, J. A., Zaki, H. S., & Greco, C. M. (1996). Dysfunctional patients with temporomandibular disorders: Evaluating the efficacy of a tailored treatment protocol. *Journal of Consulting and Clinical Psychology, 64*, 139-146.

Turk, D. C., Zaki, H. S., & Rudy, T. E. (1993). Effects of intraoral appliance and biofeedback/stress management alone and in combination in treating pain and depression inpatients with temporomandibular disorders. *The Journal of Prosthetic Dentistry, 70*, 158-164.

Turner, L., Linden, W., van der Wal, R., & Schamberger, W. (1995). Stress management for patients with heart disease: A pilot study. *Heart and Lung, 24*, 145-153.

van Montfrans, G. A., Karemaker, J. M., Wieling, W., & Dunning, A. J. (1990). Relaxation therapy and continuous ambulatory blood pressure in mild hypertension: A controlled study. *British Medical Journal, 300*, 1368-1372.

White, J., & Keenan, M. (1990). Stress control: A pilot study of large group therapy for generalized anxiety disorder. *Behavioural Psychotherapy, 18*, 143-146.

Whitehouse, W. G., Dinges, D. F., Orne, E. C., Keller, S. E., Bates, B. L., Bauer, N. K., Morahan, P., Haupt, B. A., Carlin, M. M., Bloom, P. B., Zaugg, L., & Orne, M. T. (1996). Psychosocial and immune effects of self-hypnosis training for stress management throughout the first semester of medical school. *Psychosomatic Medicine, 58*, 249-263.

Whitney, D., & Rose, S. D. (1990). The effect of process and structured content on outcome in stress management groups. *Journal of Social Service Research, 13*, 89-104.

Wigers, S. H., Stiles, T. C., & Vogel, P. A. (1996). Effects of aerobic exercise versus stress management treatment in fibromyalgia: A 4.5 year prospective study. *Scandinavian Journal of Rheumatology, 25*, 77-86.

Wiholm, C., Arnetz, B., & Berg, M. (2000). The impact of stress management on computer-related skin problems. *Stress Medicine, 16*, 279-285.

Wing, R. R., & Jeffrey, R. W. (1999). Benefits of recruiting participants with friends and increasing social support for weight loss and maintenance. *Journal of Consulting and Clinical Psychology, 67*, 132-138.

Winzelberg, A. J., & Luskin, F. M. (1999). The effect of a meditation training in stress levels in secondary school teachers. *Stress Medicine, 15*, 69-77. Wynd, C. A. (1992). Relaxation imagery used for stress reduction in the prevention of smoking relapse. *Journal of Advanced Nursing, 17*, 294-302.

참고문헌

Aamodt, M. G. (2004). *Applied industrial/organizational psychology* (4th ed.). Belmont, CA: Wadsworth.

Akerstedt, T., Knutsson, A., Westerholm, P., Theorell, T., Alfredsson, L., & Kecklund, G. (2004). Mental fatigue, work and sleep. *Journal of Psychosomatic Research, 56*, 1-7.

Alexander, C. N., Robinson, P., Orme-Johnson, D. W., Schneider, R. H., & Walton, K. G. (1994). The effects of Transcendental Meditation compared to other methods of relaxation and meditation in reducing risk factors, morbidity, and mortality. *Homeostasis in Health and Disease, 35*, 243-263.

Allen, K., & Blascovich, J. (1996). The value of service dogs for people with severe ambulatory disabilities. A randomized trial. *Journal of the American Medical Association, 275*, 1001-1006.

Allen, K., Blascovich, J., & Mendes, W. B. (2002). Cardiovascular reactivity, and the presence of pets, friends, and spouses: The truth about cats and dogs. *Psychosomatic Medicine, 64*, 727-739.

Allen, S. M., Shah, A. C., Nezu, A. M., Ciambrone, D., Hogan, J., & Mor, V. (2002). A problem-solving approach to stress reduction among younger women with breast carcinoma—A randomized controlled trial. *Cancer, 94*, 3089-3100.

American Psychiatric Association. (1994). *Diagnostic and statistical manual of mental disorders* (4th ed.). Washington, DC: Author.

Andrews, G., McMahon, S. W., Austin, A., & Byrne, D. G. (1984).

Hypertension: Comparison of drug and non-drug treatments. British Medical Journal, 284, 1523-1526.

Antoni, M. H. (2003). Stress management effects on psychological, endocrinological, and immune functioning in men with HIV infection: Empirical support for a psychoneuroimmunological model. *Stress-The International Journal on the Biology of Stress, 6*, 173-188.

Antoni, M. H., Baggett, L., Ironson, G., LaPerriere, A., August, S., Klimas. N., Schneiderman, N., & Fletcher, M. A. (1991). Cognitive behavioral stress management intervention buffers. *Journal of Consulting and Clinical Psychology, 59*, 906-915.

Antonovsky, A. (1979). *Health, stress, and coping.* San Francisco: Jossey-Bass.

Antonucci, T. C. (1985). Personal characteristics, social support, and social behavior. In R. H. Binstock & E. Shanas (Eds.), *Handbook of aging and the social sciences* (pp. 94-128). New York: Van Nostrand Reinhold.

Arnetz, B. B. (2003). *Organizational efficiency: An important determinant of occupational stress.* Paper presented at the American Psychosomatic Society, Phoenix, AZ.

Astrand, P. O., & Rodahl, K. (1970). *Textbook of work physiology.* New York: McGraw-Hill.

Baker, B., Szalai, J. P., Paquette, M., & Tobe, S. (2003). Marital support, spousal contact and the course of mild hypertension. *Journal of Psychosomatic Research, 55*, 229-233.

Barlow, D. H., Raffa, S. D., & Cohen, E. M. (2002). Psychosocial treatments for panic disorders, phobias, and generalized anxiety disorder. In P. E. Nathan & J. M. Gorman (Eds.), *A guide to treatments that work* (2nd ed.). London: Oxford University Press.

Beck, A. T. (1993). Cognitive approaches to stress. In P. M. Lehrer & R. L. Woolfolk (Eds.), *Principles and practice of stress management* (2nd ed., pp. 333-372). New York: Guilford.

Beelman, A., Pfingsten, U., & Losel, F. (1994). Effects of training social competence in children: A meta-analysis of recent evaluation studies. *Journal of Clinical Child Psychology, 23*, 260-271.

Benson, H. (1975). *The relaxation response.* New York: William Morrow.

Berk, L. S., Felten, D. L., Tan, S. A., Bittman, B. B., & Westengard, J. (2001). Modulation of neuroimmune parameters during the eustress of humor-associated mirthful laughter. *Alternative Therapies in Health and Medicine, 7*, 62-76.

Berk, L. S., Tan, S. A., Fry, W. F., Napier, B. J., Lee, J. W., Hubbard, W. F., Lewis, J. E., & Eby, W. C. (1989). Neuroendocrine and stress hormone changes during mirthful laughter. *American Journal of Medical Science, 298*, 390-396.

Bernard, C. (1961). *An introduction to the study of experimental medicine* (H. C. Greene, Trans.). New York: Collier. (Original work published 1865)

Bernstein, D. A., & Borkovec, T. D. (1973). *Progressive relaxation training: A manual for the helping professions.* Champaign, IL: Research Press.

Biggam, F. H., & Power, K. G. (2002). A controlled, problem-solving, group-based intervention with vulnerable incarcerated young offenders. *International Journal of Offender Therapy and Comparative Criminology, 46*, 678-698.

Biggs, A. M., Aziz, Q., Tomenson, B., & Creed, F. (2003). Do childhood adversity and recent social stress predict health care use in patients presenting with upper abdominal or chest pain? *Psychosomatic Medicine, 65*, 1020-1028.

Black, P. H., & Garbutt, L. D. (2002). Stress, inflammation and cardiovascular disease. *Journal of Psychosomatic Research, 52*, 1-23.

Blagys, M. D., & Hilsenroth, M. J. (2002). Distinctive activities of cognitive-behavioral therapy: A review of the comparative psychotherapy process literature. *Clinical Psychology Review, 22*, 671-706.

Blumenthal, J. A., Babyak, M. A., Jiang, W., O'Connor, C., Waugh, R., Eisenstein, E., Mark, D., Sherwood, A., Woodley, P. S., Irwin, R. J., & Reed, G. (2002). Usefulness of psychosocial treatment of mental stress-induced myocardial ischemia in men. *American Journal of Cardiology, 89*, 164-168.

Blumenthal, J. A., Jiang, W., Babyak, M. A., Krantz, D. S., Frid, D. J., Coleman, R. E., Waugh, R., Hanson, M., Appelbaum, M., O'Connor, C., & Morris, J. J. (1997). Stress management and exercise training in cardiac patients with myocardial ischemia. *Archives of Internal Medicine, 157*, 2213-2223.

Bonnano, G. A. (2004). Loss, trauma, and human resilience: Have we underestimated the human capacity to thrive after extremely aversive events? *American Psychologist, 59*, 20-28.

Booth-Kewley, S., & Friedman, H. S. (1987). Psychological predictors of heart disease: A quantitative review. *Psychological Bulletin, 101*, 343-362.

Bottomley, A., Hunton, S., Roberts, G., Jones, L., & Bradley, C. (1996). A pilot study of cognitive behavioral therapy and social support group interventions with newly diagnosed cancer patients. *Journal of Psychosocial Oncology, 14*, 65-83.

Bower, J. E., & Segerstrom, S. C. (1994, January). Stress management, finding benefit, and immune function: Positive mechanisms for intervention effects on physiology. *Journal of Psychosomatic Research, 56*(1), 9-11.

Brand, E. F., Lakey, B., & Berman, S. (1995). A preventive, psychoeducational approach to increase perceived social support. *American Journal of Community Psychology, 23*, 117-135.

Brehm, B. A. (1998). *Stress management: Increasing your stress resistance.*

New York: Longman.

Brody, H. (1973). The systems view of man: Implications of medicine, science, and ethics. In *Perspectives in biology and medicine* (Vol. 17, p. 77). Chicago: University of Chicago Press.

Bunker, S. J., Colquhoun, D. M., Esler, M. D., et al. (2003). Stress and coronary heart disease: Psychosocial risk factors. *Medical Journal of Australia, 178*, 272-276.

Burleson, M. H., Poehlmann, K. M., Ernst, J. M., Berntson, G. G., Malarjey, W. B., Kiecolt-Glaser, J. K., Glaser, R., & Cacioppo, J. T. (2003). Neuroendocrine and cardiovascular reactivity to stress in mid-aged and older women: Long-term temporal consistency of individual differences. *Psychophysiology, 40*, 358-369.

Burns, V. E., Drayson, M., Ring, C., Carroll, D. (2002). Perceived stress and psychological well-being are associated with antibody status after meningitis C conjugate vaccination. *Psychosomatic Medicine, 64*, 963-970.

Cacioppo, J. T., Hawkley, L. C., Crawford, L. E., Ernst, J. M., Burleson, M. H., Kowalewski, R. B., van Cauter, E., & Berntson, G. G. (2002). Loneliness and health: Potential mechanisms. *Psychosomatic Medicine, 64*, 407-417.

Caldji, C., Liu, D., Sharma, S., Diorio, J., Francis, D., Meaney, M. J., & Plotsky, P. M. (2001). Development of individual differences in behavioral and endocrine responses to stress: The role of post-natal environment. In B. S. McEwen (Ed.), *Handbook of physiology section 7* (Vol. 4, pp. 271-292). New York: Oxford University Press.

Cameron, J. I., Shin, J. L., Williams, D., & Stewart, D. (2004). A brief problem-solving intervention for family caregivers to individuals with advanced cancer. *Journal of Psychosomatic Research, 56*, 1-7.

Canadian Consensus Conference on Non-Pharmacological Approaches to the Management of High Blood Pressure. (1990). Recommendations of the Canadian Consensus Conference on Non-pharmacological Approaches to the Management of High Blood Pressure. *Canadian Medical Association Journal, 142*, 1397-1409.

Cann, A., Calhoun, L. G., & Nance, J. T. (2000). Exposure to humor before and after an unpleasant stimulus: Humor as a preventative or a cure. *Humor, 13*, 177-191.

Cann, A., Holt, K., & Calhoun, L. G. (1999). The roles of humor and sense of humor in responses to stressors. *Humor, 12*, 177-193.

Cannon, W. B. (1928). The mechanism of emotional disturbance of bodily functions. *New England Journal of Medicine, 198*, 165-172.

Cannon, W. B. (1935). Stresses and strains of homeostasis. *American Journal of the Medical Sciences, 189*, 1-14.

Caputo, J. L., Rudolph, D. L., & Morgan, D. W. (1998). Influence of positive life events on blood pressure in adolescents. *Journal of Behavioral Medicine, 21*, 115-129.

Carlson, J. G. (1999). Editorial: Trends in stress management. *International Journal of Stress Management, 6*, 1-3.

Cartwright, M., Wardle, J., Steggles, N., Simon, A. E., Croker, H., & Jarvis, M. J. (2003). Stress and dietary practices in adolescents. *Health Psychology, 22*, 362-369.

Carver, C. S., & Scheier, M. F. (1981). *Attention and self-regulation: A control-theory approach to human behavior.* New York: Springer.

Chambless, D. L., & Gillis, M. M. (1993). Cognitive therapy of anxiety disorders. *Journal of Consulting and Clinical Psychology, 61*, 248-260.

Chapman, R. F., Maier, G., Owen, A., Nousse, V., Park, J. H., & Enright, R. (2001). *Healing forgiveness: Group therapy for abused male forensic patients.* Paper presented at the World Conference of Cognitive and Behavioral Therapies, Vancouver, Canada.

Cohen, S., Frank, E., Doyle, W. J., Skoner, D. P., Rabin, B. S., & Gwaltney, J. M. (1998). Types of stressors that increase susceptibility to the common cold in healthy adults. *Health Psychology, 17*, 214-223.

Cohen, S., Miller, G. E., & Rabin, B. S. (2001). Psychological stress and antibody response to immunization: A critical review of the human literature. *Psychosomatic Medicine, 63*, 7-18.

Colombo, J. R. (2000). *John Robert Colombo's famous lasting words.* Vancouver, BC: Douglas & McIntyre.

Conn, V. S., Valentine, J. C., & Cooper, H. M. (2002). Interventions to increase physical activity among aging adults: A meta-analysis. *Annals of Behavioral Medicine, 24*, 190-200.

Corrigan, P. W. (1992). Social skills training in adult psychiatric populations: A meta-analysis. *Journal of Behavior Therapy and Experimental Psychiatry, 22*, 203-210.

Cossette, S., Frasure-Smith, N., & Lesperance, F. (2001). Clinical implications of a reduction in psychological distress on cardiac prognosis in patients participating in a psychosocial intervention program. *Psychosomatic Medicine, 63*, 257-266.

Cousins, N. (1976). *Anatomy of an illness.* New York: Norton.

Cox, T., & McKay, C. (1978). Stress at work. In T. Cox (Ed.), *Stress.* Baltimore, MD: University Park Press.

Coyne, J. C., & Racioppo, M. W. (2000). Never the twain shall meet? Closing the gap between coping research and clinical intervention research. *American Psychologist, 55*, 655-654.

Cremer, P. (2000). Defense mechanism in psychology today: Further processes for adaptation. *American Psychologist, 55*, 637-646.

Czeisler, C. A., Moore-Ede, M. C., & Coleman, R. M. (1982). Rotating shift work schedules that disrupt sleep are improved by applying circadian principles. *Science, 217*, 460-463.

Dakof, G. A., & Taylor, S. E. (1990). Victims' perception of social support: What is helpful for whom? *Journal of Personality and Social Psychology, 58*, 80-89.

Danner, D. D., Snowdon, D. A., & Friesen, W. V. (2001). Positive emotions in early life and longevity: Findings from the Nun Study. *Journal of Personality and Social Psychology, 80*, 804-813.

Danzer, A., Dale, J. A., & Klions, H. L. (1990). Effects of exposure to humorous stimuli on induced depression. *Psychological Reports, 66*, 1027-1036.

Davidson, R. J., & Kabat-Zinn, J. (2004). Response to Smith (2004). *Psychosomatic Medicine, 66*, 149-152.

Davidson, R. J., Kabat-Zinn, J., Schumacher, J., Rosenkrantz, M., Muller, D., Santorelli, S. F., Urbanowski, F., Harrington, A., Bonus, K., & Sheridan, J. F. (2003). Alterations in brain and immune function produced by mindfulness meditation. *Psychosomatic Medicine, 65*, 564-570.

Davison, K. P., Pennebaker, J. W., & Dickerson, S. S. (2000). Who talks? The social psychology of illness support groups. *American Psychologist, 55*, 205-217.

DeBellis, M. (2001). Developmental traumatology: The psychobiological development of maltreated children and its implications for research, treatment and policy. *Development and Psychopathology, 13*, 539-564.

DeLongis, A., Coyne, J. C., Dakof, G., Folkman, S., & Lazarus, R. S. (1982). Relationships of daily hassles, uplifts, and major life events to health. *Health Psychology, 1*, 119-136.

DeLongis, A., Folkman, S., & Lazarus, R. (1988). The impact of daily stress on health and mood: Psychological and social resources as mediators. *Journal of Personality and Social Psychology, 54*, 486-495.

Denollet, J., Sys, S. U., & Brutsaert, D. L. (1995). Personality and mortality after myocardial infarction. *Psychosomatic Medicine, 57*, 582-591.

Denollet, J., Sys, S. U., Stroobant, N., Rombouts, H., Gillebert, T. C., & Brutsaert, D. L. (1996). Personality as independent predictor of longterm mortality in patients with coronary heart disease. *Lancet, 347*, 417-421.

Dew, M. A., Hoch, C. C., Buysse, D. J., Monk, T. H., Begley, A. E., Houck, P. R., Hall, M., Kupfer, D. J., & Reynolds, C. F., III. (2003). Healthy older adults' sleep predicts all-cause mortality at 4 to 19 years of follow-up. *Psychosomatic Medicine, 65*, 63-73.

Dienstbier, R. A. (1989). Arousal and physiological toughness: Implications for mental and physical health. *Psychological Review, 96*, 84-100.

DiGiuseppe, R., & Tafrate, R. C. (2003). Anger treatments for adults: A meta-analytic review. *Clinical Psychology: Science & Practice, 10*, 70-84.

Dopp, J. M., Miller, G. E., Myers, H. F., & Fahey, J. L. (2000). Increased natural killer-cell mobilization and cytotoxity during marital conflict. *Brain, Behavior and Immunity, 14*, 10-26.

Dunkel-Schetter, C., & Bennett, T. L. (1990). Differentiating the cognitive and behavioral aspects of social support. In B. R. Sarason, I. G. Sarason, & G. R. Pearce (Eds.), *Social support: An interactional view* (pp. 267-296). New York: John Wiley.

Dusseldorp, E., Van Elderen, T., Maes, S., Meulman, J., & Kraail, V. (1999). A meta-analysis of psycho-educational programs for coronary heart disease patients. *Health Psychology, 18*, 506-519.

Dworkin, B. R., Filewich, R. J., Miller, N. E., & Craigmyle, N. (1979). Baroreceptor activation reduces reactivity to noxious stimulation: Implications for hypertension. *Science, 205*, 1299-1301.

D'Zurillia, T. J. (1998). Problem solving therapy. In K. S. Dobson & K. Craig (Eds.), *Empirically supported therapies: Best practice in professional psychology*. Thousand Oaks, CA: Sage.

D'Zurillia, T. J., & Goldfried, M. R. (1971). Problem solving and behavior modification. *Journal of Abnormal Psychology, 78*, 107-126.

Eaker, E. D., Pinsky, J., & Castelli, W. P. (1992). Myocardial infarction and coronary death among women: Psychosocial predictors from a 20-year follow-up in the Framingham study. *American Journal of Epidemiology, 135*, 854-864.

Earle, T. E., Linden, W., & Weinberg, J. (1999). Differential effects of harassment on cardiovascular and salivary cortisol reactivity and recovery in men and women. *Journal of Psychosomatic Research, 46*, 125-141.

Edelman, S., Bell, D. R., & Kidman, A. D. (1999). Group CBT versus supportive therapy with patients who have primary breast cancer. *Journal of Cognitive Psychotherapy: An International Quarterly, 13*, 189-202.

Edwards, D., Hannigan, B., Fothergill, A., & Burnard, P. (2002). Stress management for mental health professionals: A review of effective techniques. *Stress and Health, 18*, 203-215.

Elbert, T., Pietrowsky, R., Kessler, M., Lutzenberger, W., & Birbaumer, N. (1985). Stimulation of baroreceptors decreases cortical excitability and increases pain sensation threshold in borderline hypertension [Abstract]. *Psychophysiology, 22*, 588.

Ellis, A. (1962). *Reason and emotion in psychotherapy*. New York: Lyle Stuart.

Engel, G. L. (1971). Sudden and rapid death during psychological stress. *Annals of Internal Medicine, 74*, 771-782.

Eppley, K. R., Abrams, A. I., & Shear, J. (1989). Differential effects of relaxation techniques on trait anxiety—A meta—analysis. *Journal of Clinical Psychology, 45*, 957-974.

Ewart, C. K. (1991). Familial transmission of essential hypertension: Genes, environment, and chronic anger. *Annals of Behavioral Medicine, 13*, 40-47.

Fawzy, F. I., Fawzy, N. W., Hyun, C. S., Elashoff, R., Guthrie, D., Fahey,

J. L., & Morton, D. L. (1993). Malignant melanoma: Effects of an early structured psychiatric intervention, coping, and affective state on recurrence and survival 6 years later. *Archives of General Psychiatry, 50*, 681-689.

Feuerstein, M., Labbe, E. E., & Kuczmierczyk, A. R. (1986). *Health psychology: A psychobiological perspective.* New York: Plenum.

Flood, K. R., & Long, B. C. (1996). Understanding exercise as a method of stress management: A constructionist framework. In J. Kerr, A. Griffiths, & T. Cox (Eds.), *Workplace health, employee fitness and exercise* (pp. 117-128). London: Taylor & Francis.

Folkman, S. (1984). Personal control and stress and coping processes: A theoretical analysis. *Journal of Personality and Social Psychology, 46*, 839-852.

Folkman, S., Lazarus, R. S., Dunkel-Schetter, C., DeLongis, A., & Gruen, R. J. (1986). Dynamics of a stressful encounter: Cognitive appraisal, coping, and encounter outcomes. *Journal of Personality and Social Psychology, 50*, 992-1003.

Folkman S., & Moskowitz, J. T. (2000). Positive affect and the other side of coping. *American Psychologist, 55*, 647-654.

Folkow, B. (1982). Physiological aspects of primary hypertension. *Physiological Reviews, 62*, 347-504.

Fournier, M., de Ridder, D., & Bensing, J. (1999). Optimism and adaptation to multiple sclerosis: What does optimism mean? *Journal of Behavioral Medicine, 22*, 303-326.

Fox, B., & Linden, W. (2002). Depressed cardiac patients: Does everybody have the same treatment needs? *Annals of Behavioral Medicine, 24*, S66.

Frankenhaeuser, M. (1989). A biopsychosocial approach to work life issues. *Journal of Health Services, 19*, 747-758.

Frankenhaeuser, M. (1991). The psychophysiology of workload, stress, and health: Comparison between the sexes. *Annals of Behavioral Medicine, 13*, 197-204.

Frankish, C. J., & Linden, W. (1996). Spouse pair risk factors and cardiovascular reactivity. *Journal of Psychosomatic Research, 40*, 37-51.

Franzini, L. R. (2000). Humor in behavior therapy. *Behavior Therapist, 23*, 25-26.

Franzini, L. R. (2001). Humor in therapy: The case for training therapists in its uses and risks. *Journal of General Psychology, 12*, 170-193.

Frasure-Smith, N., Lesperance, F., Prince, R. H., Verrier, P., Garber, R. A., Juneau, M., Wolfson, C., & Bourassa, M. G. (1997). Randomised trial of home-based psychosocial nursing intervention for patients recovering from myocardial infarction. *Lancet, 350*, 473-479.

Fukunaga, T., Mizoi, Y., Yamashita, A., Yamada, M., Yamamoto, Y., Tatsuno, Y., & Nishi, K. (1992). Thymus of abused neglected children. *Forensic Science International, 53*, 69-79.

Gallo, L. C., & Matthews, K. A. (2003). Understanding the association between socioeconomic status and physical health: Do negative emotions play a role? *Psychological Bulletin, 129*, 10-51.

Gardell, B. (1980). Work environment research and social change: Current developments in Scandinavia. *Journal of Occupational Behaviour, 1*, 3-17.

Ghiadoni, L., Donald, A. E., Cropley, M., Mullen, M. J., Oakley, G., Taylor, M., O'Connor, G., Betteridge, J., Klein, N., Steptoe, A., & Deanfield, J. E. (2000). Mental stress induces transient endothelial dysfunction in humans. *Circulation, 102*, 2473-2478.

Giga, S. I., Noblet, A. J., Faragher, B., & Cooper, C. L. (2003). The UK perspective: A review of research on organizational stress management interventions. *Australian Psychologist, 38*, 156-164.

Girdano, D. A., Everly, G. S., Jr., & Dusek, D. E. (1993). *Controlling stress and tension: A holistic approach* (4th ed.). Englewood Cliffs, NJ: Prentice Hall.

Glaser, R., Rabin, B. S., Chesney, M., & Cohen, S., & Natelson, B. (1999). Stress-induced immunomodulation: Are there implications for infectious disease? *Journal of the American Medical Association, 281*, 2268-2270.

Godfrey, K. J., Bonds, A. S., Kraus, M. E., Wiener, M. R., & Toth, C. S. (1990). Freedom from stress: A meta-analytic view of treatment and intervention programs. *Applied H.M.R. Research, 1*, 67-80.

Goodkin, K., Blaney, N. T., Feaster, D. J., Baldewicz, T., Burkhalter, J. E., & Leeds, B. (1999). A randomized controlled trial of a bereavement support group intervention in human immunodeficiency virus type I-seropositive and seronegative homosexual men. *Archives of General Psychiatry, 56*, 52-59.

Gould, R. A., Otto, M. W., Pollack, M. H., & Yap, L. (1997). Cognitive behavioral and pharmacological treatment of generalized anxiety disorder. *Behavior Therapy, 28*, 285-305.

Grignani, G., Pacchiarino, L., Zucchella, M., Tacconi, F., Canevari, A., Soffiantino, F., & Tavazzi, L. (1992). Effect of mental stress on platelet function in normal subjects and in patients with coronary artery disease. *Haemostasis, 22*, 138-146.

Grossi, G., Perski, A., Evengard, B., Blomkvist, V., & Orth-Gomer, K. (2003). Physiological correlates of burnout among women. *Journal of Psychosomatic Research, 55*, 309-316.

Grossman, R. J. (2000). Make ergonomics. *HR Magazine, 47*, 36-42.

Grossmann, P., Niemann, L., Schmidt, S., & Walach, H. (2004). Mindfulness-based stress reduction and health benefits: A meta-analysis. *Journal of Psychosomatic Research, 57*, 35-43.

Gump, B. B., & Matthews, K. A. (2000). Are vacations good for your health? The 9-year mortality experience after the multiple risk factor intervention trial. *Psychosomatic Medicine, 62*, 608-612.

Habib, S., & Morrissey, S. (1999). Stress management for atopic dermatitis. *Behaviour Change, 16*, 226-236.

Habra, M. E., Linden, W., Anderson, J. C., & Weinberg, J. (2003). Type D personality is related to cardiovascular and neuroendocrine reactivity to acute stress. *Journal of Psychosomatic Research, 55*, 235-245.

Hamilton, V. (1980). An information processing analysis of environmental stress and life crisis. In I. G. Sarason & C. D. Spielberger (Eds.), *Stress and anxiety* (Vol. 7). New York: Hemisphere.

Hansen, N. B., Lambert, M. J., & Forman, E. M. (2002). The psychotherapy dose-response effect and its implications for treatment delivery services. *Clinical Psychology: Science and Practice, 10*, 329-337.

Hanson, P. G. (1989). *Stress for success: Prescription for making stress work for you.* Garden City, NY: Doubleday.

Hartig, T. (in press). Restorative qualities of environment. In C. Spielberger et al. (Eds.), *Encyclopedia of applied psychology.* San Diego, CA: Academic Press.

Hartig, T., Evans, G. W., Jamner, L. D., Davis, D. S., & Gaerling, T. (2003). Tracking restoration in natural and urban field settings. *Journal of Environmental Psychology, 23*, 109-123.

Harvey, A. G., & Bryant, R. A. (2002). Acute stress disorder: A synthesis and critique. *Psychological Bulletin, 128*, 886-902.

Hawkins, J. D., Catalano, R. F., Jr., & Wells, E. A. (1986). Measuring effects of a skills training intervention for drug abusers. *Journal of Consulting and Clinical Psychology, 54*, 661-664.

Haynes, S. N., Gannon, L. R., Oromoto, L., O'Brien, W. H., & Brandt, M. (1991). Psychophysiological assessment of poststress recovery. *Psychological Assessment, 3*, 356-365.

Helgeson, V. S., Cohen, S., Schulz, R., & Yasko, J. (1999). Education and peer discussion group interventions and adjustment to breast cancer. *Archives of General Psychiatry, 56*, 340-347.

Hemphill, K. J. (1997). Supportive and unsupportive processes within the stress and coping context. *Dissertation Abstracts International, B: The Sciences and Engineering, 57*, 7775.

Henry, J. L., Wilson, P. H., Bruce, D. G., Chisholm, D. J., & Rawling, P. J. (1997). Cognitive-behavioural stress management for patients with non-insulin dependent diabetes mellitus. *Psychology, Health and Medicine, 2*, 109-118.

Herbert, T. B., & Cohen, S. (1993). Stress and immunity in humans—A meta-analytic review. *Psychosomatic Medicine, 55*, 364-379.

Hoff Macan, T. (1994). Time management: Test of a process model. *Journal of Applied Psychology, 79*, 381-391.

Hogan, B. E., Linden, W., & Najarian, B. (2002). Social support interventions: Do they work? *Clinical Psychology Review 22*, 381-440.

House, J. S., & Kahn, R. L. (1985). Measures and concepts of social support. In S. Cohen & S. L. Syme (Eds.), *Social support and health* (pp. 83-108). New York: Academic Press.

House, J. S., Landis, K. R., & Umberson, D. (1988). Social relationships and health. *Science, 241*, 540-545.

Hyman, R. B., Feldman, H. R., Harris, R. B., Levin, R. F., & Malloy, G. B. (1989). The effects of relaxation training on clinical symptoms: A meta-analysis. *Nursing Research, 38*, 216-220.

Ilfeld, F. W. (1980). Coping styles of Chicago adults: Description. *Journal of Human Stress, 6*, 2-10.

International Statistical Classification of Diseases (ICD) (9th rev.). (1975). World Health Organization, Geneva: Author.

Jacob, R. G., Chesney, M. A., Williams, D. M., Ding, Y., Shapiro, A. P. (1991). Relaxation therapy for hypertension: Design effects and treatment effects. *Annals of Behavioral Medicine, 13*, 5-17.

Jacobsen, P. B., Meade, C. D., Stein, K. D., Chirikos, T. N., Small, B. J., & Ruckdeschel, J. C. (2002). Efficacy and costs of two forms of stress management training for cancer patients undergoing chemotherapy. *Journal of Clinical Oncology, 20*, 2851-2862.

Jex, S. M., & Elacqua, T. C. (1999). Time management as a moderator of relations between stressors and employee strain. *Work & Stress, 13*, 182-191.

Jiang, W., Babyak, M., Krantz, D. S., Waugh, R. A., Coleman, R. E., Hanson, M. M., Frid, D. J., McNulty, S., Morris, J. J., O'Connor, C. M., & Blumenthal, J. A. (1996). Mental stress-induced myocardial ischemia and cardiac events. *Journal of the American Medical Association, 275*, 1651-1656.

Johnson, T. L. (1990). A meta-analytic review of absenteeism control methods. Applied H.R.M. Research, 1, 23-26.

The Joint National Committee on Detection, Evaluation, and Treatment of High Blood Pressure: The 1988 report of the Joint National Committee on Detection, Evaluation, and Treatment of High Blood Pressure. (1988). *Archives of Internal Medicine, 148*, 1023-1038.

Jones, D. A., & West, R. R. (1996). Psychological rehabilitation after myocardial infarction: Multicentre randomized controlled trial. *British Medical Journal, 313*, 1517-1521.

Jones, M. C., & Johnston, D. W. (2000). Reducing distress in first level and student nurses: A review of the applied stress management literature. *Journal of Advanced Nursing, 32*, 66-74.

Kabat-Zinn, J. (2003). Mindfulness-based interventions in context: Past, present, and future. *Clinical Psychology: Science and Practice, 10*, 144-156.

Kahn, R. L., & Antonucci, T. C. (1980). Convoys over the lifecourse: Attachment, roles, and social support. In P. B. Baltes & O. Brim (Eds.), *Lifespan development and behavior* (Vol. 3, pp. 253-286). New York:

Academic Press.

Kamarck, T. W., & Jennings, J. R. (1991). Biobehavioral factors in sudden cardiac arrest. *Psychological Bulletin, 109*, 42-75.

Kamarck, T. W., & Lovallo, W. R. (2003). Cardiovascular reactivity to psychological challenge: Conceptual and measurement considerations. *Psychosomatic Medicine, 65*, 9-21.

Kaplan, K. H., Goldberg, D. L., & Galvin-Nadeau, M. (1993). The impact of a meditation-based stress reduction program on fibromyalgia. *General Hospital Psychiatry, 15*, 284-289.

Karasek, R. (1992). Stress prevention through work reorganization: A summary of 19 international case studies (Section 2). *Conditions of Work Digest, 11*.

Karasek, R. A., & Theorell, T. (1990). *Stress, productivity, and reconstruction of working life*. New York: Basic Books.

Kazantzis, N., Deane, F. P., & Ronan, K. R. (2002). Homework assignments in cognitive- and behavioral therapy: A meta-analysis. *Clinical Psychology: Science and Practice, 7*, 189-196.

Kelly, S., Hertzman, C., & Daniels, M. (1997). Searching for the biological pathways between stress and health. *Annual Review of Public Health, 18*, 437-462.

Kemeny, M. E., Cohen, F., Zegans, L. S., & Conant, M. A. (1989). Psychological and immunological predictors of genital herpes recurrence. *Psychosomatic Medicine, 51*, 195-208.

Kemeny, M. E., & Gruenewald, T. L. (2000). Affect, cognition, the immune system and health. In E. A. Mayer & C. Saper (Eds.), *The biological basis for mind-body interactions* (Progress in Brain Research Volume 122, pp. 291-308). Amsterdam: Elsevier/North Holland.

Kendler, K. S., Bulik, C. M., Silberg, J., Hettema, J. M., Myers, J., & Prescott, C. A. (2000). Childhood sexual abuse and adult psychiatric and substance use disorders in women—An epidemiological and cotwin control analysis. *Archives of General Psychiatry, 57*, 953-959.

Kessler, R. C., Mickelson, K. D., & Zhao, S. (1997). Patterns and correlates of self-help group membership in the United States. *Social Policy, 27*, 27-46.

Kivimaki, M., Leino-Arjas, P., Luukkonen, R., Riihimaki, H., Vahtera, J., & Kirjonen, J. (2002). Work stress and risk of cardiovascular mortality: Prospective cohort study of industrial employees. *British Medical Journal, 325*, 857-861.

Kop, W. (1999). Chronic and acute psychological risk factors for clinical manifestations of coronary artery disease. *Psychosomatic Medicine, 61*, 476-487.

Krantz, D. S., Santiago, H. T., Kop, W. J., Merz, C. N. B., Rozanski, A., & Gottdiener, J. S. (1999). Prognostic value of mental stress testing in coronary artery disease. *American Journal of Cardiology, 84*, 1292-1297.

Kugler, J., Seelbach, H., & Krueskemper, G. M. (1994). Effects of rehabilitation exercise programmes on anxiety and depression in coronary patients. *British Journal of Clinical Psychology, 33*, 401-410.

Kushnir, T., Malkinson, R., & Ribak, J. (1998). Rational thinking and stress management in health workers: A psychoeducational program. *International Journal of Stress Management, 5*, 169-178.

Lacks, P., & Morin, C. M. (1992). Recent advances in the assessment and treatment of insomnia. *Journal of Consulting and Clinical Psychology, 60*, 586-594.

Laessle, R. G., Tuschl, R. J., Kotthaus, B. C., & Pirke, K. M. (1989). Behavioral and biological correlates of dietary restraint in normal life. *Appetite, 12*, 83-94.

Lakey, B., & Lutz, C. J. (1996). Social and preventative and therapeutic interventions. In G. R. Pierce, B. R. Sarason, & I. G. Sarason (Eds.), *Handbook of social support and the family* (pp. 435-465). New York:

Plenum.

Lange, A. J., & Jakubowski, P. (1976). *Responsible assertive behavior*. Champaign-Urbana, IL: Research Press.

Latack, J. (1986). Coping with stress: Measures and future directions for scale development. *Journal of Applied Psychology, 72*, 377-385.

Lazarus, R. S. (2000). Toward better research on stress and coping. *American Psychologist, 55*, 665-673.

Lazarus, R. S., & Folkman, S. (1984). *Stress, appraisal, and coping*. New York: Springer.

Lefcourt, H. M., Davidson-Katz, K., & Kueneman, K. (1990). Humor and immune system functioning. *Humor, 3*, 305-321.

Lehman, D. R., & Hemphill, K. J. (1990). Recipients' perceptions of support attempts and attributions for support attempts that fail. *Journal of Social and Personal Relationships, 7*, 563-574.

Lehrer, P. M., Carr, R., Sargunaraj, D., & Woolfolk, R. L. (1994). Stress management techniques—Are they all equivalent, or do they have specific effects? *Biofeedback and Self—Regulation, 19*, 353-401.

Lehrer, P. M., & Woolfolk, R. L. (1990). *Principles and practice of stress management* (2nd ed.). New York: Guilford.

Leor, J., Poole, W. K., & Kloner, R. A. (1996). Sudden cardiac death triggered by an earthquake. *New England Journal of Medicine, 334*, 413-419.

Levi, L. (1972). Introduction: Psychosocial stimuli, psychphysiological reactions, and disease. In L. Levi (Ed.), *Stress and distress in response to psychosocial stimuli* (pp. 11-27). Oxford, UK: Pergamon.

Lewis, M. H., Gluck, J. P., Petitto, J. M., Hensley, L. L., & Ozer, H. (2000). Early social deprivation in nonhuman primates: Long-term effects on survival and cell-mediated immunity. *Biological Psychiatry, 47*, 119-126.

Lichstein, K. L. (1988). *Clinical relaxation strategies*. New York: John

Wiley.

Light, K. (1987). Psychosocial precursors of hypertension: Experimental evidence. *Circulation, 76*(Suppl. I), 67-76.

Light, K. C., Girdler, S. S., Sherwood, A., Bragdon, E. E., Brownley, K. A., West, S. G., & Hinderliter, A. L. (1999). High stress responsivity predicts later blood pressure only in ombination with positive family history and high life stress. *Hypertension, 33*, 1458-1464.

Linden, W. (1987). A microanalysis of autonomic arousal during human speech. *Psychosomatic Medicine, 49*, 562-578.

Linden, W. (1990). *Autogenic Training: A practitioner's guide*. New York: Guilford.

Linden, W. (1994). Autogenic Training: A narrative and a meta-analytic review of clinical outcome. *Biofeedback and Self-Regulation, 19*, 227-264.

Linden, W. (2000). Psychological treatments in cardiac rehabilitation: A review of rationales and outcomes. *Journal of Psychosomatic Research, 48*, 443-454.

Linden, W. (2002). *A guided book for managing stress*. Unpublished manuscript, University of British Columbia, Vancouver, Canada.

Linden, W. (2003). Psychological treatment can be an effective treatment for hypertension. *Preventive Cardiology, 6*, 48-53.

Linden, W., & Chambers, L. A. (1994). Clinical effectiveness of non-drug therapies for hypertension: A meta-analysis. *Annals of Behavioral Medicine, 16*, 35-45.

Linden, W., Chambers, L. A., Maurice, J., & Lenz, J. W. (1993). Sex differences in social support, self-deception, hostility, and ambulatory blood pressure. *Health Psychology, 12*, 376-380.

Linden, W., Earle, T. L., Gerin, W., & Christenfeld, N. (1997). Physiological stress reactivity and recovery: Conceptual siblings separated at birth? *Journal of Psychosomatic Research, 42*, 117-135.

Linden, W., Gerin, W., & Davidson, K. (2003). Cardiovascular reactivity: Status quo and a research agenda for the new millennium. *Psychosomatic Medicine, 65*, 5-8.

Linden, W., Lenz, J. W., & Con, A. H. (2001). Individualized stress management for primary hypertension: A controlled trial. *Archives of Internal Medicine, 161*, 1071-1080.

Linden, W., Rutledge, T., & Con, A. (1998). A case for the ecological validity of social lab stressors. Annals of Behavioral Medicine, 20, 310-316.

Linden, W., Stossel, C., & Maurice, J. (1996). Psychosocial interventions for patients with coronary artery disease: A meta-analysis. *Archives of Internal Medicine, 156*, 745-752.

Linden, W., & Wen, F. K. (1990). Therapy outcome research, health care policy, and the continuing lack of accumulated knowledge. *Professional Psychology: Research and Practice, 21*, 482-488.

Long, B. C., & Van Stavel, R. (1995). Effects of exercise training on anxiety: A meta-analysis. *Journal of Applied Sport Psychology, 7*, 167-189.

Lovallo, W. R. (1997). *Stress and health: Biological and psychological interactions*. Thousand Oaks, CA: Sage.

Luebbert, K., Dahme, B., & Hasenbring, M. (2001). The effectiveness of relaxation training in reducing treatment-related symptoms and improving emotional adjustment in acute non-surgical cancer treatment: A meta-analytical review. *Psycho-Oncology, 10*, 490-502.

Lutgendorf, S. K., Antoni, M. H., Ironson, G. I., Klimas, N., Kumar, M., Starr, K., McCabe, P., Cleven, K., Fletcher, M. A., & Schneiderman, N. (1997). Cognitive-behavioral stress management decreases dysphoric mood and herpes simplex virus-type 2 antibody titres in symptomatic HIV-seropositive gay men. *Journal of Consulting & Clinical Psychology, 65*, 31-43.

Lutgendorf, S. K., Antoni, M. H., Ironson, G., Starr, K., Costello, N., Zuckerman, M., Klimas, N., Fletcher, M. A., & Schneiderman, N. (1998). Changes in cognitive coping skills and social support during cognitive behavioral stress management intervention and distress outcomes in symptomatic human immunodeficiency virus (HIV)-seropositive gay men. *Psychosomatic Medicine, 60*, 204-214.

Lutgendorf, S. K., Vitaliano, P. P., Tripp-Reimer, T., Harvey, J. H., & Lubaroff, D. M. (1999). Sense of coherence moderates the relationship between life stress and natural killer cell activity in healthy older adults. *Psychology and Aging, 14*, 552-563.

Luthe, W. (1970). *Autogenic therapy: Vol. 4. Research and theory.* New York: Grune & Stratton.

Maag, J. W., & Kotlash, J. (1994). Review of stress inoculation training with children and adolescents: Issues and recommendations. *Behavior Modification, 18*, 443-469.

Magee-Quinn, M., Kavale, K. A., Mathur, S. R., Rutherford, R. B., & Forness, R. (1999). A meta-analysis of social skills interventions for students with emotional or behavioral disorders. *Journal of Emotional and Behavioral Disorders, 7*, 54-64.

Mahoney, M. J. (1974). *Cognition and behavior modification.* Cambridge, MA: Ballinger.

Maier, S. F., & Watkins, L. R. (1998). Cytokines for psychologists: Implications for bi-directional immune-to-brain communication for understanding behavior, mood, and cognition. *Psychological Review, 105*, 83-107.

Martin, R. A. (2001). Humor, laughter, and physical health: Methodological issues and research findings. *Psychological Bulletin, 127*, 504-519.

Martin, R. A., & Dobbin, J. P. (1988). Sense of humor, hassles, and immunoglobulin A: Evidence for a stress-moderating effect of humor. *International Journal of Psychiatry in Medicine, 18*, 93-105.

Maton, K. I. (1987). Patterns and psychological correlates of material support within a religious setting: The bidirectional support hypothesis. *American Journal of Community Psychology, 15*, 185-207.

Maton, K. I. (1988). Social support, organizational characteristics, psychological well-being, and group appraisal in three self-help group populations. *American Journal of Community Psychology, 16*, 53-77.

McEwen, B. S. (1998). Protective and damaging effects of stress mediators. *New England Journal of Medicine, 338*, 171-179.

McEwen, B. S., & Stellar, E. (1993). Stress and the individual: Mechanisms leading to disease. *Archives of Internal Medicine, 153*, 2093-2101.

McGrady, A. V., Nadsady, P. A., & Schumann-Brzezinski, C. (1991). Sustained effects of biofeedback-assisted relaxation therapy in essential hypertension. *Biofeedback and Self-Regulation, 11*, 95-103.

McGregor, M. W., Davidson, K. W., Barksdale, C., Black, S., & MacLean, D. (2003). Adaptive defense use and resting blood pressure in a population-based sample. *Journal of Psychosomatic Research, 55*, 531-541.

McGuire, F. A., Boyd, R., & James, M. (1992). The Clemson Humor Project. *Activities, Adaptation, and Aging, 17*, 31-55.

Meaney, M. J., Diorio, J., Francis, D., Widdowson, J., LaPlante, P., Caldji, C., Sharma, S., Seckl, J. R., & Plotsky, P. M. (1996). Early environmental regulation of forebrain glucocorticoid receptor gene expression: Implications for adrenocortical responses to stress. *Developmental Neuroscience, 18*, 49-72.

Medalia, A., Revheim, N., & Casey, M. (2002). Remediation of problem-solving skills in schizophrenia: Evidence of a persistent effect. *Schizophrenia Research, 57*, 165-171.

Miller, G. E., & Cohen, S. (2001). Psychological interventions and the immune system: A meta-analytic review and critique. *Health*

Psychology, 20, 47–63.

Miller, G. E., Cohen, S., Rabin, B. S., Skoner, D. P., & Doyle, W. J. (1999). Personality and tonic cardiovascular, neuroendocrine, and immune parameters. *Brain, Behavior, and Immunity, 13,* 109–123.

Mueller, C., & Donnerstein, E. (1977). The effects of humor–induced arousal upon aggressive behavior. *Journal of Research in Personality, 11,* 73–82.

Munz, D. C., Kohler, J. M., & Greenberg, C. I. (2001). Effectiveness of a comprehensive worksite stress management program: Combining organizational and individual interventions. *International Journal of Stress Management, 8,* 49–62.

Murphy, L. R. (1996). Stress management in work settings: A critical review of the health effects. *American Journal of Health Promotion, 11,* 112–135.

Murphy, S. A., Beaton, R. D., Pike, K. C., & Johnson, L. C. (1999). Occupational stressors. Stress responses, and alcohol consumption among professional firefighters: A prospective, longitudinal analysis. *International Journal of Stress Management, 6,* 179–196.

Newman, M. G., & Stone, A. A. (1996). Does humor moderate the effects of experimentally–induced stress? *Annals of Behavioral Medicine, 18,* 101–109.

Newton, T. (1995). *Managing stress: Emotion and power at work.* Thousand Oaks, CA: Sage.

Ng, D. M., & Jeffrey, R. W. (2003). Relationships between perceived stress and health behaviors in a sample of working adults. *Health Psychology, 22,* 638–642.

Nunes, E. V., Frank, K. A., & Kornfeld, D. S. (1987). Psychologic treatment for the type A behavior pattern and for coronary heart disease: A meta-analysis of the literature. *Psychosomatic Medicine, 48,* 159–173.

Oldridge, N. B., Guyatt, G. H., Fischer, M. E., & Rimm, A. A. (1988). Cardiac rehabilitation after myocardial infarction: Combined experience of randomized clinical trials. *Journal of the American Medical Association, 260*, 945-950.

Ong, L., Linden, W., & Young, S. B. (2004). Stress management: What is it? *Journal of Psychosomatic Research, 56*, 133-137.

Owen, N., & Steptoe, A. (2003). Natural killer cell and proinflammatory cytokine responses to mental stress: Associations with heart rate and heart rate variability. *Biological Psychology, 63*, 101-115.

Padgett, D. A., Sheridan, J. F., Berntson, G. G., Candelora, J., & Glaser, R. (1998). Social stress and the reactivation of latent herpes simplex virus type 1. *Proceedings of the National Academy of Science, 95*, 7231-7235.

Penley, J. A., Tomaka, J., & Wiebe, J. S. (2002). The association of coping to physical and psychological health outcomes. *Journal of Behavioral Medicine, 25*, 551-603.

Pennebaker, J. W. (1982). *The psychology of physical symptoms.* New York: Springer.

Perna, F. M., Antoni, M. H., Baum, A., Gordon, P., & Schneiderman, N. (2003). Cognitive behavioral stress management effects on injury and illness among competitive athletes: A randomized controlled trial. *Annals of Behavioral Medicine, 25*, 66-73.

Persons, J., Mennin, D. S., & Tucker, D. E. (2001). Common misconceptions about the nature and treatment of generalized anxiety disorder. *Psychiatric Annals, 31*, 501-507.

Pistrang, N., & Barker, C. (1998). Partners and fellow patients: Two sources of emotional support for women with breast cancer. *American Journal of Community Psychology, 26*, 439-456.

Polivy, J., & Herman, C. P. (1985). Dieting and bingeing: A causal analysis. *American Psychologist, 40*, 193-201.

Rasul, F., Stansfield, S. A., Hart, C. L., Gillis, C. R., & Smith, G. D. (2004). Psychological distress, physical illness and mortality risk. *Journal of Psychosomatic Research, 56*, 1-6.

Ray, O. (2004). How the mind hurts and heals the body. *American Psychologist, 59*, 29-40.

Ribordy, S. C., Holes, D. S., & Buchsbaum, H. K. (1980). Effects of affective and cognitive distractions on anxiety reduction. *Journal of Social Psychology, 112*, 121-127.

Rosenthal, R. (1984). *Meta-analytic procedures for social research.* Beverly Hills, CA: Sage.

Rostad, F. G., & Long, B. C. (1996). Exercise as a coping strategy for stress: A review. *International Journal of Sport Psychology, 27*, 197-222.

Roth, D. L., Bachtler, S. D., & Fillingim, R. B. (1990). Acute emotional and cardiovascular effects of stressful mental work during aerobic exercise. *Psychophysiology, 27*, 694-701.

Roth, D. L., & Holmes, D. S. (1985). Influence of physical-fitness in determining the impact of stressful life events on physical and psychologic health. *Psychosomatic Medicine, 47*, 164-173.

Roth, D. L., & Holmes, D. S. (1987). Influence of aerobic exercise training and relaxation training on physical and psychologic health following stressful life events. *Psychosomatic Medicine, 49*, 355-365.

Rothenbacher, D., Hoffmeister, A., Brenner, H., & Koenig, W. (2003). Physical activity, coronary heart disease, and inflammatory response. *Archives of Internal Medicine, 163*, 1200-1205.

Roy, M. P., Kirschbaum, C., & Steptoe, A. (2001). Psychological, cardiovascular, and metabolic correlates of individual differences in cortisol stress recovery in young men. *Psychoneuroendocrinology, 26*, 375-391.

Rozanski, A., Bairey, C. N., Krantz, D. S., Friedman, J., Resser, K. J.,

Morell, M., Hilton-Chalfen, S., Hestrin, L., Bietendorf, J., & Berman, D. S. (1988). Mental stress and the induction of silent myocardial ischemia in patients with coronary artery disease. *New England Journal of Medicine, 318*, 1005-1012.

Rozanski, A., Blumenthal, J. A., & Kaplan, J. (1999). Impact of psychological factors on the pathogenesis of cardiovascular disease and implications for therapy. *Circulation, 99*, 2192-2217.

Rutledge, T., & Hogan, B. E. (2002). A quantitative analysis of prospective evidence linking psychological factors with hypertension development. *Psychosomatic Medicine, 64*, 758-766.

Rutledge, T., & Linden, W. (2003). Defensiveness and 3-year blood pressure levels among young adults: The mediating effect of stress-reactivity. *Annals of Behavioral Medicine, 25*, 34-40.

Rutledge, T., Linden, W., & Paul, D. (2000). Cardiovascular recovery from acute laboratory stress: reliability and concurrent validity. *Psychosomatic Medicine, 62*, 648-654.

Sandlund, E. S., & Norlander, T. (2000). The effects of tai chi chuan relaxation and exercise on stress responses and well-being: An overview of research. *International Journal of Stress Management, 7*, 139-149.

Sarafino, E. P. (2002). *Health psychology* (4th ed.). New York: John Wiley.

Savelkoul, M., de Witte, L., & Post, M. (2003). Stimulating active coping in patients with rheumatic diseases: A systematic review of controlled group intervention studies. *Patient Education and Counseling, 50*, 133-143.

Scharlach, A. E. (1988). Peer counselor training for nursing home residents. *The Gerontologist, 28*, 499-502.

Schneider, B. H. (1992). Didactic methods for enhancing social competence in children: A meta-analysis of recent evaluation studies.

Clinical Psychology Review, 12, 363-382.

Schwartz, A. R., Gerin, W., Christenfeld, N., Glynn, L., Davidson, K., & Pickering, T. G. (2000). Effect of an anger-recall task on poststress rumination and blood pressure recovery in men and women. *Psychophysiology, 37,* S12-S13.

Schwartz, A. R., Gerin, W., Davidson, K., Pickering, T. G., Brosschot, J. F., Thayer, J. F., Christenfeld, N., & Linden, W. (2003). Towards a causal model of cardiovascular responses to stress and the development of cardiovascular disease. *Psychosomatic Medicine, 65,* 22-35.

Schwartz, C. E. (1999). Teaching coping skills enhances quality of life more than peer support: Results of a randomized trial with multiple sclerosis patients. *Health Psychology, 18,* 211-220.

Schwartz, M. D., Lerman, C., Audrain, J., Cella, D., Rimer, B., Stefanek, M., Garber, J., Lin, T. H., & Vogel, V. (1998). The impact of a brief problem-solving training intervention for relatives of recently diagnosed breast cancer patients. *Annals of Behavioral Medicine, 20,* 7-12.

Schwarzer, R., & Leppin, A. (1991). Social support and health: A theoretical and empirical overview. *Journal of Social and Personal Relationships, 8,* 99-127.

Segerstrom, S. C., & Miller, G. E. (2004). Psychological stress and the human immune system: A meta-analytic study of 30 years of inquiry. *Psychological Bulletin, 130,* 601-630.

Selye, H. (1936). A syndrome produced by diverse nocuous agents. *Nature, 138,* 32.

Selye, H. (1946). The general adaptation syndrome and the disease of adaptation. *Journal of Clinical Endocrinology, 6,* 117-230.

Selye, H. (1956). *The stress of life.* New York: McGraw-Hill.

Selye, H. (1976). *Stress in health and disease.* Reading, MA: Butterworth.

Siegrist, J. (1996). Adverse health effects of high effort/low reward conditions. *Journal of Occupational Health Psychology, 1,* 27-41.

Singer, D. L. (1968). Aggression arousal, hostile humor, catharsis. *Journal of Personality and Social Psychology, 8,* 1-14.

Shapiro, S., Shapiro, D. E., & Schwartz, G. E. R. (2000). Stress management in medical education: A review of the literature. *Academic Medicine, 75,* 748-759.

Shearn, M. A., & Fireman, B. H. (1985). Stress management and mutual support groups in rheumatoid arthritis. *American Journal of Medicine, 78,* 771-775.

Shen, B. J., McCreary, C. P., & Myers, H. F. (2004). Independent and mediated contributions of personality, coping, social support, and depressive symptoms to physical functioning outcome among patients in cardiac rehabilitation. *Journal of Behavioral Medicine, 27,* 39-62.

Sigmon, S. T., Stanton, A. L., & Snyder, C. R. (1995). Gender differences in coping: A further test of socialization and role constraint theories. *Sex Roles, 33,* 565-587.

Skinner, E. A., Edge, K., Altman, J., & Sherwood, H. (2003). Searching for the structure of coping: A review and critique of category systems for classifying ways of coping. *Psychological Bulletin, 129,* 216-269.

Sklar, L. S., & Anisman, H. (1981). Stress and cancer. *Psychological Bulletin, 89,* 369-406.

Smith, C. S., & Sulsky, L. M. (1995). Investigation of job-related coping strategies across multiple stressors and samples. In L. R. Murphy, J. J. Hurrell, Jr., S. L. Sauter, & G. P. Keita (Eds.), *Job stress interventions* (pp. 109-123). Washington, DC: American Psychological Association.

Smith, J. C. (2004). Alterations in brain and immune function produced by mindfulness meditation: Three caveats. Psychosomatic Medicine, 66, 148-149. Somerfield, M. R., & McCrae, R. R. (2000). Stress and coping research: Methodological challenges, theoretical advances, and clinical applications. *American Psychologist, 55*, 620-625.

Speca, M., Carlson, L. E., Goodey, E., & Angen, M. (2000). A randomized, wait-list controlled clinical trial: The effect of a mindfulness meditation-based stress reduction program on mood and symptoms of stress in cancer outpatients. *Psychosomatic Medicine, 62*, 613-622.

Spence, J. D., Barnett, P. A., Linden, W., Ramsden, V., & Taenzer, P. (1999). Recommendations on stress management. *Canadian Medical Association Journal, 160*, S46-S50.

Stanton, A. L., Kirk, S. B., Cameron, C. L., & Danoff-Burg, S. (2000). Coping through emotional approach: Scale construction and validation. *Journal of Personality and Social Psychology, 78*, 1150-1169.

Steptoe, A., Kimbell, J., & Basford, P. (1998). Exercise and the experience and appraisal of daily stressors: A naturalistic study. *Journal of Behavioral Medicine, 21*, 363-371.

Steptoe, A., & Marmot, M. (2003). Burden of psychosocial adversity and vulnerability in middle age: Associations with biobehavioral risk factors and quality of life. *Psychosomatic Medicine, 65*, 1029-1037.

Sterling, P., & Eyer, J. (1988). Allostasis: A new paradigm to explain arousal pathology. In S. Fisher & J. Reason (Eds.), *Handbook of life stress, cognition and health* (pp. 629-649). Chichester, UK: Wiley.

Stetter, F., & Kupper, S. (2002). Autogenic training: A meta-analysis of clinical outcome studies. *Applied Psychophysiology and Biofeedback, 27*, 45-98.

Stewart, J. C., & France, C. R. (2001). Cardiovascular recovery from stress predicts longitudinal changes in blood pressure. *Biological Psychology, 58*, 105-120.

Story, L. B., & Bradbury, T. N. (2003). Understanding marriage and stress: Essential questions and challenges. *Clinical Psychology Review, 23*, 1139-1162.

Sullivan, C. M., Campbell, R., Angelique, H., Eby, K. K., & Davidson,

W. S., II. (1994). An advocacy intervention program for women with abusive partners: Six-month follow-up. *American Journal of Community Psychology, 22*, 101-122.

Suls, J., & Wan, C. K. (1993). The relationship between trait hostility and cardiovascular reactivity: A quantitative review and analysis. *Psychophysiology, 30*, 615-626.

Surtees, P., Wainwright, N., Day, N., Brayne, C., Luben, R., & Khaw, K. T. (2003). Adverse experience in childhood as a developmental risk factor for altered immune status in adulthood. *International Journal of Behavioral Medicine, 10*, 251-268.

Taylor, S. (1996). Meta-analysis of cognitive behavioral treatment for social phobia. *Journal of Behavior Therapy and Experimental Psychiatry, 14*, 225-238.

Taylor, S. E., Lerner, J. S., Sherman, D. K., Sage, R. M., & McDowell, N. K. (2003). Are self-enhancing cognitions associated with healthy or unhealthy biological profiles? *Journal of Personality and Social Psychology, 85*, 605-615.

Tennen, H., Affleck, G., Armeli, S., & Carney, M. A. (2000). A daily process approach to coping: Linking theory, research and practice. *American Psychologist, 55*, 626-636.

Thayer, R. E., Newman, R., & McClain, T. M. (1994). Self-regulation of mood: Strategies for changing a bad mood, raising energy, and reducing tension. *Journal of Personality and Social Psychology, 67*, 910-925.

Thoresen, C. E., Luskin, F., & Harris, A. H. S. (1998). Science and forgiveness interventions: Reflections and recommendations. In E. Worthington (Ed.), *Dimensions of forgiveness* (pp. 163-192). Philadelphia: Templeton Foundation Press.

Treiber, F. A., Kamarck, T., Schneiderman, N., Sheffield, D., Kapuku, G., & Taylor, T. (2003). Cardiovascular reactivity and development of preclinical and clinical disease states. *Psychosomatic Medicine, 65*, 46-62.

Trice, A. D. (1985). Alleviation of helpless responding by a humorous experience. *Psychological Reports, 57*, 474.

Tummers, G. E. R., Landeweerd, J. A., & van Merode, G. G. (2002). Work organization, work characteristics, and their psychological effects on nurses in the Netherlands. *International Journal of Stress Management, 9*, 183-195.

Twisk, J. W. R., Snel, J., Kemper, H. C. G., & van Mechelen, W. (1999). Changes in daily hassles and life events and the relationship with coronary heart disease risk factors: A 2-year longitudinal study in 27-29-year-old males and females. *Journal of Psychosomatic Research, 46*, 229-240.

U.S. Department of Health and Human Services. (1986). *Positioning for prevention: Analytical framework and background document for chronic disease activities* (p. 17). Atlanta, GA: Centers for Disease Control.

Vaillant, G. E. (1977). *Adaptation to life*. Boston: Little, Brown.

Vaitl, D., & Petermann, F. (2000). *Handbuch der Entspannungsverfahren: Volumen I. Grundlagen und Methoden* (2nd ed.). Weinheim, Germany: Betz Verlag.

Van der Hek, H., & Plomp, H. N. (1997). Occupational stress management programmes: A practical overview of published effect studies. *Occupational Medicine, 47*, 133-141.

Van Diest, R., & Appels, R. (2002). Vital exhaustion: Behavioural and biological correlates. *Current Opinion in Psychiatry, 15*, 639-641.

Vance, C. M. (1987). A comparative study on the use of humor in the design of instruction. *Instructional Science, 16*, 79-100.

Ventis, W. L., Higbee, G., & Murdock, S. A. (2001). Using humor in systematic desensitization to reduce fear. *Journal of General*

Psychology, 28, 241-253.

Vitaliano, P. P., Zhang, J., & Scanlan, J. (2003). Is caregiving hazardous to one's physical health? A meta-analysis. Psychological Bulletin, 129, 946-972.

Von Kaenel, R., Dimsdale, J. E., Patterson, M. L., & Grant, I. (2003). Association of negative life event stress with coagulation activity in elderly Alzheimer caregivers. Psychosomatic Medicine, 65, 145-150.

Ward, M. M., Swan, G. E., Chesney, M. A. (1987). Arousal reduction treatments for mild hypertension: A meta-analysis of recent studies. In S. Julius & D. R. Bassett (Eds.), Behavioral factors in hypertension (pp. 285-302). North Holland: Elsevier.

Webster's illustrated encyclopedic dictionary. (1990). Stress (p. 1639). Montreal, Canada: Tormont.

Webster-Stratton, C., Reid, J., & Hammond, M. (2001). Social skills and problem-solving training for children with early-onset problems: Who benefits? Journal of Child Psychology and Psychiatry and Allied Disciplines, 42, 943-952.

Weisenberg, M., Tepper, I., & Schwarzwald, J. (1995). Humor as a cognitive technique for increasing pain tolerance. Pain, 63, 207-212.

Weiss, J. M. (1971a). Effect of coping behavior with and without feedback signal on stress pathology in rats. Journal of Comparative and Physiological Psychology, 77, 22-30.

Weiss, J. M. (1971b). Effects of coping behavior in different warning-signal conditions on stress pathology in rats. Journal of Comparative and Physiological Psychology, 77, 1-13.

Weiss, J. M. (1972). Psychological factors in stress and disease. Scientific American, 226, 104-113.

Westen, D., & Morrison, K. (2001). A multidimensional meta analysis of treatments for depression, panic, and generalized anxiety disorder: An empirical examination of the status of empirically supported therapies.

Journal of Consulting and Clinical Psychology, 69, 875-899.

Wheaton, B. (1996). The domains and boundaries of stress concepts. In H. B. Kaplan (Ed.), Psychosocial stress: Perspectives on structure, theory, life-course, and methods (pp. 29-70). San Diego, CA: Academic Press.

Wigers, S. H., Stiles, T. C., & Vogel, P. A. (1996). Effects of aerobic exercise versus stress management treatment in fibromyalgia: A 4.5 year prospective study. Scandinavian Journal of Rheumatology, 25, 77-86.

Williams, R. B., Barefoot, J. C., Blumenthal, J. A., Helms, M. J., Kuecken, L., Pieper, C. F., Siegler, I. C., & Suarez, E. C. (1997). Psychosocial correlates of job strain in a sample of working women. Archives of General Psychiatry, 54, 543-548.

Wing, R. R., & Jeffrey, R. W. (1999). Benefits of recruiting participants with friends and increasing social support for weight loss and maintenance. Journal of Consulting and Clinical Psychology, 67, 132-138.

Witztum, E., Briskin, S., & Lerner, V. (1999). The use of humor with chronic schizophrenic patients. Journal of Contemporary Psychotherapy, 29, 223-234.

The Writing Committee for the ENRICHD Investigators. (2003). Effects of treating depression and low perceived social support on clinical events after myocardial infarction: The enhancing recovery in coronary heart disease patients (ENRICHD) trial. Journal of the American Medical Association, 289, 3106-3116.

Yeung, A. C., Vekshtein, V. I., Krantz, D. S., Vita, J. A., Ryan, T. J., Ganz, P., & Selwyn, A. P. (1991). The effect of atherosclerosis on the vasomotor response of coronary arteries to mental stress. New England Journal of Medicine, 325, 1551-1556.

Yovetich, N. A., Dale, J. A., & Hudak, M. A. (1990). Benefits of humor in reduction of threat-induced anxiety. Psychological Reports, 66, 51-58.

찾아보기

저자 소개

Wolfgang Linden은 독일에서 자랐으며, 1975년 University of Muenster에서 첫 학위(Diplom-Psychologe)를 받았다. 다음 해 캐나다 몬트리올의 McGill University 대학원에 진학했고, 1981년에 임상심리학 박사학위를 받았다. McGill University의 정신의학 강사로서 한 해 동안 일하고, 이후 밴쿠버 University of British Columbia의 심리학과에 합류하여, 현재는 임상심리학 프로그램 교수로 재직 중이다. 그의 연구 관심 분야는 심혈관 질환 및 암, 섭식장애, 그리고 연구 결과를 임상 실무로 전환하는 것과 관련된 병인학, 치료, 그리고 재활에서의 심리적 요인들을 아우른다. 그는 사설 실무를 지속하며, 기업, 공동체 집단, 그리고 외래환자들에게 스트레스관리 워크숍들을 제공하고 있다.

역자 소개

박형인(Park, Hyung In)은 연세대학교 인문학부에서 심리학과 사회학을 복수전공한 후 동 대학 일반대학원 심리학과에서 임상전공으로 석사학위를 받았다. 2006년 8월 미국 Central Michigan University로 유학을 떠나 2009년 12월에 산업 및 조직심리학 박사학위를 취득하였고, 여러 대학의 비전임 강사를 거쳐 2012년 8월부터 전남대학교 심리학과에서 전임으로 근무하였다. 현재는 성균관대학교 심리학과 부교수로 재직 중이다. 전문분야는 직업건강심리학이며, 주로 직무탈진, 직무열의, 직무스트레스로부터의 회복, 스트레스원-스트레인 관계의 조절변수로서 개인차, 개인-직무 부합 등을 연구하고 있다.

이지연(Lee, Ji Yeon)은 연세대학교 공과대학 졸업 후 심리학과를 복수전공하였으며, 동 대학 일반대학원 심리학과에서 임상전공으로 석사학위를 받았다. 병원 장면에서 3년간 임상심리 수련 후 아동, 청소년, 성인을 대상으로 심리평가 및 치료적 임상 실무 경험을 쌓았고, 2013년 8월 동 대학원에서 박사학위를 취득하였다. 2014년부터 기업 심리 상담실의 상담실장으로 직장인들의 스트레스 관련 상담을 담당하고 있으며, 숙명여자대학교 심리치료대학원의 겸임교수로 강의 및 연구 활동을 하고 있다.

스트레스관리를 위한
전문가 지침서
심리과학에 기초한 실무 향상

Stress Management
From Basic Science to Better Practice

2022년 2월 10일 1판 1쇄 인쇄
2022년 2월 15일 1판 1쇄 발행

지은이 • Wolfgang Linden
옮긴이 • 박형인 · 이지연
펴낸이 • 김진환
펴낸곳 • (주)학지사

04031 서울특별시 마포구 양화로 15길 20 마인드월드빌딩
대표전화 • 02-330-5114   팩스 • 02-324-2345
등록번호 • 제313-2006-000265호

홈페이지 • http://www.hakjisa.co.kr
페이스북 • https://www.facebook.com/hakjisabook

ISBN 978-89-997-2582-1 93180

정가 16,000원

출판 · 교육 · 미디어기업 학지사

간호보건의학출판 학지사메디컬 www.hakjisamd.co.kr
심리검사연구소 인싸이트 www.inpsyt.co.kr
학술논문서비스 뉴논문 www.newnonmun.com
교육연수원 카운피아 www.counpia.com